附影视剧全纪录
饶 俊

文汇出版社

谨以此书/剧献给那些将青春、热血乃至生命都奉献给脱贫攻坚伟大战役的人们，特别是尽锐出战、攻坚克难的驻村干部们！在这场上下同心的伟大战役中，仅笔者采访的贵州省铜仁市，就有文伟红、戴红宓等多名驻村干部牺牲在工作岗位上。截至2020年，笔者采访的白果村、和平村等已全部脱贫。刀在石上磨，人在事上练，随着国家乡村振兴局的正式挂牌，又一群满怀信念的青年士子，正奔赴在振兴乡村的路上……

曹骏 饰 张楠

安悦溪 饰 卞筱悦

罗钢 编 李世涛

赵亮 饰 张志华

杨皓宇 饰 张志勇

高一清 饰 李涵

胡文喆 饰 耿一鸣

蒋一铭 饰 刘成鑫

徐玉琨 饰 刘曼青

崔莉雅 饰 林青青

曹毅 访 王启发

张楠、卞筱悦月下合奏

张楠寻找慧慧

①	④
②	⑤
③	

① 小张楠与母亲分别
② 小张楠与奶奶
③ 张楠拜访发小田如林一家
④ 与村民发生冲突后,张楠清洗伤口
⑤ 张楠回忆高中时光

张楠和村民们救火

众人扑灭大火喜笑颜开

① 卞筱悦月下依偎在张楠肩上
② 张楠、卞筱悦一起看村民的演出
③ 卞筱悦重返白果村

①张志华通过村广播讲话
②李涵、张楠香菇大棚谈话
③李世涛与张楠谈心

①	②	③
④	⑤	⑥

①连田发偶遇张楠　　②刘曼青月下吹奏口琴　　③长桌宴
④田小寒、田秋水写作业　　⑤张志华和张楠　　⑥王启发书记骑牛过河

卞筱悦在教室弹奏尤克里里教学生们字母表

李涵请大家吃长桌宴

张楠与耿一鸣达成默契

卞筱悦教村民认字

校长接卞筱悦进白果村

张楠带领水源勘察队寻找水源

①	②	③
④	⑤	⑥

①裴小明搬水　　②卞筱悦让裴妹妹答题　　③李世涛考察小学的基础设施
④李涵手写告别信　　⑤众领导考察白果村小学　　⑥李涵救完火回到驻村队

李世涛谈教育改革

张志华组织村民迎接驻村工作队

刘成鑫看望离家出走的妻子

林青青给村民讲解农业知识

众村民讨树苗钱

村民开会

裴景春棒打张楠

徐树经与众村民吵架

张楠、卞筱悦一起放烟花

村民看露天电影

张楠、刘成鑫畅想乡村教育的美好前景

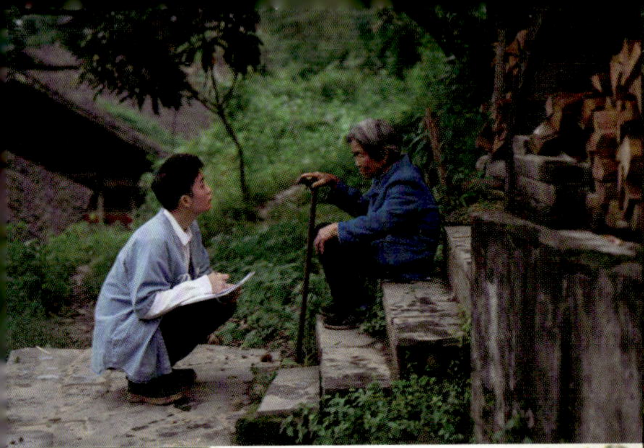

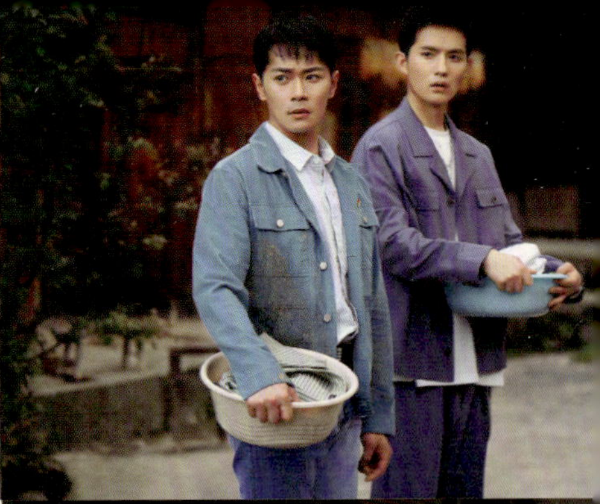

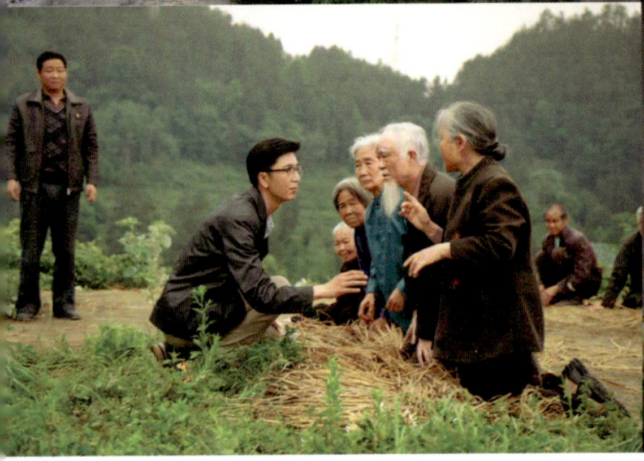

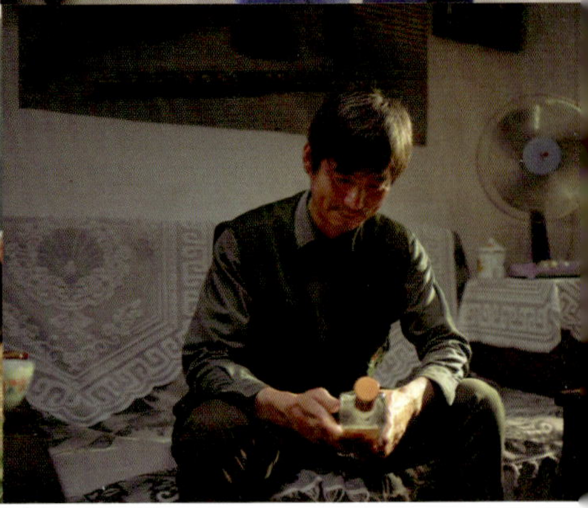

①	②
③	④
⑤	⑥

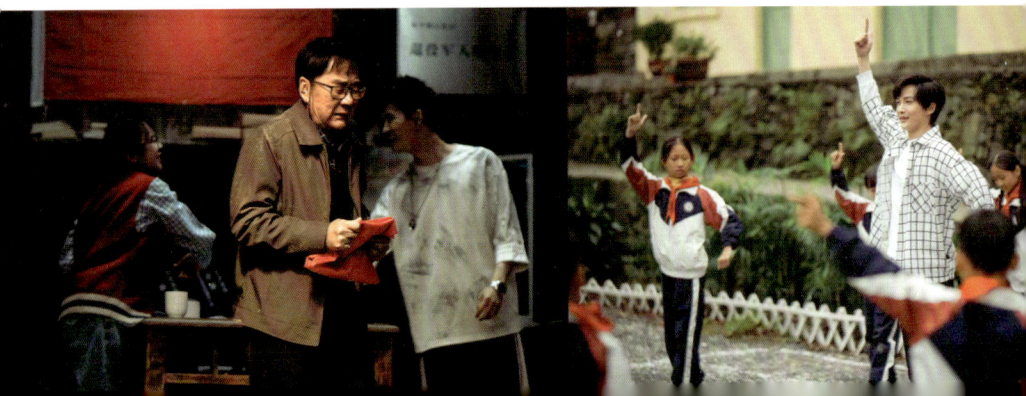

①耿一鸣做问卷调查

②张楠、耿一鸣准备入茅房洗澡

③李涵劝说村民

④张志勇因妻子生病想喝酒

⑤刘曼青晕倒前

⑥王博文教小朋友学京剧

自　序

　　严格来说,《暖冬》算不得一本小说。充其量,只能算作《在希望的田野上》这部剧的详细大纲。

　　但,它比大纲,又多了许多个人的隐秘情绪和细节。

　　起初,想过偷懒,以剧本的形式出版,奈何各方一致认为,剧本书,没人看。

　　是啊,编剧的工作,终究还是要隐在荧屏之后的。

　　看过剧的读者或许会发现,这里的故事,与屏幕上的相比,亦有诸多不同。这里的故事,或许粗糙不完整,却饱含着最初的创作冲动。这个故事,起心动念于2018年春。

　　那一年,是我创作生涯中最疲累的阶段。我被圈禁,又或者说是自我主动圈禁,原以为自己是只能写古代风花雪月故事的人。

　　写不了别的,无非两种原因:一是没才华,二是没阅历。

　　为文者,到底还是有几分傲骨的,才华是见仁见智的;可阅历,在自我的认知里,应是涉了无数大川而幸存至今。

　　故,这个故事的写作,真真假假,虚虚实实,若真的想一探究竟问起来,我能回答的,怕也只有四个字:无可奉告。

　　毕竟,谁又会真的去在意,这故事是真是假。看故事的人,无非是在里面找到情绪共鸣罢了。

　　我不知道,这个故事,有多少人会共情,因为它跟我以往写的故事都不太一样,它是一群特殊的人,在大的时代背景下,作出了与大部分普通人不一样的抉择。

我是家乡的逃兵,大学毕业后,没有回去建设家乡。2018年春节期间去看望师长,发现选择毕业后留在老家工作的小学、初中、高中同学,以及亲戚朋友们,谈得最多的就是脱贫攻坚战。正青春的他们,几乎都全身心投入到驻村工作中去了。

起初知道他们在做这件事情的时候,我是惊讶的,因为我实在无法想象,大部分在城里长大的他们,要如何去适应农村的生活?

可事实是,他们不仅适应了,还真的将"精准扶贫"的工作做得有声有色。2018年我跟随他们一起下乡,发现他们在村里因地制宜设立股份公司,建养猪场、开展大棚培植平菇工作、推动人畜粪便加工等,做了一连串有意义的事情。

这些农村原本就有的、连农民自己都认为是不值钱的东西,硬是在驻村干部的引导扶持下变"废"为宝,发展成了可持续的绿色经济。

最震撼的莫如教育系统内下派到村工作的驻村队员,他们将村民种植的蔬菜、猪肉、牛肉,纳入了阳光午餐的供应链里,在当地形成了闭环经济,个人认为,这个模式,值得大力推广。

当我2019年再回乡时,原本许多农村孩子拼了命也要逃出去的地方,发生了天翻地覆的变化,不仅公路村村通,道路更是硬化到户,家家户户用上了自来水,网线打通了大山的阻隔,与世界连在了一起。

那时,驻村干部已经在做"脱贫攻坚"的收尾工作,有些村甚至已经通过国检,可他们却在讨论着,后扶贫时代,如何让已脱贫的老百姓不再返贫。

这些驻村干部,大多都是我的同龄人。我相信其他地方也是,这群80后、90后生人,成为扶贫事业的生力军,乃至中坚力量。

他们从2015年到2020年,整整五年时间驻扎在农村,他们是一群真正将最美好的青春奉献给了田野的人。

或许在他们看来这只是一份工作,但我敬他们如信仰般的敬业精神;他们中的大多数人,都是默默无闻;但他们却是在这场轰轰烈烈解决农村赤贫的攻坚战中,冲在最前线的人。

我所能做的,只是尽一点绵薄之力,记录下他们的故事,如此而已。剧也好,小说也罢,都只能描其大貌,个中辛酸,实不足为外人道。

2021年,国家乡村振兴局正式挂牌。精准扶贫是乡村振兴的第一阶段基础工作;《在希望的田野上》杀青之际,正是"乡村振兴"第二阶段工作的开始之际。当年的驻村干部,许多又重新返回了农村,还有更多即将毕业、初次参加工作的人也陆续加入,小溪汇聚成江海,驻村干部、一村一大(大学生)将成为乡村振兴第二阶段工作的主力军。

当农村的年轻人都在逃离乡村时,他们却逆流而上,只为建设美丽乡村。他们中有人笑称,他们这是筑巢引凤,希望有朝一日,大家提起乡村,不再是脏乱差,而是世外桃源;农村与城市,只是两种截然不同的生活方式,而非贫富悬殊;今后说起农业与农村,希望也不再是落后与原始,而是绿色、环保、可持续。

黄裳元吉,文在中也。

写这篇序时,我心中满怀感激与敬畏,他们填补了我创作上某个角落的空白;我相信,在我的故事里,总有一日,我会与这群逆行者,再度重逢。

他们的故事,我的故事,皆未完待续……

饶　俊

目录

1　小说·暖冬

189　心路·网剧主创团队访谈

223　揭秘·《在希望的田野上》诞生记

259　附录·扶贫干部原型代表事迹

| 小说 |

暖 冬

严格来说,《暖冬》算不得一本小说。充其量,只能算作《在希望的田野上》这部剧的详细大纲。但,它比大纲,又多了许多个人的隐秘情绪和细节。

1. 可怕的概率论

当黑颈鹤成群结队出现在村庄附近草海的时候，这里的人都知道，凛冬将至。

人跟动物何其相似，到了一定的季节，便开始大规模的迁徙，比如春节。此时身在上海的张楠，尽管有很多理由可以不回家，但靠近年关，看着学校同宿舍的室友们都买好票收拾好行囊相继回家，看到实习单位主管人事招聘的工作人员一个个都无精打采的，张楠意识到，或许，自己也该回家了。

只是到了眼下，张楠才第一次意识到，自己如今的境况跟父辈那时的相比还是有区别的，这不，张楠此刻的心理活动就已经充分体现出来了。

以往每到年关的时候，奶奶打电话问父亲回不回家过年，父亲总在电话里说，今年就不回家了吧。

每次等来这样的回答时，奶奶和年幼的张楠都会短暂沉默。但是通常情况下，奶奶都会以最快的速度调整好极度失落的情绪，嘱咐父亲自己在外面过年不要亏待自己，吃的喝的也都要给备齐了，大小是个年。

张楠从来都不会去问父亲为什么又不回家过年，大概是因为父亲多年来的解释都始终如一：大家都回家过年了，正是工厂最缺人的时候，如果运气好，可以挣到三倍工资。

父亲年年说，说多了，张楠也就暗自牢记于心。所以在他看来,临近年关好找工作,是父亲从小就教给自己的生存经验。

可事实上,到了张楠这儿,这经验却失灵了。他发现,对于他这个研三即将面临毕业的学生而言,年关却是最不好找工作的时候。尽管招聘的单位很多,可真正会立即与应聘者签订入职协议通知上岗的单位却少之又少,有个令人难以接受却又很现实的理由是:万一在春节前招进来了,那过年岂不是还得发过节费?如果不发,反倒令精心树立起来的企业形象受损了。

因此一般单位会先将招聘的网撒开去,等到春节后再收网,丝毫不用担心好苗子会漏网。据官方统计,2016年大学应届毕业生已达765万;所以这年头,最不缺的就是人,尤其是大学生。反倒是农民工、阿姨、饭店服务员之类的岗位,一到年关,就像闹饥荒似的,哪哪儿都招不到人。

尽管张楠很不愿意承认,自己身为村里第一个大学生,上的还是地处上海的全国排名前五十的重点大学,姑且不论工资的高低,在找工作这方面,即使是工作机会,此刻也还是没有村里的姑姑婶婶叔叔伯伯们多,这事实确是容不得半点质疑的。

越临近毕业,张楠便越能发现现实社会的残酷性。

张楠问了无数个为什么,可终究还是无解,且这样的无解还不能到家人面前去寻求答案,尤其是父母。他实在无法想象,当父母满心期盼、含辛茹苦供养出来的大学生,毕业后,还不如同村那些去城里做服务员、做家政的人好找工作,甚至连工资也没有他们高时,给父母带来的打击,该是怎样的残酷。

人活着,还是要有一点希望,对于父母辈来说如此,对自己亦是。唯一能安慰自己的,可能就是那所谓的大好前程,所谓的上升空间了吧。

这一切疑惑与无解,张楠只能深埋在自己心底,那是独属于自己的，无法宣告，说得更残忍一点，是难以启齿的秘密。张楠读的是中文系，被称为万金油，似乎什么都懂，但似乎又什么都不会。不过，张楠坚信，身为硕士研究生的他，只要心态好，在求职方面一定还是有优势的。

但当最后一家公司的人事经理也说出"我们需要再讨论一下，有结果春节后会通知你"后，张楠终于还是放弃了，收拾好行李后，用抢票软件给自己抢到了一张回老家的高铁票。

或许只有在此刻，张楠才能体会到一些大学生身份带来的优越感，比起同村出来打工的人，他会用抢票软件，不会像他们一样，每每到要买火车票时不得不凌晨刚醒就去火车站售票处排队，即便排上队了还不一定能抢到回家的票，而自己，收拾完，此时还能蜷缩进被窝小歇一会儿，感受被窝带来的仅存温暖。

地铁在隧道里载着疲惫的人群穿越过上海这座城市，张楠拖着行李，心灰意冷地上了回家的高铁。入座后，张楠想起了四年前家乡尚未通高铁时的情形，那时从老家坐绿皮火车到上海，需要36个小时。时间长也就罢了，还有许多站票，站票售得多时，连厕所里都站满了人。但凡是有些许乘坐经验的人，都会尽量不在列车上喝水，否则内急，连上厕所都会面临前所未有的尴尬。

张楠清晰地记得自己第一次乘坐火车来上海读大学时的情形。车厢里人多，空气又不流通，尽管开了空调，但八月的车厢内还是像蒸桑拿一般，他热得受不了了，只得不断喝水来缓解身体上的不适。

可到要上厕所时，张楠才认识到自己的无知和不谙世事。挤了好几节车厢，发现厕所里都站满了人。张楠憋得脸颊通红，被车厢里的人撞了几次后，险些快要憋不住了。

好在终于挤过了拥挤的走道，抵达车厢的接口处后，见有乘务员推着售货车来至,张楠得救似地向乘务员求助,乘务员像是见了异类般地瞥了他一眼:"第一次出门吧,哪里还有空的厕所,只要不影响车厢内环境,能怎么解决就怎么解决吧。"

张楠睁大了眼睛,以一种难以置信的眼神望着乘务员离去的背影,只见乘务员高嚷着:"餐车来了,腿收一收,收一收,喂,你的手,不要了……都给我站椅子上去,车来了……看见没……"

此时下身的不适感提醒张楠已经顾不了这么多了,必须立即解决"内急"问题。他费了九牛二虎之力才得以挤进一间厕所,却见里面站了三个大汉和两个婶子,张楠面带羞色地看着几人,满脸羞涩地说:"叔叔婶婶,能不能出去会儿,让我上个厕所,行个方便?"

五人闻声不假思索,迅速行动,动作惊人的一致,纷纷转身面朝车厢壁,将中间的"空"位置让了出来。

张楠看傻眼了,难道让自己就这样解决了吗?五人不约而同地扭头看了张楠一眼,见他迟迟没有行动,以为他是害羞,其中一个婶子打趣道:"怕啥,赶紧解决吧,别憋坏了,我们都这把年纪了,啥没有看过,我儿子比你还大呢。"

另一个男的打趣道:"你把话说清楚,是年龄大还是什么大?"

其他四人闻声哄笑,由此开始说起了荤段子,似乎完全没有张楠这个人。张楠憋得难受,面露痛苦,已经顾不得思考太多。只能硬着头皮,在"众目睽睽"之下,上刑场般,慌乱中解开了裤子的纽扣……哪知才没多久,另一个婶子就大喊:"嘿,小伙子,鸟不大,咋都尿我裤管上了。"

张楠闻声吓得赶紧憋住,愣愣地杵在那儿。不知是该继续尿,还是应当如何。最终,在几番思想挣扎之后,张楠迅速拉上裤子系上裤子上的纽扣,逃出那充满异味混乱不堪的屋子。

只听得厕所里再度传来哄笑声,其他三个汉子打趣道,你俩把人大小伙子吓跑了咋办……

从厕所出来,张楠脸上火辣辣的,心里只有一种强烈的感受:窘迫。而且会是永生难忘的窘迫!为了不让自己再度陷入那种窘迫的境地,张楠暗暗在心里下定决心,不管怎样,今后决不在列车上多喝一口水。只是而今想起,那件事留下的印象似乎更深刻了,吃喝拉撒是做人最基本的尊严,可那时,生活窘迫,没有人谈尊严,只有生存。

回想起这些,毫不夸张地说,张楠此时正沉浸在经济发展带来的幸福里。这时,身旁的农民伯伯也正一脸欣喜地发出感叹,例如高铁上的设施如何先进,列车行驶速度多快,环境卫生多么整洁之类的。张楠转而想着,原来,在幸福感的获得这件事情上,大学生和农民也并无本质区别;继而再联想到近日来找工作的种种遭遇,心里也就坦然了许多。

不到八个小时的时间,张楠便已经回到了家乡。在外面上学时,张楠每每跟大家介绍起自己的家乡时,都还是有着许多自豪感的。毕竟这座城市曾经盛产汞矿,张楠所在的区,是当年国务院特批的一个县级行政特区。父亲曾是矿上的一名开采工人。

后来汞矿资源开发枯竭,矿场难持续经营下去,而特区政府又尚未意识到产业转型,面对再无矿可采的情况,不得不大量裁员。父亲,也就成了其中被裁的一员。

张楠不止一次看过父亲喝醉酒后,嚷着说那是他奉献了青春的地方,到头来,还是被迫下岗了,最后只拿了三万块钱安家费。

年幼的张楠并不理解父亲的那种感受,时至今日,他才能稍稍明白父亲那时失去一切的痛苦。

自那以后,父亲也跟随着村里大部分人的步伐,远赴沿海城市打工,以至于父亲常跟别人开玩笑说,做惯了工人,也就不喜欢再去做单纯的农民了。

张楠知道,那是父亲对一个时代逝去的缅怀,不愿意面对,所以选择了逃避。也就是从那时候起,张楠的生活里,开始缺失父亲的参与,留下母亲在家,以务农为生,撑起整个家庭。

只是后来发生的事情,却让张楠再也不想居住在那个生他养他的村庄。当时父亲原本是想用外出打工积蓄的一笔钱在村里重新盖一栋房子,但张楠坚持说想去镇上读小学,父亲不得不在城郊买了一套公寓房。虽然只有80来平,但一家人挤一挤,还是勉强能凑合着过的。而那一年,张楠不过八岁。

在父母的眼中,张楠自小就倔。但他的倔,却深受父母喜欢,因为在学习上,张楠从来都是父母的骄傲。每当村里的人问起父亲,张楠今年考试考多少时,父亲就会故作深沉地慢悠悠道:"这小子终究还是比他爹有出息啊,你说他真的是我生的吗,怎么就能年年考第一?诶,你家娃咋样?"

每次父亲说完,问的人脸上永远都是掩不住的尴尬和愤怒。饶是如此,他们又会忍不住每次都问,虽然每次结果都是一样的,而且更糟心的是,回去免不了要用别人家的孩子,将自家孩子数落一顿。

那时张楠问父亲,为什么那些人每年都要问一遍同样的问题,父亲总是将手搭在张楠的肩上,语重心长道,没事找不痛快呗。

所以在张楠的心中,他自小就是村里的一个乐子,现在管这叫谈资。

时间不知不觉地溜走,张楠已经走到了家门口。刚进屋,母亲见到他的第一反应就是:又瘦了。然后立即吩咐父亲今晚加菜,而且还要加荤菜,说的时候把语气提得很高。

对此张楠总是哭笑不得,尽管跟母亲解释过很多次,现在流行健身,自己在学校一天也没落下。而母亲回答的是,血气方刚的大小伙子还是胖一点好,看着踏实。张楠不禁哂笑,想起有这么一个说法:几乎在中国所有父母眼中,久别重逢的孩子给他们的感觉都是瘦了;冬天的时候哪怕是里三层外三层裹着还是会觉得孩子很冷……

其实张楠一点儿也不瘦,确切来说现在是精壮吧:一米七的个子,皮肤随父母,是那种少数民族特有的健康黑,鼻子偏大且挺,较深的眼窝,再配上一双令许多人都艳羡的大眼睛和双眼皮,总体也算是俊朗的。

令张楠哭笑不得的是,他这双眼皮还给自己招惹过"桃花"。那是大一刚入学一个月的时候,一个英语系的姑娘拉着张楠的手惊呼,"你这双眼皮也太双了吧,而且好自然,你在哪儿做的啊?介绍给我一下呗?"

路过的学生纷纷驻足看着两人,张楠闻声尴尬不已,连脖子根都在刹那间泛起了红晕,在众人的注视之下哭丧着脸,别扭地说道:"我父母人工拉的。"

以至于在大学很长一段时间,大家都只记住了张楠父母人工拉双眼皮的段子。还让张楠一度觉得不好意思的是他的小腿肌肉,由于从小做农活的缘故,张楠的小腿肌肉和肱二头肌十分健硕,跟健身房里练出来的不一样,他的肌肉没有那么鼓囊,虽也清晰可见,但没有显得那么突兀。许是张楠皮肤黑的缘故,导致他经常被人误会是体育系的,顺便再调侃一下他的身高。

而张楠也是进入大学后才知道,原来肌肉是被人称之为美的东西。但缺了年少时常年的锻炼后,肌肉难免日渐松弛,他这才走进学校的健身房让自己稍微保持一下,万万没想到在母亲看来是瘦了。

张楠家的人很多,哥哥嫂嫂都和父母同住。一来是哥哥嫂嫂都没有固定的工作,也买不起房子;二来嫂子去年刚生完孩子,小侄子现在也不过一周岁,大部分时间都是母亲在替嫂子带孩子。

孩子一会儿哭,一会儿闹的,没少折腾。张楠看着有些心疼,问母亲累不累。母亲倒是乐在其中,跟张楠开玩笑说,你小时候我抱得少,现在得抱个够本。

除了抱在怀里的小侄儿,张楠还有一个刚上小学六年级的大侄子,这个侄子是哥哥跟前妻所生。原本哥哥跟前妻还有一个女儿的,但后来前一任嫂子受不了哥哥嗜赌如命的性子,带着刚出生的女儿离家出走,再也没有回来过。

而哥哥也懒得去找,只当没有这个人。嫂嫂离开后的两年,哥哥再婚。因为从小母亲不在身边的缘故,照顾大侄子的责任,自然落在了张楠和父母身上。张楠对这个侄子也是颇有感情的,就连他的名字,都是张楠取的,因为当时张楠迷恋《射雕英雄传》,所以给侄子以"靖"为名。

张楠回到家的时候,大侄子不在家,母亲说今天是学校发成绩单的日子。前几年寒暑假回来,张楠都会花很多心思给这个侄子补课,希望他可以跟自己一样,将来能考上大学。

只是事与愿违,这个侄子跟哥哥的性格很像,虽然聪明,可贪玩并且没有恒心和毅力,比如让他去学习一门乐器,当他的新鲜劲儿过去之后,就不太愿意学了,家里人也都惯着他,最后只能不了了之。以至于从一年级开始,侄子先后学了七八种乐器,直到现在却没有一种乐器是能称得上会的。

临近傍晚的时候,不知道张楠会回来的侄子,乐颠乐颠地就拿着成绩单进了家门,哪知被张楠撞了个正着。

张楠的第一反应就是让侄子拿成绩单出来看看,侄子无奈,只得乖乖交出。不看还好,看完气得张楠青筋暴起,语文数学两门课加起来也不过七十五分。面对侄子的成绩,张楠有种深深的无力感,已经绝望到没有力气骂了。他其实很想对侄子说:"你这样的成绩以后能做什么,你要跟你爸一样吗?"

但是张楠克制住了,他知道,他没有权利,也不可以跟一个孩子那样说话,他的父亲纵有千般不好,也不能这样去跟一个孩子说。侄子的事情已经给了张楠回家后第一次重击,到了晚饭的饭桌上,第二次重击又接踵而至。今年父亲破天荒地坚持要回村里老家过年,理由除了亲戚朋友都在那里,还有就是张楠马上毕业可以有工作了,到时自己也不用再出去打工了,可以跟母亲搬回老家住,将城里的房子留给哥哥嫂嫂,他们回农村还能种一点儿地。趁这次回老家过年,正好先打点一下。

哥哥嫂嫂反正在哪儿过年都无所谓,而母亲也向来是不会抗争的性子,由着父亲来。

张楠心里很气愤,父亲也许永远都不能理解,那个"老家"带给他的,曾经一度是绝望般的痛苦。

好在张楠是父亲心中的骄傲,既是他们白果村的第一个大学生,也是第一个研究生,按照张楠父亲的话来说:"白果村那么多座张氏祖先的坟,只有我家是冒青烟的。"

故此,在张楠的坚持下,终究还是没有回老家。毕竟,当年的老宅烧得所剩无几,要恢复,也不是一朝一夕的事情。

晚饭过后,张楠本想帮母亲刷碗,哪知父亲却说要找他谈谈心。张楠回来的路上就有预感,父亲一定会问自己的工作找得如何了。

果不其然,怕什么来什么,父亲将张楠叫到阳台上,而且也不像母亲,每次问自己什么问题都会绕十八个拐,父亲从来都是单刀直入,问张楠究竟是如何打算的。

张楠语焉不详,说还没那么快,自己考了教师资格证,教师是自己最后的保底,以自己的专业成绩,找份工作不是问题,但是趁着年轻,更想去私企闯一闯。等春节后吧,春节后就有定论了。

父亲听罢没有立即说什么,而是点燃了一支烟,开始吞云吐雾起来。

因为父亲嗜烟酒如命,许是物极必反的缘故,张楠向来对烟酒都没有什么兴趣,闻到父亲的二手烟,张楠轻轻咳嗽起来。

父亲这才注意到自己的不妥,立即将烟掐灭,问:"真的不再好好想想了吗?"

张楠知道父亲在说什么,有些不耐烦了。因为在张楠没回家之前,两人在电话里就毕业后在哪儿工作的问题已经讨论过好几次了,父亲希望张楠可以回老家,而张楠却更想继续留在上海。

饶是如此,张楠还是耐着性子回父亲:"我好不容易才考出去的,真的不想再回老家工作,我在外面也不是找不到工作,等我真的找不到再说吧。"

父亲没再说什么,兀自点点头,然后道:"市教育局的领导前几天来找我了,他们在统计考出去即将毕业的学生,也知道你的情况,说你这么好的苗子,应该回来建设家乡,他们那里有合适你的岗位。要不趁着过年见见?"

这次张楠是真的有些着急了。他知道,一旦见面了,按照领导的行事作风,一定会给父亲说各种各样回老家的好,到时候自己还没表态,父亲就已经抵不住诱惑替自己先答应下来了,自己总不见得在外人面前忤逆父亲的意思。

张楠从小就喜欢自己拿主意,当年高考的成绩原本是够读免费师范生的,但前提是必须签订协议,毕业后回老家当老师。

虽然家里没有足够的钱供自己上大学,但张楠也硬是咬着牙没有选,而是选择了助学贷款,连生活费也是通过自己在学校勤工助学解决的。理由是将来有自由选择的余地,不想未来被约束,而眼看着就要轮到自己来选择未来的人生了,张楠更加不想还没开始闯荡,就已经投降了。

所以张楠当下一口回绝了父亲的好意:"还是不见了,见了不回来多尴尬,您就说我已经在外面找到工作了就行。"

父亲长长地叹了一口气,父子俩都很清楚彼此的脾气,谁也无法改变谁。父亲只得说:"那行,你也别硬撑着,我最近常常看新闻呢,说大学生就业难,在外面扛不住就别硬撑着。"

张楠的反应也很迅速,回了父亲一句:"您就把心揣肚子里吧,咱家有在外面工作的传统,您这么多年在外地打工不也顺风顺水的吗?我也可以。"

父亲扑哧一声笑了出来,照着张楠的脑门就是一个爆栗,然后转身回了房间。张楠知道这一关暂时是过去了,可春节后返校寻找工作的压力感瞬间又增加了许多。

张楠站在阳台上望着街道上的点点灯光,想到的却是上海大街上宛如繁星的霓虹灯,他坚信,那里才是自己的归宿。

解决完这件事情,到了晚上要睡觉时,麻烦问题又来了,原本三室一厅的房子,还是够住的,父亲母亲一间,哥哥嫂嫂一间。张楠回家时,就跟侄子一起挤挤。但是张楠发现这次回来却是哥哥跟侄子睡一间了。

一开始张楠还以为是哥哥嫂嫂感情上出了问题,但是仔细观察下来并无迹象。虽然这个嫂子是哥哥的二婚,对前一任嫂子留下来的儿子也还算过得去,加上去年他们有了自己的孩子,感情正是很好的时候,为何要分房睡?

趁着哥哥嫂嫂出去打麻将时,张楠才问起母亲是怎么回事。母亲一边给张楠在客厅铺着沙发床,一边开心地告诉张楠,你嫂子又怀上了,估计今年七月就能生。

张楠闻声顿时就被惊到了,第一个反应是怎么又怀上了?怀里抱着的侄子才刚满一岁呢。

母亲对于张楠的反应,也很是疑惑,说这是开心事儿啊,一副有什么问题的表情看着张楠。

张楠转身回大侄子张靖的房间拿出了他的成绩单告诉母亲,自己以前给张靖辅导过功课,他还是挺聪明的,这次考试怎么就两门课都没考及格,眼下马上就要小升初考试了,就这样的成绩,他能考什么样的初中?他没有城里的户口,成绩还这么差,最后就只能回镇上的初中读了。

母亲先是念叨着这孩子有多贪玩,无论自己如何打骂都不听,而且她和父亲那会儿学的知识已经教不了侄子了。最后母亲反问张楠,当年你不也是那个初中毕业的,还不是照样考上了重点高中,现在还读着重点大学?

对于母亲这样的反问,张楠竟然无言以对。他赶紧又将话题转向哥哥嫂嫂的问题上,说:"两人都三十多岁了,也没有一个正经的工作,夫妻俩整天游手好闲,生完孩子也是你带,再生一个还是你带吗?"

母亲笑笑说:"你也赶紧结婚,结完婚就生个大胖小子,我也给你带。"

张楠更急了,道:"不是,怎么扯到我结婚生孩子的事情上了。妈,你有没有想过,哥哥嫂嫂连现在的孩子都教育不好,再生一个,那就是对孩子不负责。"

可母亲却丝毫没有理解张楠所言之意，说道："这孩子学习好不好，全靠他自觉。跟你哥哥嫂嫂有没有工作，有没有教他关系也不大。"

张楠闻声第一反应就是曾经在网上看过一篇文章，说的是寒门再无人才。张楠下意识地就想到了哥哥嫂嫂一家，耐心地跟母亲说："现在孩子的教育是需要投入的，你都不知道城里人对孩子的培养力度多大。"他就拿自己兼职做家教的那个家庭举例，那家人的孩子才读四年级，除了本身已经在读着重点小学，家里还请了四个老师，除了自己教的语文，还有英语和数学老师，以及一个专门负责陪孩子写作业的全科老师。

母亲听完眉头一皱。张楠又继续补充道："您知道他儿子每个月花在请老师上要多少钱吗？"母亲显然无法想象，张楠伸出一个手指头，"一万块。"张楠看到母亲明显地顿了一下，眼睛一转，一边继续忙着手里在铺着的床单被套，一边缓缓道："一万块，就算是现在大米涨价到两块钱一斤了，也得卖掉我五千斤大米呢。真是有钱烧的……"

张楠听完母亲的计算，竟哑口无言。但他此刻已经强烈意识到问题的严重性了，哥哥嫂嫂之所以肆无忌惮地继续生着孩子，是因为父母的纵容，因为他们从来都不知道责任为何，孩子成绩不好，顶多就是看到成绩单的那一刻将孩子揍一顿，至于如何提高孩子的成绩，那似乎已经不是他们要思考的事情了。

张楠试图让母亲也明白事情的严重性。可说来说去，母亲最有力的结论就是："当年你没有爹妈管着，不也成绩很好吗？你奶奶字都不识一个，照样培养出你这全村第一个大学生。所以说到底，还是得靠自觉，他要是没那个命，怎么着都没用。你还别说，你做家教的那家孩子，以后有没有你现在好，还没个准数呢。"

对于母亲这一番言辞,张楠再次无言以对。

张楠其实很想跟母亲说,当年如果能有很好的教育环境,也许自己现在还可以更好吧;如果当年能请一个外教,自己在学校的英语角就不会出丑;如果自己的家庭条件好一点,也许当年申请纽约大学交换生就不会卡在可笑的财力证明上……

但是张楠很清楚,他不能这么去跟母亲说,几乎已经可以想象,母亲如果听到自己这些质疑,一定会将所有的责任揽在自己的身上。

出生农村,张楠知道,许多事情无法去说是谁的责任,与母亲分开十余载,让张楠吃尽了苦头,可张楠深信,哪个母亲不想陪伴在自己孩子身边,母亲当年的事情,有许多万不得已,当年的那件事情,已经变成母亲和自己都不愿轻易去触碰的地方,这也是张楠不愿意回老家过年的根本性原因。

前后一联系,张楠忽然想到,父亲定是也知道嫂嫂要生二胎的事情了,所以才寻思着要搬回老家住,将城里的房子留给大哥一家。

母亲依旧沉默着,而这沉默,就是给予张楠最好的回答。在张楠的印象中,母亲面对许多不愿意说的事情时,就习惯性沉默,可怕的沉默,令人心疼的沉默。

张楠不忍心再问下去,可母亲复又道:"关于房子分配的事情我想过,眼下你大哥比较困难,这套房子就先留给他,我跟你爸回老家还能种几年地,将来你结婚的时候,也能补助你一些。"

张楠又好气又好笑,气的是自己的关注点根本不是这个,而是他们对孩子教育的认识有问题,哪知母亲以为自己在意的是房子的分配。张楠赶紧向母亲说明自己方才那番话的用意,并非是在意房子的分配,而是想告诉他们孩子不能这么教,孩子也不在多,关键在于给予他们好的教育。

母亲闻声长长地舒了一口气,道,张楠还没回家自己就已经寻思这事儿要怎么跟他说了,到底张楠是读过大学的,思想上比较开明。要是换了别人家的孩子,为了一套房子,老早打得头破血流了。

解开了母亲的心结后,张楠再度将问题的焦点回到了哥哥嫂嫂为何又要生一个的问题上来了,而母亲很感慨地说了一句当地的俗语:人有三节草,不知哪节好。一个孩子靠不住,总有一个靠得住吧。

面对母亲这可怕的概率论,张楠又一次哑然。

这句话何其熟悉,张楠清晰地记得,上一次说这句话的人,是自己的姑妈。

姑妈跟父母一样,也是个地地道道的农民。

原本姑妈育有一儿一女,最合姑妈意的是她的大女儿,虽然这个女儿学习成绩不好,但在家里却很是乖顺,更是干家务活的一把好手,很长一段时间都是远近村子的模范女儿。

可让姑妈几乎绝望的是,自小如此乖顺的女儿,居然会在初三那年,跟一个小混混跑了。报警,请亲戚朋友一起去找,去男方家蹲守,但凡是姑妈能想到的法子,都用在寻找女儿身上了。可是这个女儿除了偶尔有信来给姑妈报平安,始终没有告知具体的下落,只是说自己过得很幸福,无须寻找。

原本身体一直很好的姑妈,为此卧病在床一个月。即便病好之后,姑妈脸上也再无笑容。直到有一天,姑妈从别人家抱来了一个女弃婴,姑妈将所有的希望都投入到了捡来的这个孩子上。

当时正值计划生育抓得最严的时候,而且以姑妈的经济条件,要再抚养这个女儿,实在吃力,他家不符合收养条件。计划生育办的工作人员上门做姑妈的工作,亲戚朋友也做她的工作。

可是任凭大家如何好言相劝,姑妈都听不进去,当工作人员强行执法要抱走弃婴时,姑妈居然不顾自己的性命,在路面都结冰的情况下,毫不犹豫地躺在车轮下,放言要想抱走女儿,就先从她的身上碾过去。

跟工作人员僵持到最后,姑妈说了很多求情的话,可张楠记得最清楚的就是那句:"人有三节草,不知哪节好。我女儿都没有了,我就不能再有一个女儿吗?"

姑妈是将所有的希望又寄托到这个女儿身上了。

原本张楠不理解为什么村里那么多人会变着法地生孩子,去山里躲计划生育办,去别的城市躲着生,反正只要能生,他们可以克服万难。此刻,张楠才发现,支撑他们的就是概率论,农村本就是需要劳动力的地方,多一个孩子,多一个生产力;多一个孩子,一个不孝顺,总有一个会给自己养老,也总有一个孩子也许会有出息吧。

于是乎,世世代代,守着这样的概率论,哪怕是家庭条件越来越差,还是会将希望寄托在下一代身上,也许就好了呢。可他们似乎从未思考过为什么不好。

张楠深知,尽管自己已经明白这个道理,可眼下还无力去改变什么,即便是自己的父母,自己都无力去改变他们根深蒂固的思想。

2. 老　　家

年终于来了,虽然阻止了父亲回老家过年,拜年却是无论如何也躲不过去的。算算时间,张楠已经有七年不曾回了,还以为村里变化会很大,却发现跟当年并无什么区别。

重重山峦之间,坐落着几个村庄。村庄往东,是一条狭长的峡谷,峡谷中常年流水不断,据村里的老人说,以前这条河一直是通商船的,汇入乌江,再入洞庭湖,曾经也是一条黄金水道。

后来,驻地部队在村庄向南的峻岭间开凿出一条公路,这条水道才渐渐被废弃了。而现在,除了是附近村民夏天时洗澡的去处,更多的时候,只是作为人们口中有关过去的故事而存在。

附近山上隐约可见的大大小小山洞,以及村庄中心地段的厂房、大烟囱,昭示着这里曾经作为矿区而闻名于世。矿场倒闭以后,这些建筑无人问津,当年的建筑风貌也得以保留,墙上还清晰可见诸如"安全生产,平安一生""全面建设四个现代化"等宣传标语。

没有矿产的山丘,则被农民开发成了耕地,引水方便的地方,基本上以种水稻为主;其他地方多半会种种平时常吃的蔬菜,偶尔也会种些小麦、玉米、红薯。

到了冬天,土地里除了过冬的麦苗,大多数都处于荒芜状态。尤其是这几年外出务工的人越来越多之后,劳动力的不足导致荒废的土地就更多了,这样的时节,便只能零星地看到几块菜地。

一切都是张楠从小就看惯了的景象,除了没有少时的繁荣之外,这里跟以往并无任何区别。

一定要说点儿区别,就是炮仗放得比以前更多了。因为村里外出务工的人都回来了,鞭炮的多少,意味着挣钱的多少,所以从鞭炮响的时间长度上就能知道,哪家今年在外面更顺一些。

还有一点区别就是往年过完年都是走家串户,打打扑克牌,打打麻将,而今年,也格外默契,哪怕是有着世仇的两家,都聚到了一起,趁着过年在家的机会,一起开了一个全村大会。

原本张楠还不知道这个会开的内容,只是偶尔听到有人兴奋地说国家要开始大力扶贫了,而我们村是重点扶持对象;还有人说是村里要开发了,可能会占用很多地,再多也就不知道了,要到第二年六月才会知道具体是要做什么。

所以大家开完会的结论就是,一颗红心两手准备,原本想要趁着过年修葺房子的暂时也不修了,而那些因为外出打工而荒废不种的地,也要种起来。根据国家的政策,万一开发占地,耕地的赔付款是要多很多的。

可问题又来了啊,真正的种地是需要花时间的,好多家庭的主要劳动力春节后又要回到城市打工,这样的办法肯定不现实。

只见村民们七嘴八舌热烈地讨论了起来,最后居然想出了在荒地里种树的法子,花的时间少,也能达到高赔付的目的。

张楠实在听不下去了,便去找发小田如林叙旧了。田如林跟张楠同年,可再聚时,两人根本不像是同龄人。田如林父亲早逝,母亲常年带病,妻子生下一儿一女,大的是女儿,七岁,叫田小寒,儿子五岁,叫田天水。天水这名字是有些讲究的,村里缺水,常年只能靠天吃饭,田如林希望儿子命中带水,不用遭缺水的罪。田如林的妻子见村里实在太穷,生下儿子后就跑出去打工,再也没有回来。

田如林本来也在外面打工的,但母亲的身体一年不如一年,带不动两个孩子了,他被迫回到老家,按揭贷款了一辆车,接一些当地政府用车的活。

见张楠到家里来,田如林逮住机会让这个好兄弟给自己一对子女讲讲,要怎么样才能像他一样,可以走出这座大山,别再像自己一样没出息,老婆都守不住。

一对儿女哪里受得了这些话,早已泪流满面。

张楠觉得难过极了,只说自己的经验就是确定一个目标,然后去实现它。比如自己当年的目标就是去沿海大城市看看,为什么父辈总是丢下他们往那边跑。

小寒和天水似懂非懂,张楠最后近乎残忍地说:"其实,去找你们的妈妈,也是一种目标。"

不曾想,张楠的这句话,引得两个小朋友将他奉为偶像。

待到村民大会结束,父亲和叔叔张志华回到家里,张楠也难受地从田如林家回到了小叔家。哪知他一句不经意的评论,引得叔叔大怒,大骂张楠读书读傻了。

张楠因为听到村民们出的馊主意,忍不住说了一句:"你们这些人啊,就是想着法地占国家便宜,真是应了那句话,穷山恶水出刁民。"

于是乎,原本要留下来住在叔叔家过夜的张楠,生生在小叔叔的叫骂声中连夜赶回了家。

张楠觉得,他跟白果村,就是犯冲。躺在床上思考人生,自己是不是真的说错了。仔细想想,虽然是说得有那么一点点过分了,但话糙理不糙吧。

这些事让张楠更加坚定了:哪怕是挤破头,也要留在上海工作。

3. 该谁负责

原本回来按照往年的惯例,是要跟高中同学聚聚的。但是同学一别近七年,常聚的那几个同学,除了张楠,无一例外本科毕业就工作、结婚、生子,读研的他成了独苗。

当再聚时张楠发现,同学们很快将话题聚焦在育儿上了,让他完全插不上话。

当同学聚会都变得索然无味时,张楠决定,闭门不出,认真想自己硕士毕业前最后一篇社会调查报告要写点儿什么?

张楠读的是中文系,硕士学的是创意写作,他的导师陆军对学生向来从严,生怕现在的孩子自缚象牙塔,便要求学生寒暑假必须写一篇社会调查报告,且必须确保报告的真实性。

张楠素来是个做事认真的,为此还开通了一个微信公众账号,专门用来发表自己的文章,最受欢迎的便是他每个寒暑假发布的社会调查报告。出生农村的他,关注的都是不为人知的农村生活,比如第一代留守儿童调查,第一代农民工生存状态调查云云,经常被大号转载,最多的一篇阅读量近十万。

这最后一篇,竟然让张楠犯难了,他想要一个漂亮的收尾,目标是十万加。

清晨,张楠被母亲训斥侄子张靖的声音吵醒,索性起床。一听才知道,侄子新买的运动鞋被扎破了,想要趁着过年讨双新的,却被母亲严词拒绝。

张靖显得很委屈,道:"我也不想,谁让我们那破学校还是个工地呢。要不然我转学啊?"

母亲无话可说,长叹一声:"那学校也是没天良,盖成烂尾楼了。"

张楠敏锐地意识到,这里面大有文章,若写好了,或许能引起上级领导的重视,迅速解决镇上小学的问题。

到学校实地了解之后,发现情况比自己想象中的更糟糕。老教学楼已经破败不堪,好几间教室已经靠木桩在支撑着,存在巨大安全隐患。张楠心里想着上海的那些学校,再看眼前的,唯有触目惊心四字方可表达他的心绪。

愤怒、责任感、理想主义……所有的一切,都化作了张楠笔下的文字。通过两天的走访和调查,事情便已经了解透彻。张楠一口气写罢,愤怒中难免带了一点情绪,他在文中明确指出铜江市下属镇上的一所民族小学,全校师生至今仍在三十年前盖的教学楼里面上课,而这栋教学楼在2010年的时候就已经被评定为亟须重建的危房。

2012年,经过学校及镇政府和辅导站的多方努力,市教育局终于拨了一笔款重建这所小学的教学楼。哪知六年过去了,原定要盖六层的教学楼却永远地停在了第五层,原因是当初的承建方资金链断裂,预支款亦花光,老板虽没跑路,却资不抵债,导致教学楼就此停工。多年过去了,谁也不愿承担当初的损失,复工无望。

镇政府的领导班子和当地公安人员轮番去找承建方老板,他无赖地要求将他关进监狱,这样就不用还债了。到最后镇政府也拿他没有办法,只能放任他继续正常生活,寄希望于他可以早日赚到钱重新复工将教学楼盖完。但是时间过去了,全体师生依旧只能坐在危房里望着窗外那栋永远处在"即将完工"状态的新教学楼兴叹,将希望寄托在一个又一个明天。

一笔挥就,了却心中一桩大事,张楠自信满满地认为这篇报告可以给自己的硕士学习生涯画上完美句点。

方才初五,父亲收拾妥当一切,准备前往福建打工。张楠是劝阻过的,可父亲母亲都觉得,张楠眼下工作未定,以后若是留在上海,花钱的地方多着,还想趁着身体好,再干一阵子,以后也能帮衬他一些。

父亲去意已决,张楠挽留不成,打算留在家里多陪母亲几天。母亲的身体似乎大不如前,每次她刷完牙,都会出很多血。张楠劝母亲去医院看看,母亲却坚持认为只是牙龈不舒服,喷点药就好了。张楠知道,若不是起不了床,父母这辈人是坚决不会去医院做任何检查的。

看到母亲为哥哥一家四口忙里忙外的样子,张楠很是糟心,他下定决心,去福建劝父亲回家。

如张楠所料,社会调查报告在网上的传播效果很好,引来很多热议,阅读量不过两天时间,已经破五万了,还有不少人提出想为这所学校集资捐款,至少先改善老楼。

张楠高兴之余,却在想,这样的事情屡见不鲜,可到底,该谁负责呢?学校?教育局?承建商?

站在每个人的立场上,似乎都有苦衷。在这不知该谁负责的情况下,无知的孩子,别无选择的教师,承担起了这一切。

4. 食 物 链

张楠不知道,他的这篇文章,在铜江市教育局引起巨大震荡,那一组组详实的数字,刺痛了很多人。

年尚未过完,已经有数名干部被纪委接连带走约谈,教育局上下人心惶惶,人人自危。

铜江市教育局副局长的办公室里气氛则更为紧张,办公室主任崔新成正在接受副局长刘成鑫的"教育"。刘成鑫令崔新成在两天之内,无论用什么手段,哪怕是动用公安机关的力量,也必须找到张楠。

时值前任书记兼局长孟昭关调到市政府做分管文教卫的副市长,上级部门迟迟未定新任的教育局书记和局长,而这段时间的工作都是由刘成鑫这个副局长在代为主持。因此坊间纷纷传闻,刘成鑫就是下一任教育局书记兼局长,更有传言说他"暂管"期间,正是组织上对他的考验。

刘成鑫三番五次去探老局长孟昭关的口风,孟昭关也未对此事进行否认,而且组织部也说,春节后教育局人事变动的另一只靴子,一定落地。

春节期间,免不了走亲访友,尤其是知道一点内情的同事,饭桌上已经开始叫起了刘局长。

不过这事儿,最开心的倒不是刘成鑫,而是他的爱人王霜霜。王霜霜一直在镇上的一所初中做行政工作,在刘成鑫还是正科级的时候,王霜霜就想请老公出面,帮她想办法调进城去,可刘成鑫向来是个极妥当的人,让王霜霜再等等。刘成鑫熬了十年,终于到副处且担任副局长了。王霜霜问:"这回可以把我调进城了吧?"

刘成鑫定了定神,深呼吸一口气:"再等等,正的天天盯着我呢,我就担心出点什么岔子。等我扶正?"

王霜霜心里有气,但到底刘成鑫是家里的主心骨,七分脾气,三分撒娇,说再给刘成鑫五年时间,如果五年还没扶正,哪怕他还是个副的也得帮她设法调进城,否则她就带着即将上初中的儿子在镇上不回家了。

如今五年过去了,眼见着就是刘成鑫要兑现承诺的时候了,这些年,两人都是周末夫妻,夫妻关系全凭着工作的忙碌维系,忙碌到各自都没有任何时间去动别的心思。

春节的饭局上,王霜霜当着亲戚朋友的面,半是玩笑半威胁地说:"我要是再调不进城,人家肯定以为我这个教育局副局长的老婆是刘局长充话费送的。搞不好什么时候,我一气之下就把这业务给退订了。"

亲戚朋友直起哄,刘成鑫招架不住,连称"快了快了,春节过完就该定了"。

眼见春节后新任书记兼局长一职就要有定论了,却忽然冒出来张楠这件事。这篇文章直指教育部门的不作为,尤其是文中还"别有用心"地附了几个孩子在学校建筑工地上体育课的照片,刺激了广大网友的神经,激发了大众的社会责任感,对教育部门乃至是政府都骂声一片。

这可吓坏了刘成鑫,而孟昭关也在第一时间找到了刘成鑫,让他务必以最快的速度平息此事,否则仕途堪忧。一方面为了自保,一方面为了不让刚刚晋升的老领导留下污点,进而影响组织在考察时孟昭关这位直属领导对自己的评价,刘成鑫打定主意,要赶在市委市政府的领导上班前让张楠删文并公开发文道歉,承认此文中有不实之处。

刘成鑫开始动用公关手段在网上进行舆论导向的控制,奈何网络发酵非常迅速,根本来不及,教育局先找平台投诉删文,奈何这次平台意外强硬,未予理睬。万般无奈之下,便责成办公室主任崔新成以最快的速度找到张楠,让他从源头上将文章删掉。

崔新成本提议按照既往流程,请市委宣传部协同省委宣传部给发布平台发函删文,但此举无异于"自投罗网",告诉领导自己犯了事儿,请领导出面擦屁股,故此刘成鑫坚决否定了这个方案。

也正因为此,刘成鑫对他这个办公室主任的能力并不放心,急得抓耳挠腮。刘成鑫拿起手机,通讯录翻了又翻,看看有谁可以帮自己解决这个麻烦。最后,刘成鑫将视线停在了和平镇派出所所长连田发的电话号码上。

连田发第一时间赶到刘成鑫的办公室,刘成鑫也没有跟他绕弯子,开门见山提出,让他以公安机关的身份协助崔新成找到张楠,让张楠删文道歉。

连田发一听就觉得事情不对劲,因为张楠文章中写的那些事情确实属实,关键是如果让自己以执法人员的身份出面乃是违规行为。只是容不得连田发拒绝,因为刘成鑫开出的条件足够令他动心。连田发的女儿即将上高中,以女儿的实力,几乎没有可能考进市一中这所省级重点中学,而当地都有种说法,只要学生跨进一中,就意味着有半只脚在大学里面了。

连田发此前就为这事儿找过刘成鑫,但刘成鑫迟迟没有给他答复,今天却主动提起,条件就是让他协助崔新成找到张楠,让张楠删文并且发文公开道歉,承认所写文章纯属个人杜撰。

连田发这一刻觉得自己和张楠正处于食物链底端,若处置不力,随时便会被上级领导问责。

无尽的沮丧包裹着连田发,连田发想了想女儿的前程,便冒着违纪的风险咬牙答应了刘成鑫提出的条件。

5. 口 舌 之 能

　　有了连田发这位公安干警的助力,寻找张楠便变得容易了许多。

　　连田发等人从张楠的叔父张志华口中得知,张楠此刻已经离开铜江,前往福建去找他父亲了。

　　张楠去福建,是想劝说他的父亲回老家照顾母亲,因为他实在无法想象,独留母亲在家,如何供养哥哥一家。张楠的父亲张志勇在福建打工十余年,他跟大部分西部山区的农民一样,当家乡的土地已经无法完全供养一家人的生活时,便被迫与乡亲们一起外出务工,只是如何也没有想到,这一走就是十多年。

　　但比许多农民工感慨儿女因疏于管教而不成器幸运的是,张志勇的儿子张楠一直很努力,不仅顺利考上了重点大学,本科毕业后更是保送本校研究生,读书期间除了学费需要自己帮补些许,生活费靠着拿到的奖学金实现了自理。

　　这是张楠这么多年第一次到父亲张志勇的工地,才发现父亲十几年来都住在四壁透风的工棚里,条件极为艰苦。父亲是当地水务站外聘的劳工,负责钻探水源,钻探过程中的扬尘和噪声很大,半夜还要时不时起来看看钻探的情况。

　　两人一起吃饭时,父子俩喝了点儿酒,趁着微醺的酒意,张楠道明自己的来意,可张志勇却还想在外面多做一阵子。他知道张楠有意留在上海发展,但在大城市哪有这么容易扎下根来,所以想再多挣点儿钱给张楠一些帮衬。

可是张楠却坚持让父亲回去,还提及前年奶奶去世时父亲因为在外打工而没能送她最后一程之事,不希望奶奶的遗憾将来在母亲身上重演。

张志勇深知,奶奶的去世对于张楠来说是个非常大的打击,自己一直外出打工,这些年陪伴张楠长大的正是他的奶奶。而同样,一直念叨着让自己回家的母亲临了还是没能等到自己,也是张志勇心中永远无法弥补的遗憾。种种情绪涌上心头,张志勇决定听从儿子的建议,尽快结束十几年的打工生涯回老家去。

张楠没有想到会如此顺利,喜悦之外却又是哭笑不得,父亲担心自己住不惯简陋的工棚,居然要带着他去住酒店,张楠好说歹说才让父亲放弃了住酒店的想法。父子俩睡在简陋的工棚里,一夜无眠,都在憧憬着张楠有朝一日能在上海这样的大城市扎根,然后将父母也带出大山去生活的美好未来。

完成任务的张楠安心踏上了回上海面试的高铁。哪知张楠前脚刚走,崔新成和连田发就赶到了泉州,只可惜扑了一场空。

崔新成和连田发担心"打草惊蛇",见到张志勇之后并未说明真正来意,而是以教育局希望请张楠这样的优秀人才回老家工作为由从张志勇这里拿到了张楠的电话号码,与之约好在上海见面。

眼看着离政府部门恢复上班只有一天的时间,刘成鑫对崔新成和连田发再度施加了压力。和平的沟通恐难立即解决问题,连田发无奈之下,决定一到上海就对张楠采取强制措施。

张楠这次回上海是要参加一家文化娱乐行业世界500强公司的面试,年前他就在千军万马的竞争中通过了笔试。这对张楠来说是一个留在上海的绝佳机会,他必须把握住这个机会。

刚出高铁站,张楠就看到一张熟悉的面孔,女朋友卞筱悦已经在出口处候着他了。与他同校同届的卞筱悦自幼长在上海,父母皆是高校教师,她在同龄人中显得有些"特立独行",凡事不太在意旁人的眼光。

原本张楠自卑于自己农村的出身,是不敢跟卞筱悦这种上海土生土长且父母都是教师的高知家庭女孩谈恋爱的,但两人相处的过程中,卞筱悦古灵精怪的想法时常给张楠规规矩矩的生活带来惊喜。张楠感觉,与卞筱悦在一起,就像生活有无数扇未知的窗户等着他去打开、去探索,十分新奇。

卞筱悦从小在"人精"堆里长大,看到了太多的尔虞我诈、趋炎附势,因而,张楠老实、耿直、认死理的性格也让她感到十分安心。

这次张楠回来,依旧像往年一样给卞筱悦带来了很多家乡的年货,卞筱悦一时兴起,想要带张楠去家里见父母。可张楠还是胆怯了。

张楠希望卞筱悦可以再给自己一些时间,让自己变得足够好之后再去见卞筱悦的父母。这个问题似乎已经成为横在他们之间的一个巨大难题,尽管在卞筱悦看来,年年拿奖学金还特别孝顺的张楠已经足够优秀。他们在一起近四年,每年张楠都会从老家给卞筱悦的父母带很多土特产以示孝顺,一次卞筱悦的母亲生病需要一种中药材在上海未能买到,张楠不惜千里回老家涉险入山为她母亲采药,把卞筱悦感动坏了。

但让卞筱悦费解的是,张楠始终以自己不够优秀为由让卞筱悦暂时不要告知其父母他俩的恋爱关系。这一次,卞筱悦再度提及,张楠仍旧没有准备好。卞筱悦知道张楠一旦决定了的事情,怎么劝都劝不动,便也不再勉强,言语间鼓励张楠,他已经足够好了。张楠却暗暗下定决心要更加努力,以担得起卞筱悦的这份沉甸甸的爱。

张楠的面试十分顺利,尤其是他写的那篇社会调查报告得到面试官的一致好评,当场就被通知可以开始实习了。可张楠却不知祸从天降,刚刚走出这家公司的大门,便被连田发愤然带到上海的两个手下王广义和李梦龙给强行带走了。

　　原来王广义假装老家教育局的人约张楠到校门口见面,张楠刚走到校门口,便被拽进了一辆商务车,张楠尚未来得及反应,车已经迅速驶离。

　　张楠坐下来后刚想挣扎,却被王广义直接用手铐给铐上了,接着娴熟地从张楠的兜里掏出手机,按下了关机键。

　　张楠愤怒大喊:"你们——你们这是犯法的!"

　　王广义有些满不在乎地说:"你犯的就是我们!"

　　张楠满脸不屑地接上:"大清早亡了,你敢说自己是法?!"

　　李梦龙见此情形看着王广义,意思是怎么把人给铐上了。

　　王广义没有搭理,却是一副威胁的眼神看着张楠。

　　王广义劝张楠:"兄弟,我们也是没有办法,等你什么时候不嚷嚷了,这手铐就给你解开。"

　　张楠见占不到便宜,迅速让自己冷静下来:"你们真是和平镇派出所的?"

　　王广义再度将工作证亮给了张楠:"看清楚了吗?"

　　张楠的视线却聚焦在工作证的警号上,迅速地默背着警号,然后道:"我无法判断你们身份的真假,但是我想知道我究竟犯了什么事情,你们要这样对我。"

　　张楠一边说着一边将被手铐铐起来的手举起来向两人示意。

　　李梦龙拿出手机,将张楠写的那篇调查报告亮在他眼前:"这是你写的吧?"

　　张楠吃惊地看着手机屏幕,满腹疑惑:"这有什么问题吗?"

王广义闻声十分生气:"哥们,听说你还是个硕士,你爹妈辛苦供你读书,让你攒一肚子墨水,不是让你用来抹黑家乡的,更不是让你刻意散布谣言、煽动群众情绪的。"

张楠满是无奈地看着两人,几度欲言又止,最后化作了满腔愤怒地质问:"首先,我并没有抹黑家乡,而是想让更多人知道家乡的真实情况是什么,希望有关部门引起重视。其次,这是我的一篇社会调查报告,我可以为文章里的每一个字负一切法律责任,因此并不存在你们所谓的散布谣言、煽动群众情绪一说。如果你们认为我触犯了法律,那么请你们走正规的法律途径,而不是像现在这样硬把我绑了。"

王广义的情绪也被张楠激怒了。

王广义一边挽袖管,一边说:"嘿,我发现你们这些读书人就剩一张嘴厉害了——"

李梦龙见此情形赶紧拉住他,知道王广义是个会动手的主。如果真的动了手,这事儿性质只怕就变了,因为他们出发前所长再三交代过,一切好好谈。

李梦龙也开口劝张楠:"张楠,你先别生气,只要你配合我们的工作,事情没有那么严重,咱们还是讲道理的。"

张楠再度举起自己被铐着的双手:"如果说这就是家乡公安机关的道理,那我算是长见识了。"

这下彻底惹怒了王广义:"我说你别给脸不要脸啊?"

张楠的脾气也被激了起来:"怎么,这都二十一世纪了,你还想暴力执法?"

李梦龙一把拉住王广义:"王广义,你少说两句,一切等见到所长再说。"

张楠闻声更加惊诧,愤怒质问道:"就为这么一点事情,连你们所长都亲自出动了?"

没有人回答张楠的问题。

这一刻,张楠像是掉进一个暗无天日的深渊一般,无论他如何挣扎,都逃不出去,唯一能做的,便是逞逞口舌之能,一如他面对那所学校的破败,除了写写文章大声疾呼,他什么也做不了。

6. 逃

　　张楠被王广义和李梦龙带到一个宾馆,见到了所长连田发。跟着连田发一起来的教育局办公室主任崔新成也亮明身份,道明他们的来意。

　　张楠坚决不肯删帖,更不愿写道歉信,他深知连田发和崔新成如此扣留自己根本没有任何法律依据。见张楠不从,连田发负责以公安的身份给张楠施加压力,说他可以以故意煽动群众情绪、制造混乱等罪名将其拘留,而崔新成则晓之以理、动之以情地告诉他,这篇文章会影响很多人的仕途。

　　张楠认定的事情岂会轻易被说动,他以自己所写均为事实驳回两人的无理要求,且告知连田发自己的户籍已经迁到上海,连田发已经没有管辖权,怼得连田发和崔新成无话可说。

　　两人见威逼利诱都无法说动张楠,只得跟其打消耗战,弄得张楠一整晚都无法入睡,他们甚至以武力威胁张楠就范。可张楠面对巨大的压力却丝毫没有退缩的意思,一直坚持跟对方耗着。

　　天快亮时,连田发和崔新成开始着急了,因为离刘成鑫交代的两天内删帖只剩下几个小时了。几个小时后,所有政府部门都会恢复正常上班,如果事件不能妥善解决,刘成鑫的日子就不好过了。

　　张楠通过这一夜跟他们的相处,也知道了他们所面临的压力,虽对他们的行为感到愤慨,但亦同情他们屈从于权力的无奈。

跟张楠僵持的间隙,连田发带着崔新成他们出去吃夜宵。折腾了两天,大家都饿了,唯有连田发,心中始终不安,随便吃了几口,便出去抽烟了。

见餐馆里崔新成等人还在里面埋头吃饭,便从兜里掏出手机,却是张楠的。

连田发背过身打开了张楠的手机,接连涌出许多信息。

卞筱悦:"张楠,你在哪儿?出了什么事儿?"

陆军:"张楠,大家都很担心你,看到短信尽快回电报平安。"

老爸:"儿子,你出什么事儿了?是工作不顺利吗?这个工地的款项已经结完账了,我买了高铁票回家陪你妈了,你安心在外面闯荡,家里有我。收到信息给我回个电话……"

卞筱悦:"张楠,我一直在校门口等你,你到底遇到什么事情了,你要是再不出现,我就要报警了……"

卞筱悦:"张楠,快点回来吧,你导师也知道你不见的事情了,我们一直在他的办公室等你,你快回个信息吧……"

连田发看着这一条条信息,心情沉重,猛地抽了一口烟。

一夜过去,见连田发和崔新成没有任何让步的意思,张楠也开始着急了,昨晚就约好要跟卞筱悦见面,她联系不上自己,一定会担心。张楠揣测他们可能对网络的东西没那么熟悉,试探性地提出条件:自己可以删帖,但是因为文章是通过自己的微信公众号平台发出来的,所以需要用自己在宿舍的电脑才能删除。

原本崔新成还心存怀疑,据他了解是在手机端也可以删除。可连田发却选择相信张楠。

张楠略有疑惑地看着连田发,企图从他眼神里读出点什么。

连田发却迅速地躲开了张楠的眼神,只提出要跟张楠一起回学校取电脑。

而另外一边,卞筱悦因为一直等不到失联的张楠,急得如热锅上的蚂蚁,她在等待的间隙已经将张楠的父亲和导师陆军都联系了一遍,却依旧没有一点他的消息。

就在卞筱悦和陆军打算等到第二天天一亮再无张楠消息就报警时,张楠已经引着连田发和崔新成等人来到了学校。

张楠一走进学校大门,就冲向学校保卫处,边跑着边向学校的安保人员求救。提前接到有学生失联通知的安保人员也第一时间行动起来,一边报警一边通知张楠的导师。

而连田发在基层做了这么多年干警也不是吃素的,他带来的两名干警跟学校的安保人员对峙了起来。

不多时,上海当地的警察和陆军、卞筱悦都及时赶到了,连田发和崔新成等人被上海警方人员迅速控制住,一起带回了公安局。

张楠走出笔录室,陆军和卞筱悦已经等在门口了。陆军和卞筱悦都很担心张楠,张楠却淡淡一笑:"没事,就当是增加生活阅历了。"

就在此时,崔新成和连田发也从笔录室走了出来。

陆军愤然地走向两人,几乎是呵斥出声:"你们身为国家公职人员,竟然滥用私刑软禁我们的学生,请问你们依的是哪一条法?社会调查这门课我在学校已经开设十三年了,为的就是不要让学生忘记生活的本真,不要做蜗居在象牙塔里的人,所以我要求学生的调查报告不得有半点虚假的成分,我们每年都有学生写出优秀的文章。如果张楠的文章有任何不符合事实的地方,我可以以张楠的导师、大学教授的名义保证,我们随时可以道歉,并且承担相应的损失,但如果只是因为影响到某些人的政治前途,那么我们坚决不会删文,更不可能道歉。"

连田发闻声愧疚地低下头去。

崔新成更是吓得哆哆嗦嗦，赔着笑脸，恳求谅解："各位帮帮忙，我们也是没有办法，家里有老有小要养，做出一些荒唐的事情来也是迫不得已，如果通知我们那边的领导，只怕我们饭碗都得丢。"

上海的警察询问地看向张楠，认为张楠是这件事情的当事人，主要还是看他的态度。

连田发和崔新成以求助的眼神看向张楠。

张楠顿了顿，有些怒其不争地看着眼前两人，淡淡说道："这件事情对我的伤害很大，不仅囚禁我，而且试图对我施加暴力，我需要认真地思考一下如何解决这件事情。"

上海方面的警察听罢，便将他们四人拘留起来。

被带走时，崔新成一把拉住张楠，用乞求的眼神看着他："小伙子，做人留一线，日后好相见。"

张楠别过头去，他知道，他也许会心软，但这一次，他不想，必须要给他们一点教训，他们才会知道，自己不仅只有口舌之能，法治社会里，我们可以很好地保护自己。

只是当连田发走过张楠身边的时候，却留了一句意味深长的话："希望你以后到了社会上还能有这样的锐气。"

张楠来不及细想，已经被卞筱悦和陆军拉着一起走出了公安局。

张楠长叹了一口气。

陆军无奈地看向张楠，显得语重心长："以前你总跟我说，你不想回老家，原本我还挺失落的，在我看来，你的家乡地处西部偏远地区，培养出你这样一个人才不容易，身为师长其实更希望你回家乡去作贡献，在上海这样的地方，说得残酷一点，多你不多，少你也没有多大影响。"说到这里，陆军顿了顿，拍拍张楠的肩膀长叹了一口气,说道,"现在么,我觉得你能留下来还是留下来吧。"

张楠亦是无奈笑笑:"其实我被他们囚禁在宾馆的时候,我想的是我的文章真的有那么大的影响力吗?真的能帮到老家的那所学校吗?"

卞筱悦肯定地看向张楠:"真的可以!就在你发文后的这短短几天中,我们开通了捐款渠道,至今已收到八万多块的捐款了。大家都想帮你一起完成修缮那所学校的计划,相信自己,你做的是正确的事儿。"

张楠欣慰地点点头:"那就好,当初我们在学院的学生党支部成立助学小组,也是希望可以结合社会实践调查这门课,做一些力所能及的事情,能够帮助到那些需要帮助的人,我现在只是努力地做到知行合一吧。"

陆军赞许地看向张楠:"孩子,当初我没有看错人,老师很欣慰,大胆地按照自己的想法去做吧。"

紧张的不只崔新成和连田发,铜江市教育局的刘成鑫此时已经急得如同热锅上的蚂蚁。因为一早他刚走进办公室,市委组织部部长已经来电通知他召开教育局全体会议,并称市委书记王启发也会参加,会上将宣布教育局新任书记兼局长的任命。

眼下崔新成和连田发那边虽然一直没有消息,但庆幸的是上级领导在电话里只字未提张楠的那篇文章,刘成鑫便揣测着自己升职应该是没有问题的。

可真正等到市委领导来到教育局会议室时,带给他的却是晴天霹雳,上级部门确实带来了新的任命通知,只不过与自己无关。市委书记王启发郑重地说,市教育局这位新任书记是自己从上海方面要过来的教育专家——李世涛。

李世涛在上海是教育界的名人,他是农村义务教育实行免费政策的重要发起人之一,原本听说他是要调到市教委的,却不知为何忽然来了铜江市教育局当书记兼局长,不仅没有升职,还从沿海城市调到地处大西部偏远的地级市教育局,令人匪夷所思。但他此番前来却是身负重责,不仅要负责将铜江市的教育抓起来,还要负责完成教育局对口白果村的精准扶贫工作。

　　李世涛的到来打了刘成鑫一个措手不及。在整个欢迎仪式上他保持着皮笑肉不笑的状态,而当组织部部长问起办公室主任崔新成为何没有来参加会议时,心虚的刘成鑫只得闪烁其词称请了事假。而这位新来的书记更是语出惊人,原来前些日子被纪委带走的人,正是他的手笔,名曰"打扫屋子再请客"。

　　而李世涛清理的可不止教育局,还有他即将要对口扶贫的白果村,知道原任村支书徐长富涉嫌违纪后,他第一时间请纪委出面调查。

　　李世涛未上任先烧火的举动,让在场所有人不由得捏了一把冷汗,知道此人极为难缠。而这边市委领导还没送走,刘成鑫就接到了上海方面的电话,这才知道连田发和崔新成被上海公安扣了,而张楠不仅没有道歉、没有删文,还要求刘成鑫答应三个月之内解决和平镇民族小学教学楼修缮事宜。此外,还要给他们一个说法,否则就将此事通报上级主管部门。

　　这可吓坏了刘成鑫,就在他手足无措打算求助老领导孟昭关时,老领导给予的指示却是胜负未定,让他在市委未问责之前先去主动承认错误。这让刘成鑫深感委屈,自己似乎背了黑锅,明明是老领导的历史遗留问题,最后为何是自己担着,但他对这位直属领导敢怒不敢言,也只能按照他的指示行事。

　　欢迎会接近尾声,李世涛发言完毕正准备回到座位,突然停住,又补充说道:"有两件事先跟大家声明,第一,我这人啊,不喜欢开会,以后有什么事情,会直接单独找人;第二,平时碰到,如果没事,不用给我打招呼,我喜欢走路的时候想事儿,如果我回答你,会打断我的思路。"

众人只是将信将疑地看着李世涛,还来不及摆出吃惊的表情,组织部部长已经宣布散会。

新局长的两点声明,成为教育局上下讨论的热点。教育局的人事处长李涵和办公室文员田芳也在电梯口讨论着不知李世涛说的话是真是假,如果真的碰面,到底要不要打招呼。

田芳话音未落,电梯门打开,只见里面站着李世涛。田芳如见了老虎,只得硬着头皮走了进去,李涵也胆战心惊地跟了进去。

电梯门关上后,气氛一度十分尴尬。李世涛旁若无人,面无表情,像是入定了一般。

田芳则不断给李涵递眼色,李涵也给她递眼色。

终是田芳按捺不住,先是轻咳了一声,低声打招呼:"局长好!"

哪知李世涛真的完全如没听见一般,顿时电梯里的气氛已至冰点。

就在田芳感到无比尴尬时,电梯"叮"的一声响起。

李世涛径自走了出去,田芳和李涵如蒙大赦。自此,李世涛"生人勿近"的人设在教育局立得固若金汤。

刘成鑫不知道的是,新任的教育局书记兼局长李世涛和市委书记王启发早就看到张楠的那篇文章了,只不过是一边在派人去核实,一边也在等刘成鑫这位主持工作的副局长主动汇报。

哪知王书记不仅没有等到刘成鑫的主动汇报,还接到了崔新成和连田发因为此事被上海警方扣留的消息。

此事震惊了整个铜江的市委领导班子,让他们觉得铜江市的脸丢到了上海。新上任的李世涛当机立断,主动请缨前往上海妥善解决此事,还提出教育局应该主动出面道歉并承诺尽快解决和平镇民族小学教学楼修缮事宜。这个方案得到市委书记王启发的支持后,李世涛第一时间赶去了上海"捞人"。

而刘成鑫这边,受孟昭关的点拨,忐忑地敲开了王启发的办公室大门,先是主动承认自己在和平镇民族小学事情中的失察,接着转移话题十分委屈地向其诉苦,说自己这些年在教育部门做得有多不容易,为何组织上没有考虑提正自己。

王启发原本就因为张楠那篇文章憋了一肚子火,不承想刘成鑫不仅没有意识到自己的问题,竟然还来向自己要官做,当即便把这件事情摊在了台面上。虽然刘成鑫不是这件事情的直接责任人,但是在他主持教育局工作期间,未能重视妥善解决这件事情,而且在被人发现之后,还试图以权压人,说到底还是为了自己的政治前途。

王启发直截了当地训斥了刘成鑫,指出他工作中的失误,告诉他,他要是做得好了,不用他来要,老百姓自然会将他捧上来。

刘成鑫态度诚恳地承认了自己的错误,并且希望王书记可以给他同等的机会,让他加入即将迎来的全国性脱贫攻坚的工作,也希望领导们能看到自己的能力,不要陷入"墙内开花墙外香"的用人桎梏。

王启发考虑到国家培养一个干部不容易,且刘成鑫对当地的实际情况十分熟悉,所以愿意给他一个改正的机会,让他和李世涛一人负责一个村子做脱贫攻坚工作的村级指挥长,在内部形成竞争机制,若做得好,组织上自然会考虑他的晋升问题。但是此次张楠的事件,等事情解决之后,他必须作检讨,而且组织上将对其在全市范围内进行通报批评。

刘成鑫知道这位市委书记向来是说一不二的性子,有了他的背书，接下来就是背水一战了。面对接下来市直机关的工作重心——脱贫攻坚，刘成鑫觉得自己颇有胜算。自己是土生土长的铜江人，对农村的了解肯定要比李世涛这个外来者清晰，加上还有孟昭关这位副市长对自己的支持，他对战胜李世涛这件事情充满了自信。

李世涛赶到上海，约张楠等见面。张楠发现，这位新任书记与崔新成和连田发等人的行事风格截然不同。

李世涛与众人见面后做的第一件事情就是当着众人的面十分诚恳地进行自我检讨，接着承诺一定妥善解决张楠文中所提民族小学教学楼的问题，更令人意外的是，他还主动提出会通过教育局的官方微博发声就此事向社会道歉，以此来请求他们撤销指控，让上海警方释放崔新成和连田发等人，表示回去一定对他们进行认真教育和批评。

原本大家都觉得李世涛的态度已经足以体现其诚意，但一向小心谨慎的张楠却提出了更"过分"的要求，让李世涛将他的承诺落在纸上，将来也好有个依据。就在大家以为会谈崩时，李世涛竟然毫不犹豫地答应了。

李世涛的态度让张楠等人都大为意外和感动，也不好再为难，只得让他将人给领回去。

而张楠也给了这位教育局的新领导一份见面礼——一份校舍设计图纸。原来这份图纸是张楠和卞筱悦找建筑系的同学帮忙设计的，考虑到复建新教学楼尚需时日，但孩子们的安全问题却刻不容缓，这份加固老教学楼的方案，正好可解即将开学的燃眉之急。

卞筱悦还奉上了他们通过张楠这篇文章而募集到的资金，希望可以帮助那所学校尽快完工。

两个年轻人的行为，让李世涛觉得自己被上了生动的一课，原本他一直以为现在的年轻人都是愣头青,思想的巨人,行动的矮子,没想到眼前的这两人,不仅提问题,还负责解决问题,这十分可贵。而自己远赴铜江,缺的正是这样的人。

李世涛临时起意,决定约张楠单独聊聊。张楠领着李世涛漫步在上海华东大学的校园。

张楠因为心里有事,显得有些烦躁,开门见山地说:"局长,既然都是直接的人,说吧,要跟我谈什么?"

李世涛也不绕圈子,问他:"听说你即将研究生毕业,将来有什么打算?"

张楠疑惑地看着李世涛,说:"我今天第一天实习,一家世界五百强的文娱企业。"

李世涛停下来看着张楠:"如果我想请你回老家工作呢?"

张楠看了看李世涛,见他不是开玩笑的样子,便如实相告:"曾经想过,但是经历过这件事情以后,就彻底断了这个念想。"

李世涛倒是不意外,随口调侃:"是因为觉得家乡的社会太黑暗?"

张楠闻声扑哧笑了,道:"这可不是您这样的领导该说的话。"

李世涛顿了顿,缓缓道:"我刚从上海调到铜江市上任,原本我是要调到市教委去的,但我最后还是选择了去铜江。"

张楠疑惑地看着对方,有些不解。

李世涛笑着说:"如果我说是因为了解了铜江的情况后,我是真心实意地想为铜江做点儿什么,你会不会觉得我是在说假话?"

张楠先是笑了笑,然后轻叹一声,复才开口:"这也未必,就像我女朋友一样,从小生活在富足的环境里,对于那些太落后、太贫穷的地方,总是会不由自主生出怜悯之心,甚至还想去改变些什么,所以她特别支持我组建支教的社团。可话说回来,习惯了城市生活的人,如果真到了那里,能扎根下去的却是少之又少。"

李世涛趁机提出邀请:"那你可以回去见证我能在铜江做什么。"

张楠直接拒绝:"对不起,我不敢拿自己的未来赌。"

李世涛没有想到张楠拒绝得如此直接,噎了一下,跟着张楠又走了几步,才幽幽道:"实不相瞒,选择铜江,还有一个理由,我父亲年轻时,曾到铜江支援过三线建设,而我母亲,正是铜江人。"

张楠没有接话。

李世涛接着说:"但是当年我父亲回上海时,她没有选择跟我父亲一起走,而是舍下我和我父亲,选择一个人继续留在铜江。"

张楠将信将疑,不明白这是为什么?因为当年的铜江,要多穷有多穷。如果能到上海这样的沿海大城市生活,实在是找不到什么理由可以拒绝。

李世涛道这也是自己想问的,所以他去了铜江。

张楠轻叹:"但愿你可以找到答案。"

李世涛点点头,严肃地看着张楠:"我是诚心邀请你回去工作,就去我们教育局。"

张楠再次拒绝。

李世涛本来还想劝说,张楠只一句话,让李世涛立时接不下话了。只听张楠轻轻吐出三个字:"穷怕了。"

李世涛久久不知如何反应,索性闭口不言,打量着张楠,因为这话,实在是不像张楠这个年纪的人能说出来的。

眼前的张楠二十五六岁,青春正当时,尚未正式踏入社会。尽管知道他生长于铜江的大山里,可在上海六年多的熏陶,若是张楠自己不说,没有人能一眼看出他是农村出来的孩子,如今的他,锐气,文气,略带着一点点年轻人的戾气。

见李世涛不语，轮到张楠调笑了。他笑道："噎住了吧？嗯，我从小到大，大部分时间都是您现在这副表情。每天起床，打开门，看到的是山，你爬上一座山，前面还有一座山，吃的喝的，全靠山，夏天旱到为抢口水喝打得头破血流，冬天冰冻三尺常常几个月都不通水电，没人管你的死活，那样的地方，我好不容易逃出来了，为什么还要回去？"

李世涛闻言有些激动，他知道张楠的说法一点儿问题也没有，很真实，真实到令人可怕，但是他也知道，不能所有人都是他这般想法。于是艰难开口："但如果我们都像你一样，有能力却不去改变，那么生活在那里的人，大部分都是逃不出去的，他们要怎么办？要一直面对这样恶劣的环境吗？"

张楠无奈地摇摇头："我只能说，在我力所能及的范围之内，我会尽可能地为他们做一些事情。但有些事情，真不是我努力就可以的，就拿和平镇民族小学的事情来说，我不过是写了一篇文章而已，就闹出这么大风波。我和您不一样，我没有您这么伟大，我也没有一定要寻找的真相，人一辈子的精力有限，我只想在有限的时间里，过好自己的日子，照顾好我的家人。"

李世涛略感惋惜地看向张楠，再次问道："没有回旋的余地了？"

张楠听完久久未能说出话来，慢慢地，他走向足球场上的网内，然后看向李世涛："局长，不管您是主动选择还是被迫安排，我都特别感激您选择去我家乡工作，从您的谈吐中可以知道您一定会是一位好领导，我期待着家乡有一天可以因您而改变点什么。"

李世涛看着网中的张楠，似乎看到了年少时苦苦挣扎的他，他很想拉他出来，便道："但我一个人的力量太微薄了，除了要推进铜江市的教育体制改革，还要对口帮助贫困乡村脱贫。坦白说，我孤身到铜江,就是个光杆司令,如此艰巨的任务,特别需要优秀的人才,尤其是像你这样满腔热血的青年才俊。"

张楠摇摇头:"谢谢您对我这个小人物的认可,对别人来说家乡是思念,可对我来说却是童年噩梦。所以不管在上海打拼有多难,不管有多少人说上海就是一个随时可以将人吞没的海,但至少,我还有未来可以期待,即便被这里的海水淹没了,起码还是蓝色的,而不是黑色的。"

张楠说罢,转身决绝离开。

李世涛望着张楠的背影,心绪复杂。

那时李世涛还不明白张楠这番话的深意,只是觉得这个男孩身上有些愤世嫉俗的东西,见他态度坚决,便也没有强求。

"十三五"的最后一年是2020年,是党中央、国务院确定的全面建成小康社会的时间节点。党和国家领导人深刻地认识到,城市一头尽管也存在一些难点,但最艰巨、最繁重的攻坚任务在农村,特别是贫困地区,因此打赢脱贫攻坚战已势在必行。

这些年,各地为打赢脱贫攻坚战,四处招募人才,从东部发达地区往西部借调干部,从城市往农村借调人才。对于张楠这样的大学生来说,最直观的感受就是大学校园的招聘会上多了许多因为"脱贫攻坚"而增设的选调生招聘,以期吸引更多的优秀大学生参与到脱贫工作中去。

看着身边许多同学参加选调生考试,张楠感触良多。从白果村到上海,一步一步走来,一切都太不容易了,过去的生活告诫张楠,他的每一个选择都必须慎重且理智。他并不是一个随心所欲的人,对于生活、对于未来,张楠都有明确的规划,他要求自己,一切要按照计划进行,他的人生一向是规规矩矩的。他内心虽然很希望家乡可以富足起来,却不能因为冲动就随意做出选择。因为他和别人不一样,他没有退路,只能选择继续往前走,于是他默默地将改变家乡原貌的希望寄托在这些同学身上。

而卞筱悦因为父母每年寒暑假都会去山区支教,每次父母回家都会给她看山区生活的照片,让她对山区的生活充满好奇。她时常跟张楠说,将来若是有机会,也想去山区体验一下支教的生活。只是每次卞筱悦说完,张楠都会一盆冷水泼过来,跟她描述山区的生活如何如何的艰苦,笃定她这种理想主义作祟的文艺青年绝对扛不过一周。

可卞筱悦总觉得,张楠的描述里增加了很多文人的夸张修饰,不大可信。

7. 抉　　择

公司有一栋独立的5A级写字楼。张楠所在的策划部门在25层,这个高度,正好可以看见整个电视塔。

入职的前期内容主要是新人培训,会议室内的正中央,投屏打着"未来科技文娱新人入职培训"的字样。

张楠坐在新员工中,显得极为认真。人力资源总监在侃侃而谈,只是说了许久,见大家都有些昏昏入睡,便提了一个问题:我们公司的企业文化是"狼性"文化。那么请问,狼性文化第一要义是什么?

场下的新员工稀稀落落地回答:攻击性、进击、战斗力……

人力资源总监笑着摇头,一直没有找到合适的答案。不知为何,张楠忽然想起小时候在山里抓野兔的情形来,村里的狗平时都各自为政,但到了围猎兔子时,就会变得意外团结。

张楠想,或许狼也一样吧。于是乎他试探性地回了一声"团结"。人力资源总监非常满意听到了正确答案,告诉大家狼在围猎时,表现出超乎想象的团结,至于争夺,那是在搞定猎物的前提之下。

茶歇时间,张楠独自站在落地窗前,俯瞰着这座城市,憧憬着在这里的万家灯火中,有一盏为自己而亮。

晚上下筱悦约了张楠吃饭,说是要庆祝他顺利找到工作。筱悦就是这样,似乎连基因里都充满了浪漫因子,她总是能找到各种无法拒绝的理由,叫张楠一起出去吃饭。筱悦说,人生苦短,努力让每一天都值得纪念。

晚上两人约好在校门口碰面,然后一起出去吃台湾的麻辣锅。只是在张楠距离筱悦不过数步之遥时,忽然接到了父亲的电话,电话那头的声音是颤抖着的,听父亲断断续续说完,他方知,原来母亲得了口腔癌。

张楠挂了电话,几乎愣在当场,他怎么都想不明白,这不应该是母亲的结局。母亲穆晚英这一生,太过坎坷,当年为跟村里的人抢水失手将对方打死而入狱十七年,如今回来不过两年,又查出口腔癌,这让张楠觉得,定是前世造孽太多,今生全都一并还了。

只是如果一定要还债,也请苍天可以多给一点时间。或者,将这罪,让自己来替一些。

张楠看着卞筱悦,那么近却又那么远。人到了难处,不得不低下倔强的头,他不知如何面对一切。

张楠愣神间,筱悦已经走过来了,调侃道:"你这眼睛这么大,居然没有看到我吗?"

张楠闻声抬起头来时,已是双目猩红。

筱悦心惊,小心翼翼地问:"怎么了?上班被为难了?"

张楠艰难地将实情告知,卞筱悦上前心疼地拉着张楠的手,宽慰道:"伯母不会有事的。你也别太担心了,你小时候受了那么多苦,你们一家人都熬过来了,这次也没有问题的。需不需要我跟你一起回去?"

张楠却下意识道:"你毕业论文还没写完吧?没事,我自己先回去看看情况。"

卞筱悦也没有坚持:"好,如果有什么情况,你随时跟我说,有困难我们一起解决。"

张楠亦握紧卞筱悦的手,算是回答。

张楠赶回家,不放心,又拉着母亲重新去市里的人民医院做了一次彻底的检查。好在检查结果出来后医生说发现得及时,还在前期,还有治好的可能性,只是手术费需要十几万。

张楠本想着农村合作医疗保险可以解决母亲的医药费问题,哪知母亲却支支吾吾的,这才知道,母亲已经有两年多没有缴纳医保费用了!

张楠很是沮丧,问母亲为什么不交呢?

还是那个概率论,穆晚英觉得自己前几年一直没生病,钱却每年交着,而自己平时身体还不错,就想着这一百二百块钱还不如给家里的孙子改善一下生活。

听了母亲的话,张楠感到又可恨又可笑。以出卖体力劳动为生的父亲收入本就有限,还要贴补哥哥一家,这些年家里根本就没有什么存款,仓促间如何能拿得出十几万块钱的手术费?

不只是穆晚英,在铜江当地,抱着这样侥幸心理和概率论的人不在少数,每年政府都需要花许多时间给老百姓做思想工作,动员及时缴纳医保。而医院门口几乎每天都能看到这样的事例,只有真的到了有病没钱治,看着亲人撒手人寰的时候,才会意识到医保的重要性。

强烈的无力感包裹着张楠,但他知道,筹钱治病,是眼下唯一的办法。张楠逐家逐户地登门拜访,但凡是能沾上点亲戚的,他都放下脸面敲响了门,只是能凑到的钱寥寥无几,远远不够母亲的医药费。亲戚朋友一听要借钱纷纷变了脸色,不是说没钱,就是说临时出了远门,等回来再说。几天下来,张楠不仅没有借到钱,还受了亲戚们不少冷嘲热讽,话里话外说的就是他是村里的第一个大学生啊,当年可威风了,哪里还需要问别人借钱,他应该借点儿钱给他们才是。

城市的街道上挂满了关于"全面建成小康社会,打赢全国性脱贫攻坚战役"的标语,更有"扶贫先扶志"这样的醒目口号。张楠走在熟悉的街道,看着这些陌生的横幅标语,似乎就在讽刺他,此刻,他才是最需要帮扶的那一个。

但在张楠的字典里从来没有"认输"两个字。卞筱悦有时候跟他打趣,唤他做"张阿牛"。要说他有什么比别人强的地方,恐怕是他有着一股从不服输的狠劲,再苦的路,咬着牙也能走下去。

新官上任的李世涛果然信守承诺让民族小学的新教学楼复工了。副局长刘成鑫、办公室主任崔新成都被通报批评并记过处分,而连田发,为了保住当时跟他一起去上海的那两个手下,自己引咎辞职了。

张楠得知这个消息的时候,心里说不出是什么感觉,高兴吗?完全没有。似乎还有那么一点点难过,张楠不知道,连田发的女儿,到底能不能上一中?如果上了一中,却发现自己的机会是父亲用前途换来的,又会作何感想呢?张楠不敢深思。

张楠本是想跟做包工头的表哥万民借钱的,却意外得知竟然是他包下了小学的工程。

万民小时候在张楠家生活了多年,可即便这样,说起借钱的话题,依旧很不愉快。万民听明张楠的来意,也没答话,而是直接从屁股兜里掏出一个破旧的皮夹子,皮夹子打开,里面躺着六张一百块。万民先掏出来五张递到张楠面前。

万民:"少是少了点,你先拿着给姨买点水果,我最近也没空,等空了就去看她。"

张楠看着万民递过来的钱,心里堵得慌,小声道:"万民哥,我妈,是你亲姨。"

万民一顿,将皮夹子里面最后一张百元钞票也取了出来并作一处递给张楠。

万民:"都给你了。"

张楠强忍着怒与悲:"小时候你是在我家长大的。"

万民略带戏谑地笑笑:"弟弟,现在这年头谁还认亲戚啊,只认人民币。"

万民说着将钱塞到张楠手里:"这六百块钱就当是送我姨的了,她在外面这么多年好不容易回家,现在还得了癌,真的是命苦,有能力的话,就尽力给她医吧,我去赶工了!"

万民转身离去,张楠紧紧握着那六百块钱,连追上去退给他的勇气都没有,只红了眼眶。

这十几万,压倒的不止张楠,而是他整个家庭。

晚上看到他哥哥好不容易回家吃饭,还对母亲做的菜挑三拣四时,张楠终于按捺不住脾气爆发,要不是穆晚英在中间拦着,兄弟俩真的会打起来。反正张楠什么难听的话都说出来了,吸血鬼、寄生虫、水蛭……

最后的结果就是哥哥张飞撂下豪言,他负责去搞定母亲的医药费。母亲见兄弟俩剑拔弩张的模样,气得说自己就是死也不想治疗了。

说的都是气话,该解决的问题还是得解决。晚上跟筱悦说起此事,张楠觉得自己特别没用,而筱悦除了安慰,挂了电话,还给自己的父亲打了个电话,想问父母借五万块钱。

张楠继续想着办法,但也不想浪费每一分、每一秒。他瞒着母亲到和平镇民族小学的建筑工地上干活。因着亲戚关系,万民愿意给张楠日结工资,每天能拿个180块钱。自上大学以后,张楠便很少干农活了,沉重的钢筋、水泥压在他的肩膀上,几乎让他喘不过气来。

只是医疗费如何解决,依旧是摆在张楠面前的一个难题。张楠不知道的是,在他焦头烂额的同时,市教育局这边除了推进日常的教育工作,"精准扶贫"工作已经成为他们眼下的头等大事。尤其是李世涛上任后,对教育部门的扶贫工作提出了新的要求,不仅要帮助老百姓实现经济脱贫,更要帮助他们完成"精神文化"层面的脱贫。

以刘成鑫为首的教育局老员工对李世涛这位空降兵本就已经不服,而当李世涛又给大家提出这么一个难题之后,认为他完全不了解当地的实际情况,"不接地气",太过理想主义,当场就带头反对了起来。刘成鑫认为国家要求的经济脱贫就已经让大家焦头烂额了,能够如期通过国家的检查就已经是万幸,且不论精神文化脱贫如何量化,更重要的是老百姓根本就不会配合,当地农村穷的根本原因是经济跟不上,至于精神的贫瘠,那不是现阶段能解决的问题。

刘成鑫的话代表了大多数人的看法,李世涛可以理解,却不敢苟同。而且市委书记王启发找他谈过,和他说了同志们的不服气。所以李世涛在会上也明确点出,自己向来是喜欢阳谋不喜欢阴谋的人,对于他的到来许多同志是存疑的,既然如此,那么自己也表个态,保证在日后的工作中绝不以书记和局长的身份压人,而是以工作成效的事实说话。

李世涛提出的扶贫策略虽然在教育局内部不被看好,但好在市委王启发书记还算支持,但也提出眼下经济脱贫是硬指标,所以要求他必须在经济脱贫的大前提下去完成精神文化层面的脱贫。

因为得不到内部人员的支持,李世涛意识到,现有体制里的人员无法真正协助自己实现目标,他需要的是对这个社会、对农村的这些老百姓充满责任感的热血之士。

为了支持李世涛的工作,王书记同意让他效仿其他城市增设选聘985高校毕业生到村工作编制岗位,省掉过去的笔试直接面试吸纳优秀的985高校毕业生人才回乡建设,但给李世涛的时间只有三年,如果三年无法见成效,便终止这一计划。

铜江的市委班子都没有想到,这位外来客竟一口答应下来,而且当众立下军令状,一定在规定时间内达成"精神文化脱贫"的目标。

既然李世涛有了这么大的决心,王书记也没有含糊,答应有关扶贫工作的决策,市委会第一时间作出批复。

瞒着母亲和远在上海的卞筱悦,在建筑工地上挣医药费的张楠,怎么都没有想到自己会在和平镇民族小学的建筑工地上被李世涛撞见。看见张楠背着沉重的钢筋水泥艰难地走着,李世涛感到非常诧异。

在李世涛的一再追问下,张楠才道出了自己眼下的困境。李世涛思量片刻后告知张楠,市教育局出台了新的政策,针对新引进的优秀985高校毕业生一次性给予八万元的补助。如果他愿意到铜江市教育局来工作,便可顺利解决他母亲的医药费问题。

同时碰见张楠的,还有发小田如林,他现在专职给李世涛开车。田如林前脚刚跟李世涛吹嘘过,他们村里是出过大学生的,这个人就是张楠,张楠是他儿子和女儿心中的偶像。

可他现在竟然在建筑工地碰到张楠,他实在无法接受这样的现实。懊恼、沮丧,他从张楠身上,似乎看到了自己女儿和儿子的未来,他们奋斗十余年,到最后,也许也会因为经济问题,走上跟他一样的路。

念及此,田如林心里有说不尽的委屈,觉得心中唯一的光都被遮挡住了,满腔的怒火,都撒到了张楠身上。

田如林满面怒气地走到张楠面前,推了他一把。

张楠一个踉跄。

李世涛在一旁看得有些着急:"小田,你这是干吗?"

田如林顾不得正在问他的是自己不能得罪的人:"局长,您先站一边,这是我和他的私事。"

田如林盯着张楠:"这么大的事儿你怎么不找我呢?"

张楠嗫嚅:"我知道你家里日子也不好过,你要养三个人……"

田如林没有答话,而是从兜里掏出一张银行卡,塞到张楠手里:"这卡里有一万多块钱,我的钱都在这里面了。你赶紧给我滚回上海去,这里不是你这样的人待的地方。"

张楠把卡又塞了回去:"我不能要你这钱。"

田如林见此愈加愤怒:"你瞧不起我?"

张楠有口难辩。

田如林着急道:"这钱不用你还,我当是给我儿子女儿买一个偶像,买个梦行吗?我告诉我儿子、女儿,得向你学习,你现在是他们的偶像,是他们的梦,你要是回来了,他们的梦就碎了!我求求你,行吗?你这样的人就不该待在这里。"

田如林越说越激动,已是红了眼眶,崩了心理防线。

张楠听得很是难受,无尽的委屈涌上心头,无奈道:"但凡我有一点办法,你以为我想待在这里吗?别再说你这样的人,我这样的人这种话了,说到底,我们都是一样的人,我们都是穷到根本没有选择权利的人。"

田如林语塞。

李世涛在一旁听得亦十分难受,站在了两人中间:"小田,你冷静一点,张楠也是不得已,他心里肯定比你更难受。而且,我认为,即便他真的回来工作,也不见得就无法成为你女儿和儿子的榜样。"

田如林别过头去,依旧很生气。但又不敢拿李世涛如何,只得道:"局长,我不懂那些大道理,但我觉得张楠就不应该在这里。我先去车上等您了。"

田如林转身离开。

张楠没有去拦的勇气。

李世涛心疼地拍拍张楠的肩膀,说会等他的答复。

回去的路上,田如林正开着车,一言不发。

李世涛看着后视镜中的田如林:"小田,跟我说说张楠吧?为什么你那么反对他回来工作?"

田如林长叹一口气:"我俩一起长大的,他从小就过得很不容易……不应该是这样的结果。"

李世涛顿时来了兴趣:"怎么个不容易?"

田如林缓缓回忆:"他六岁那年,他妈跟村里的一个女的为了争水灌溉农田打架,失手把人推入水田,对方淹死了,他妈进了监狱,一开始判的是无期徒刑。他爸一直在外面打工养家,他就跟着奶奶一起过活。他过得很苦,因为奶奶已经六十多岁了,常年带病,所以他六岁就要自己上山砍柴、做家务了,说句不怕您笑,那会儿我们都还在尿床呢。后来开始上学了,他每天放学回家一定是先砍了柴、放了牛、打好猪草,等到晚饭过后点着煤油灯写作业的。他高三那年,家里还失了一场火,把房子都烧了,烧得一无所有了,村里的人都觉得这家人再也站不起来了。可他还是成了我们村里的第一个大学生,还读了研究生,这是我们村祖上三代都没有的事情。"

李世涛闻声面色沉重,没想到张楠年纪轻轻,就经历过这么多事情了。他坚定地认为,张楠一定会来找他,于是他嘱咐田如林,记得把自己的电话告诉张楠。

田如林有些意外,也有些说不清是什么心理,他既希望张楠母亲的医药费得到解决,却又不希望张楠留下来。

有了八万块钱,刚刚可以凑足母亲的医药费,这对身陷困局的张楠来说是个巨大的吸引。然而,对别人来说,家乡是寄托美好回忆的地方,但对张楠来说,家乡就像一面镜子,清清楚楚地映照着他的过往,那些他不愿意再回首的过往。他曾经很坚决想要逃离这个地方,但这一刻想起母亲的病,他开始犹豫了。

就在这时,张楠的手机短信提醒音响起,拿起来一看,发现是卞筱悦打了五万块钱给她。接着张楠就收到了筱悦发的微信。

张楠彻底犯了难,一边是李世涛伸出的援手,一边是卞筱悦那份沉甸甸的爱。

穆晚英的病开始出现了症状,口腔开始频繁出血。张楠晚上睡得晚,路过母亲房门时,常常能听到她痛苦的呻吟声,张楠心如刀割,母亲的病拖不起,他害怕了。

当张楠出现在教育局门口的时候,田如林完全没有给他好脸色看,但也没有再说一句话,田如林知道,但凡还有一点办法,张楠都不会低头。

田如林记得,上初中那会儿,张楠为了买几本辅导书,愣是每天放学都跑去镇上的果园里,帮人家灌培植树苗的塑料袋,灌一个一分钱,他一天能灌一万个。两个周末下来,把一个学期的学杂费都解决了。

签署协议之前,张楠尝试着跟李世涛提出了自己的条件,他承诺留在教育局工作三年,三年后不管扶贫工作能不能结束,都希望李世涛可以重新给自己一次选择去留的机会。

张楠原以为自己提出的这个苛刻条件李世涛不会同意,怎料这位李书记不顾人事处长李涵的反对一口答应下来,只对张楠提出一个要求,以最快的时间到岗。

更让他惊诧的是,居然在签完约的当天就拿到了八万块钱的现金,这效率让张楠开始对家乡的教育部门有一丝改观。

张楠抱着一叠人民币兴冲冲赶回家。他打开手里的袋子,将钱凑到穆晚英面前。

穆晚英看着张楠手里的钱,却没有意料中那么开心,反而担忧地看着儿子:"楠,你一下子从哪儿来那么多钱啊?"

张楠顿了顿,一时间不知如何回答,然后解释说是自己之前写了一本书,请人家提前结算稿费了。

穆晚英审视着张楠,觉得张楠没有说实话。

张志勇见状赶紧帮腔:"儿子从小到大像是会撒谎的人吗?"

张楠闻声却愧疚地低下了头。

穆晚英再盯着张楠,忽然上前撸起张楠的袖子,检查着他的胳膊。

穆晚英检查一只不算,还检查另外一只。

张楠一脸莫名。

穆晚英在张楠的手臂上没有发现针眼,这才松了一口气:"你一下拿出这么多钱,我还以为你去卖血了呢。"

张楠哭笑不得:"妈,都什么年代了。先不说卖血违法的事儿,我就是一头血牛也卖不了这么多钱啊……放心吧妈,你儿子最惜命了……"

穆晚英稍稍释然。张楠顺势提出想带她去上海做手术。

穆晚英和张志勇都疑惑地看着张楠。穆晚英觉得太远了,而且担心在那样的大城市,会花更多的钱。

张楠耐心地给两人解释,自己咨询过医生,在铜江做手术也是要外聘医生过来,算起来花的钱是差不多的。但上海的医疗条件会好很多,花同样的钱,肯定还是选择去上海更安心。

见穆晚英一副愁眉苦脸的样子,张志勇找了一个让她无法拒绝的理由:"你就听儿子的安排吧,儿子当年上大学的时候我们都没能去送他,他研究生都快毕业了,咱们还没去他学校看过,这次正好顺道去看看。"

穆晚英心里觉得自己在监狱的那些年,是亏欠着张楠的,尽管心里还是有许多顾虑,但却答应了下来。

而至于那个放下豪言说要去给母亲找钱的哥哥,在张楠带着穆晚英去上海之前就再也没有在家里出现过。

8. 伤 离 别

5月的上海,很适合别离。

雨滴离了云层,连背影也未曾留下。

黄叶离了枝丫,连一起过冬的最后一点情谊也舍了。

尘埃与大地曾立山盟海誓,可到底,却化作了泥水,纠缠着一起沉入了大海。

拿到"补助"后,张楠迅速联系好上海的医院,带着母亲前往上海进行手术。然而,回到上海,该如何面对卞筱悦呢?张楠心里很清楚,当他决定留在家乡的那一刻,他和卞筱悦的感情也就画上了句号。三年时间,如果在上海,他可以不顾一切为卞筱悦拼一个安稳的未来,拼一个幸福的家,然而留在铜江,他能拼到什么?他一点信心也没有。

张楠在导师陆军的帮助下,迅速地为母亲办好了入院手续。张楠将自己的现状告诉导师,陆军反而鼓励他回家,觉得他回老家,也许能发挥更大的作用:那些还看不清方向的孩子,或许可以因为张楠带回去的"新世界"而生出一线希望。

导师一席话,让张楠如释重负、豁然开朗,更加坚定了自己的决定。

而最难的,还是卞筱悦这里。

张楠清晰地记得,跟筱悦的相识,始于图书馆。那时初来上海，无论是对当地的熟悉程度，还是经济能力，都只能允许张楠老老实实在学校待着，而图书馆，则是张楠的天堂。

作为一类高校，华东大学的图书馆很大很大，大到可以将张楠的那一点点野心藏起来。那所谓的野心，不过是想在大学四年，他都可以靠奖学金过活。所以，张楠进了大学比在高中还勤奋，也因此成了舍友眼中的怪咖。

每每说起此事，张楠也只能笑笑，他也想跟他们一起打打游戏，出去逛逛街，看看电影，可是钱包不允许。他每次最怕同学请客，因为总有轮到他出钱的时候。他请了一次，不过五百块钱，便已经让他"吐血不已"，因为他一个月的生活费也不过八百块钱。从那以后，同学再叫他吃饭，他一概拒绝。时间长了，便再也没有人叫他一起吃饭了。

而宿舍，经常被室友霸占一起联机打游戏，于是乎，图书馆和食堂，便成了他的天堂。

张楠经常在图书馆碰到卞筱悦。两人每次都不约而同地坐在图书馆最角落的窗边，因为那里早上会有阳光，照在身上，暖暖的。

有个秋天的某日，图书馆没有开空调，而是打开了窗户，不知筱悦去了哪里，风吹进来险些吹乱筱悦放在桌上的书页。

张楠不过是临时起意，用自己的书签帮她卡好，而那枚书签上，写的是诗经中的一句：今夕何夕，见此良人。

卞筱悦认为，这是张楠故意为之，尽管他努力解释。可后来这已经不重要了，筱悦喜欢上了这个每次都记得帮她卡书签，早上去食堂帮她买早餐，帮她占自习室，期末督促她认真学习的男孩。再后来，他们约定，将来在上海一起建立属于他们自己的家。

当张楠在大学的湖边，鼓起勇气告诉卞筱悦自己回老家工作的决定时，卞筱悦讶异地看着张楠，只有一句："为什么？"

张楠苦涩地笑笑:"教育局给的这笔人才引进的经费,正好解了我的燃眉之急……"

卞筱悦直接打断:"钱我们还可以再想办法,我去找我爸借吧……"

这次轮到张楠打断她了,那该死的自卑心,促使他必须这样做。张楠再度艰难开口:"筱悦!原本我就没有勇气去见你的家人,这次更不能人还从来没见过,就先来借钱了,他们肯定觉得我就是个感情骗子。"

卞筱悦却觉得这个说法根本不成立,因为她有足够的自信,父母会理解。

张楠苦笑:"筱悦,我们都现实一点,八万块钱不是一笔小数,你父母再开明,这件事情都还是要再掂量掂量的。即便他们愿意给,我也不愿意拿。我这样会被你父母看轻的,我也会看轻自己。"

卞筱悦有些不解:"你怎么会这么想呢?"

张楠痛苦地看着黄昏中的湖面,波光粼粼,一层层晕开,说不尽的惆怅:"筱悦,你从小没有经历过什么,所以对很多事情不了解。像我家这样的情况,不管我多努力,多优秀,不过是世人眼中的凤凰男,身后有一个'累赘'的家庭……"

卞筱悦急了,张楠越是贬低自己,她越是心疼,心疼地看着张楠:"谁家都有困难啊,跟你的家庭和出生有什么关系?"

张楠自嘲地笑笑:"有,关系很大。因为我们这样的家庭没有抗风险能力,今天是我母亲生病,明天不知道还会发生什么事情,那会是一个无底洞,我必须让自己冷静,得自己解决问题,你要是帮了我一次,也许我就会让你帮第二次,第三次……时间久了,要不就是你主动说分手,要不就是你把我养成一个习惯性要靠别人的寄生虫。人性,是经不起考验的,尤其是在金钱面前。"

卞筱悦觉得哪里不对,却又无从辩驳,眼前的人似乎也变得很是陌生:"你怎么,变得这么陌生呢?我认识的张楠是一个积极、乐观、阳光、上进的人……"

　　张楠红着眼眶强忍着泪意,倔强地说:"教育局的工作,算是铁饭碗吧,对于我来说,已经是最好的结局了……你转给我的钱,我都转回你的卡上了……"

　　张楠说罢,眼泪已经在眼眶里打转,但他就是控制着自己,不让眼泪流出来。卞筱悦不依,因为他们曾经约好,要留在上海一起去创造未来的,可现在,张楠却做了逃兵。

　　张楠用尽浑身力气,才道:"可是我怕我妈等不及……说实话,我都不知道我要奋斗多久才可以实现。我妈病了这一场,让我心有余悸,你知道的,我跟我妈分开十几年才团聚,如果我留在上海,跟她分隔两地,那跟以前的生活没什么两样,我们一家好不容易才团聚,我想多一点时间陪她。"

　　张楠长长地吐了一口气,继续道:"筱悦,我一直以为自己跟大家眼中的凤凰男不一样,但事实上,并没有什么不一样。你一直小心翼翼呵护着我的自尊心,可我内心与生俱来的自卑感,对来之不易的家庭团圆的珍惜,都没有办法让我再继续留在上海。"

　　卞筱悦此时已经从震惊变成了恐惧,觉得自己似乎从来没有了解过张楠。她质问道:"张楠,你的规划里,就没有我,是吗?"

　　张楠:"不是没有,是我害怕了,退却了。"

　　卞筱悦除了一遍遍重复念着"张楠"的名字,已经不知道该说什么。

　　张楠心疼地看着卞筱悦,本想抬手去帮她擦眼泪,但最终还是忍住了:"筱悦,对不起……我明天会先回老家工作,等毕业典礼的时候再回一趟学校。"

张楠说罢,转身离去。

意识到就要失去张楠,卞筱悦忽然拉住了张楠的手。

卞筱悦:"张楠,你真的想好了吗?三年了,我们在一起三年了。"

张楠悲怆地笑着,字字似乎都能挤出血来:"谢谢,谢谢你让我曾经拥有过像月光一样的女孩。可我该回到属于我自己的地方去了。"

张楠狠了狠心,挣开卞筱悦的手,转身离去。

卞筱悦的手晾在空中许久,眼泪止不住地往下滑落。

而卞筱悦不知道的是,背身离开的张楠,眼中含泪,却始终坚持着没有掉出来。

张楠给母亲办完住院手续后便立即赶回了铜江去教育局报到。回去的路上,张楠给卞筱悦发了一条信息:"楠木未成,何以为托?"

9. 归　　鸿

命运是什么呢？

许多时候，命运更像是一种套路，你不想来什么，它偏来什么。

比如张楠最不想面对的就是白果村，可偏偏，他签约之前没有了解清楚，李世涛对口支援的是哪个村。

待张楠收拾好行礼，打算长期扎在村里时才得知，他要去的，竟然是白果村。

张楠第一反应是拒绝。可他没有想到，工作中的李世涛，可没有在上海初见时的和善，更没有在小学操场上劝他归乡时的慈祥，只有一句："这是命令。"

没有暴跳如雷的威压，可言语确如千斤之重，容不得你有任何拒绝。张楠忽然意识到，这才是真正的李世涛，否则，他又将如何管理这个积弊已久的教育局，又如何带领可谓是穷山恶水的白果村脱贫。

令张楠更崩溃的是，他回白果村驻村工作也就罢了，还要担任驻村工作队队长的职务。

在教育局的会议室内，张楠终于见到了自己的伙伴们。第一书记李涵是教育局的人事处处长，正科级，不过32岁的年纪，却不苟言笑，还有洁癖。张楠看着他，很担心他在村里待不过一周。

队员里，年纪最大的是刘曼青，在教育局干了一辈子的老财务，因为财务报销卡得太严，一直给大家不好相处的印象，还有三年退休了,仍是个科级干部。如果有谁想跟他抬杠,他会当场给你表演吃药,高血压药。这招屡试不爽,大部分人面对他都只能乖乖按照他的要求来。而他选择去村里,说是为了养身,其实是他不想自己熬不到退休。

队伍里最特立独行的是耿一鸣,妥妥的富二代,刚从沿海一所大学的商科院本科毕业,铜江当地矿老板的儿子,家里不仅有矿,还有十几家连锁超市。你说他为什么来驻村?那是因为他这从商的爹说,他们家祖祖辈辈都没有一个当官的,毕生最大的希望就是家里能出个当官的。

耿一鸣哭笑不得,大喊:"爹,那顶多就是个村官。"

可他爹说,大小都是个官。而且,当了村官,以后更好升官,连他的未来都安排得明明白白。耿一鸣也不是没有试过反抗,可他的越野车、黑金卡,都是他爹所赐,还是乖乖屈从吧。

年纪最小的是林青青,23岁,队伍里唯一一个女生,架着一副黑框眼镜,脖子上随时挂着一个徕卡相机,华中农业大学毕业的高材生,据说专攻农作物的种植。

张楠仔细地看着每一个人,觉得大概只有林青青是毫无相处压力的,至于其他人,只怕都不是好相处的。

出发前,李世涛和李涵给大家认真宣讲了驻村的要求和纪律。简而言之,跟之前扶贫大水漫灌的政策不一样,这一次是要精准识别贫困户,标准是人均年收入不足 3 500 元,低于这个基准线的,需要一对一进行帮扶,直到贫困户脱贫为止。脱贫村出列的程序是首先经过市检,然后省检,最后是国检验收。

可张楠很清楚,现在的农村早已荒芜,留在家里的都是老弱病残,仅靠耕地是无法让大家脱贫的,得有持续不断的产业才行,否则很容易返贫。张楠想想这些就觉得头大。

大家被告知驻村期间非必要不得请假,如有要事离村时,则需要跟李世涛请假,请假条由教育局备案。驻村期间,会有市纪委和市委组织部组成的督查组,对驻村干部进行考核,考核的重要指标,就是老百姓的满意度。如果老百姓的满意度调查不达标,那么也不能通过干部考核。

一辆公务车、一辆私家车一前一后,在一边靠山、一边临河的盘山公路上蜿蜒行驶。

说是公路,其实不过是用石子铺平的路而已,两辆车一路颠簸,险象环生,稍有不慎,便会跌下左边的悬崖,而悬崖底下是涓涓河流。

田如林载着李世涛、李涵和刘曼青,娴熟地驾着车,忽左忽右,沿着陡坡不断往山顶上爬升。

因为前一天夜里下了点儿小雨,路面湿滑,靠山的这边时不时还会掉一些石子下来,看得人胆战心惊。

田如林虽镇定自若,但坐在后排的驻村工作队第一书记李涵可就没有那么轻松了,系着安全带,全程手始终紧张地抓着车门框上的手环,额头紧张得冒汗,脸色有点发白。

李涵一边紧紧拽着手环,一边道:"书、书记,咱们来白果村振兴,第一件事情就是要把这条路变成沥青路。"

李世涛:"嗯,修路也是在计划内的。"

李世涛看了一眼李涵,担心道:"我看你脸色不太好,要不让小田停下来休息一下吧。"

田如林闻声放慢了车速。

李涵故作镇定,勉强道:"我没事,就是有点晕车,坚持一下就过去了,村里头都在等着呢。"

坐在副驾的刘曼青四处张望着,视线的前方却看不到车:"张楠他们的车开得太快了,连个影子都看不到。"

就在刘曼青担心他们的时候,张楠正坐在耿一鸣开的路虎越野车上。耿一鸣手上戴着骷髅头指环,鼻子上架着限量款的太阳眼镜,这一身打扮跟他那清秀的脸,实在不符,像是硬拗出来的。

此时车正在颠簸,耿一鸣娴熟地开过一个坑,又过一个坑,嘴里念着:"双杀,三杀。"

耿一鸣自顾自地嗨着,见大家没有理他,又说:"诶,这车跑这路还是不行啊,得换。"

坐在副驾的张楠闻声哭笑不得,专注地看着自己的手机。

耿一鸣瞥见,八卦之心熊熊燃烧:"哟,队长,这你女朋友啊,挺漂亮的。"

张楠手机屏幕上是卞筱悦的朋友圈页面,封面还是跟自己的甜蜜合照。

耿一鸣的头凑过来,此时车正好压过一块大石头,颠得大家从椅子上跳了起来。

张楠手机都快掉出手了:"一鸣,你还是专心开车吧。"

坐在后排的林青青却很是兴奋,一直端着相机在拍沿途的风景。

林青青:"这一路风景也太好了。张楠队长,听说你也是白果村人?"

张楠回过神来,"嗯"了一声,然后收起手机。

林青青:"那村里肯定会更漂亮,村里的人应该很善良,很欢迎我们去吧。我可以每天给他们拍照、拍视频发到网上。"

张楠闻言露出尴尬而不失礼貌的微笑,只说小朋友会很喜欢拍照。

耿一鸣嫌弃地看了一眼林青青:"善良?林青青,你是天真还是傻,你要是没给村里创收,天天蹭吃蹭喝的,看他们还欢不欢迎你。"

林青青怀疑地看着耿一鸣,然后又看向张楠求证。

林青青:"这么现实的吗?队长,是这样吗?"

张楠:"差不多吧,只要吃不饱喝不足,把人逼急了就什么事情都有可能发生。"

林青青一边和张楠他们聊天,一边继续拍照。

林青青:"应该没你说的这么严重吧。诶,局长他们的车不见了。"

耿一鸣笑笑,一句"他们就慢慢颠着吧"之后便是猛加油门,吓得林青青尖叫不止。

原本精准扶贫工作只是一项惠民政策,前任白果村的村支书徐长富不知道从哪里打听到的小道消息,从他口中变成了国家要来占地开发白果村,这个消息可是在村里炸开了锅。

春节期间,徐长富迅速地召集开了村民大会,商讨如何应对即将迎来的开发。也就是张楠回村那次,大家开的会。

于是乎一众村民顷刻间贡献出毕生的才学,纷纷建言献策,最后达成共识的就是原本荒芜的田地,多少得种点儿东西,眼下种庄稼肯定是来不及了,最关键是没有那个精力去打理,因为春节过后,他们又要踏上外出务工之路。

徐长富因为提前得到消息,所以购入了一批树苗运到村里。当村民还在商议种什么的时候,他提议大伙,在不耕作的荒地里都种上容易打理的树苗,到时候肯定能拿到不少赔偿款。原本手头不怎么宽裕的村民,听了徐长富的话,都纷纷拿钱出来订购树苗。他们如何也没有想到,自己的行为,早就已经被前来暗访的李世涛知晓,而徐长富也因此被纪委带走。

白果村的村民们知道徐长富被带走后,忧心果苗钱拿不回来,而张志华则趁机以能帮大家追回果苗钱为由,让大家选他为新的村支书,着急拿回钱的众人齐齐将他推上了村支书的位置。

李世涛不知道,不知是谁告诉了徐长富的妻子张发花,举报她老公的人就是市教育局的局长,即将驻村工作的总指挥,于是张发花早已做好在村里欢迎李世涛的准备。

刘成鑫那边也没有闲着,他对口的和平村条件稍微比白果村好点。更关键的是,刘成鑫认真看了和平村的沿革之后,发现和平村竟然有一座锰矿矿山,早些年市里就想开发,可是因为当时技术条件不成熟,被省里驳回了。刘成鑫敏感地意识到,这也许,就是等着他来开。

这锰矿一旦开起来,不仅和平村的老百姓可以迅速致富,就连整个铜江市的经济,也能带起来。

刘成鑫激动得几天都没睡好,但是经历过上一次的事情之后,他终是懂得了谋定而后动,决定悄悄地找专家勘察落实无误后,再向上级汇报。他要的是一击即中,然后一鸣惊人。

在上海陪着穆晚英住院的张志勇知道儿子要回白果村驻村工作十分高兴,觉得是一件光宗耀祖的事情,乐滋滋地念叨着祖坟上冒青烟了。

穆晚英这才意识到,儿子在上海好好的工作不做,突然回了老家,一定是跟那笔钱有关系。

在穆晚英的再三追问下,张志勇才告知真相。穆晚英难过极了,躺在床上不断地掐着自己的手,觉得是自己耽误了儿子的大好前程。

张志勇连忙阻止了她,你这样折磨自己的身体,儿子知道了,他会怎么想?穆晚英终于安静下来,可安静下来之后,却是无尽的害怕,自己当年的那件事,让许多白果村的村民跟自己家有着剪不断、理还乱的纠葛,这让儿子又该如何应对?!

穆晚英逼着张志勇给他弟张志华打电话,让他这个新任的村支书,在村里照顾着一点侄儿。

张志华别提有多高兴,觉得是老天有意让他当这个支书,侄儿是驻村队长,以后村里的工作,是他们叔侄俩的天下。

张志华接到驻村队进村的通知之后,请了村里平时操办红白二事的吹师,连芦笙都用上了,还在村口拉了欢迎驻村队的横幅。

张志华如何也没有想到,他的精心安排会彻底泡了泔水。原来张发花为了报复李世涛,早已将两桶隔夜泔水藏在了路边的草丛中。

张发花混迹在列队欢迎的人群里,等待着李世涛的到来。到的先是耿一鸣的车,张志华见车到了,便指挥吹师吹响了唢呐,锣鼓、芦笙,也都一一响动起来,好不热闹。

张发花以为先到的都是领导,不由分说,见人一下来,拎起桶就往前泼。

等泼完了才发现,下来的是耿一鸣和张楠。

张发花吓得有些不知所措。而耿一鸣从小到大哪里受过这样的委屈,说着就要对张发花动手。好在张楠及时拉住了他,他知道,这要是真打了人,他们这驻村工作还没开始就结束了。

而张发花本来还有几分畏惧,但见别人要对她动手,那十足的泼劲儿也就上来了,直接假装撞在耿一鸣的车前,让他赔偿,还喊着干部打人了。

涉世未深的林青青和耿一鸣叹为观止，张楠身为当地人，此时恨不得找个地缝钻进去。这张发花是村里有名的泼妇，和另外三人被村里人戏称为四大泼后。

张发花正闹着呢，李世涛他们的车也赶到了。

最先下来的是李涵，他是直接吐着下来的。

张楠见状，赶紧带着张志华前去迎接。

哪知张发花一击不中，趁着大家的关注点都在李世涛身上时，又从草丛里面拎出一桶泔水，穿越人群朝李世涛泼去。

千钧一发之刻，正在呕吐的李涵，强忍住心中所有的难受，以迅雷不及掩耳之势挡在了李世涛面前，有洁癖的他，接受了来自泔水的进村洗礼。

李世涛大为震怒，当即就要报警。

而张楠知道，村里的这些事儿，冤家宜解不宜结。他主动跟李世涛申请由他来处理此事，保证会让张发花给大家道歉。

耿一鸣完全不相信，却见张楠已经将张发花拉到一旁悄声说话。随后，就见张发花跑过来，跟大家又是鞠躬，又是道歉，还主动跑回去烧热水，给遭殃的人洗澡。

驻村队的人齐刷刷地看向张楠，好奇他到底跟张发花说了什么，张楠却笑而不语。

此时心里最忐忑的是张志华，好好的欢迎仪式就这样变了味。张楠自嘲地摇头，心里本想着鸿雁南归，哪知这只鸿雁，成了落汤鸡。

10. 穷山恶水

　　林青青并没有看到想象中的青山绿水，正在艰难爬坡的她想不通，为什么会有人生活在这样的地方。

　　整个白果村建在半山腰上，外面的马路只能通到山脚的村口，到村里还需要爬一段山路上去。空手空脚走路还好，但要负重搬运东西，就极为艰难了。

　　正如现在，驻村队的成员要把自己的行李运上去就已经快丢了半条命。每个人心里都在打鼓，驻村的任务只怕比他们想象中的更为艰难。

　　前来帮忙的张龙是留在村里的唯一一个年轻小伙子，上过高中，还是党员。他第一年没考上大学，本想着复读的，奈何家里经济条件不允许，又想出去打工，但张志华告诉他家里有事情做，便暂时留了下来。

　　张龙本想搭把手帮林青青搬点东西的，可李世涛坚决不允许，认为如果连这点苦都吃不了，那还不如趁早收拾东西回家。

　　张志华带着一行人来到村里，张楠的宿舍被安排在白果村小学的图书室。所谓的图书室，不过是两间教室大小的房间，四面墙上安置着书架，以前中间是放着几张课桌的，可供学生阅读用。书架上放满了各类书籍，因为缺少专业人员的管理，这些书籍基本没有归类。

　　张志华自从得知他们村是由张楠这个侄子来负责的，别提有多高兴了。此刻就兴冲冲地送侄子去学校的宿舍。

哪知刚进宿舍,张楠就来了个开宗明义,坦言自己不会有任何徇私,更不会配合他弄虚作假。

张楠的铁面让张志华碰了一鼻子灰,当场跳脚,骂张楠忘本,亏他爸上午还给他打电话,让他在村里多照顾点张楠。

真正来到村里,张楠不得不去面对白果村的现状,这就是一个烂摊子。脱贫?几代人花了几十年都无法做到的事情,怎么可能在三年时间内完成。

可张楠也顾不得这么多,反正他给自己,给李世涛的只有三年时间,这三年,他会竭尽全力,至于结果,交给未来。

李涵、耿一鸣、林青青、刘曼青几人被安排住在村里的粮仓。国家取消农业税以后,原来用来上公粮的粮仓就空置下来了。粮仓的面积虽然大,但里面是夏闷冬凉,根本就不适合人住。前几年,村里将这里改成了村委会,平时开开会还行,但真的住人,条件着实艰苦。

耿一鸣第一个叫嚷出来,说要自己出钱装空调。

不知何时出现在他身后的李世涛来了一句:"什么时候白果村的老百姓能用上了,你也能用上。"

耿一鸣绝望了。

当得知驻村期间要自己做饭,不允许到村民家里吃饭,再看看那用简易铁皮桶改良成的简易灶台,耿一鸣和林青青差点没晕死过去。

许是猜中耿一鸣想要逃的心思,李涵悠悠地来了一句,"市委领导将这场脱贫叫作脱贫攻坚战,如果现在走,等同于在战场上逃离。"

耿一鸣怂了,即便再不济,也不能做战时的逃兵,不,那都叫逃犯了。

放下行李，接着就是要解决他们被泼了泔水，要洗澡的问题。李涵到了洗澡的地儿才觉得，方才的根本不算什么，现在面对的，才是真正的入村洗礼。

张楠、耿一鸣、李涵拿着换洗的衣服和毛巾站在一间破落的茅草屋前。

耿一鸣一脸嫌弃，李涵则用手捂着鼻子，神色异常惊讶。

而张楠神色则显得十分平静，看向李涵："李哥，您最年长，您先进去洗？"

李涵目之所及，是一座破漏的茅草屋，门开着，可见偌大一个粪坑上，搭着几根粘着猪粪、发霉的木板，七八头带有黑色斑点的大肥猪正在粪坑上晃荡，发出呼噜噜的叫声。

李涵皱着眉头，很是为难："这就是个猪圈啊，还有别的地方吗？"

张楠却是一派轻松："村里没有浴室，洗澡都是在茅房里解决的。"

耿一鸣："可……可这也不是个茅房啊，就是个猪圈。"

张楠指着猪圈和粪坑之间留的一条缝，缝上面架一块木板："你们要想上厕所的话，一脚踏在木板上，一脚踏在粪坑岸上就行。"

李涵和耿一鸣已惊讶得无法控制自己的表情。

耿一鸣："你逗我吧？你还不如说洗澡也站在粪坑上洗呢。"

耿一鸣话音刚落，张志华提着三个水桶赶来，桶里各放了一把瓢，水里还冒着热气。

张志华叮嘱道："楠，水是我问人家借的，用完了记得还回来啊。"

大家都不解张志华在说什么,张楠告诉大家,因为白果村常年缺水,水井在两里外的半山腰上,这水用了,得去挑了还给人家。

张志华看着一旁一言不发、面色难看的李涵:"李书记,您是不是嫌脏啊?"

这话问到了李涵心里,李涵却故作镇定。

李涵:"还,还好。第一次,新鲜。"

张志华松了一大口气:"啊?是吗?刚刚李局长说您有洁癖,问我能不能帮你换一间,可这间茅厕算是我们村最好的了,木头是咱们上山里头砍的,厚实得很,放心用,掉不下去。"

张楠和耿一鸣惊诧地看着李涵。

耿一鸣:"洁癖?!"

张楠真诚地道:"这样啊,要不还是我先去洗吧。"

然后又看向张志华:"叔,要不然给他们在坝子搭个临时的洗澡棚?"

李涵闻声不想让张楠看轻,闭上眼睛,拎起水桶,像是鼓励自己一般:"身为第一书记,这点困难都克服不了,我来干什么?!"

李涵再度睁开眼睛时,一副视死如归的样子,一只手拎水桶,却有一只手捏着鼻子。

李涵进去后,张楠侧目看向耿一鸣。

耿一鸣一脸苦相。

旋即,茅厕内传来一阵一阵呕吐的声音。

猪圈内的猪不断叫着,每出一声,都似是对李涵的凌迟。

等李涵洗完出来的时候,只见他面色苍白,一句话都不想说,一副生人勿近的样子。

耿一鸣本来想逃的,哪知道却被张楠一把抓住,生生推了进去。

在白果村安顿好之后,在李涵的带领下,张楠等扶贫工作队的成员立即联系村支两委,召开脱贫攻坚第一次动员大会。

与会人员除了白果村的全体村民、村支两委及驻村工作队,身为总指挥的李世涛,镇政府的领导班子,还有市纪委牵头组成的扶贫监督工作组也一起参加了这次大会。大会上主要明确了精准扶贫的标准,将人均年收入不足3 500元的家庭和个人进行信息采集,经核实后建卡,确定为扶助对象。

在经济扶贫的政策上,早前市委就已经确定了"一达标(年收入)、两不愁(吃穿)、三保障(医疗、教育、住房)"的目标任务,同时对"非四类重点"家庭居住房屋实施改厨、改厕、改圈、改水、改电、室内和房前屋后地面硬化(简称"五改一化"),以提升农村居民生活质量。

会上还研究决定:进一步确立实施对象和实施主体,乡镇是"五改一化"的实施主体,而实施对象则要根据"应改尽改""缺什么补什么""户为单位,整组推进"的原则开展"五改一化"工作。

而纪委班子更明确指出,农村未改的危旧房该拆除的拆除,不能拆除的必须挂牌说明具体情况。如有超出上述政策规定的情况,或在上述规定范围内的危旧房在改造过程中存在争议影响项目推进或影响整体实施效果的,由驻村第一书记或驻村干部负责召集乡(镇、街道)包括村领导、包村干部、村支"三委"召开联席会议决定。

虽然会上的政策是市委市政府连同各级政府部门早就定好的明文条款,但是真正实施起来,却并不简单,李世涛让整个驻村队在一周之内,拿出属于白果村的具体方案来。

会后,张楠单独找了李世涛,这才道明方才张发花愿意道歉的原因。原来张楠告诉他,本来徐长富也没有多大事情,现在她这样闹,反而会将事情闹大。如果她愿意道歉,那么他会负责帮她打听徐长富的消息。

张楠本来还担心李世涛批评他多管闲事,哪知李世涛却觉得他在那样的情势下,应急能力很强,值得表扬,然后让他重点想想白果村到底要怎么实现脱贫。

张楠一口答应下来。

开完这个会,却愁怀了新任村支书张志华。之前请大家选他的时候,他承诺过,一定帮大家要到树苗的赔偿款。可现在听驻村队的意思,肯定是没有了。他蹲在家门口的台阶上,已经将徐长富的祖宗十八代都问候了一遍,怪他乱传话。张志华的爱人徐树经,向来是个泼辣、鬼点子多的人,只是没有多少知识。第一反应就是能去把这个书记退了不?

张志华哭笑不得,直接问了句:"我把你也退回去行不?"

说话一时爽,接着就听见徐树经将张志华从头到尾地骂了一遍,背时的、砍脑壳的、挨千刀的……反正怎么恶毒怎么来。

张志华也不生气,自己跟徐树经结婚三十多年,这些骂,他耳朵都快听出老茧了。

但张志华不想坐以待毙,于是乎悄悄地召集大家到自己家里开会,让大家先不要声张树苗的事情,等自己先观察一下驻村队,看看有什么办法,可以把这笔钱拿回来。

村民觉得张志华的话不可信,但是眼下,似乎也没有别的办法。尤其是裴景春,狠狠地将张志华骂了一顿,他老婆跟张楠的母亲争水被打死了,他儿子前几年又病逝,两个女儿也都嫁人了,留下他一个孤寡老人,好不容易攒了一点钱,都拿去买树苗了。

裴景春给张志华放下狠话，如果他要不回树苗钱，就跟他拼命。

徐树经哪里听得这样的话，就要开骂，被张志华拉住，让她以大局为重，更不能在驻村队的眼皮子底下把事情闹大了。

李世涛为了徐长富的事情，还真打电话去纪委了解了一下情况，发现他在担任村支书期间，财务上倒是没有问题，就是一个喜欢乱传达上级政策的人，最不堪，也就是每次发放捐赠的物资时，自己会先挑一轮。

鉴于这样的情况，李世涛为他求了情，觉得他家里条件也不是很好，如果没什么原则性错误的话就把他给放了。李世涛觉得，以他在村里的威望，日后的工作只怕还用得着他。

晚上张楠独自躺在宿舍的床上，想起很多事情，先是想起了卞筱悦，想她此时此刻一定很难过。

他却不知，卞筱悦此时此刻正在上海的医院看望他的父母。穆晚英和张志勇看到卞筱悦都很意外，还有几分紧张，毕竟是城里的女孩，担心给儿子丢人。而筱悦上来也只说自己是张楠的大学同学，并未表明和张楠的关系。

穆晚英看着眼前的女孩，细皮嫩肉，白白净净，扎着利落的马尾，脸上带着浅浅的笑，一对酒窝也显现出来了。女孩说起话来，也是轻声细语的，从身体健康问到生活习惯，然后还给他们介绍上海比较有名的特色小吃。

这让穆晚英和张志勇很快便放松下来。只是说到最后，卞筱悦的声音忽然低沉下来，这才告诉两人，张楠跟自己原本是恋人，不过现在已经分手了。

穆晚英听了很难过，一个劲儿地跟卞筱悦道歉，说都是自己耽误了他们的大好前程,然后絮絮叨叨地说起张楠小时候,自己不在他身边,他有多艰难,他有多懂事,他比谁都不愿意回老家工作,但张楠是个孝顺的孩子,分手了这会儿他心里一定特别难过。

不知为何,卞筱悦见穆晚英如此,原本心里对张楠还有些气的,此时此刻,她是一点儿气都没有了,反而担心起张楠来:重新回到自己不愿意面对的地方,他又会如何?以他的性格,会不会把所有委屈都憋在心里。

张楠的确很难过,但是,他觉得自己根本没有时间难过,他必须尽快拿出让白果村可以迅速脱贫并且可实施的方案。或许这样,可以缩短三年的时间,也许,他是抱着侥幸心理,也许他还期望着可以重新回到上海,又或许,筱悦还在等着他。虽然只是一点卑微的奢望,但张楠却觉得,这是他在这里坚持做下去的唯一动力。

天还没大亮,张发花在床上便听到了敲门声。她警觉地爬起床来,打开门,却发现,是自家男人站在门口。

张发花见到他"哇"的一声哭了出来。

徐长富大大咧咧地走进房间:"号丧啊?我又没死。我饿得前胸贴后背了,快点给我搞点饭来吃嘛。"

张发花几乎是连滚带爬地去给徐长富做饭,此刻她觉得,自己的生活有指望了,之前生怕徐长富会被抓去一辈子也回不来了。她一边烧饭,一边琢磨着,以后不能再让徐长富去当官了,太危险。

徐长富吃饭时,从张发花的嘴里才知村里的变化。徐长富敏锐地意识到,他们肯定得不到赔偿款了。以他的斗争经验,他认为,这事儿,必须闹大,引起上级的关注,尤其是听说驻村队的主要职责是给村民解决年收入问题和发展村里经济。于是乎,夫妻俩一合计，要想拿回树苗的补助，就得给驻村队搞点事情。

这边张楠还在给驻村队的成员介绍白果村的历史沿革和基本情况，而徐长富已经领着村里的人，将张志华家给堵上了，声称张志华身为村支书，答应大家拿回树苗的补助款，现在看来没有了，这个责任，得由张志华来承担。

别人说这话还好，徐长富说这话，张志华一句也不愿意听，明明是他的锅，现在丢给自己背着，结果他还反过来问自己的责。

两个人在现场就互相骂了起来，将彼此这些年干的偷鸡摸狗的事儿全都抖搂出来了，无非是政府发的捐赠衣服徐长富多分了几件，有两桶油被张志华独吞了之类的，让围观的村民纷纷嘀咕，真是一丘之貉，没有一个是省油的灯。

不过，此时他们却必须选边站徐长富，因为他们的目的一致，拿回树苗款。徐树经哪里受得了这个，跟张发花现场就对骂了起来。这两人同为村里的"泼后"，都是骂架的一把好手，村民一直有个疑问，如果这两人对骂，谁会更胜一筹。

只是未能如大家所愿，两人骂了几句后就发现不对劲，那就是锣对锣，鼓对鼓，旗鼓相当，谁都占不了便宜。发现这一点之后，两人默契地直接上手互撕起来，双手扯住彼此的头发，脚下一阵互踹。

眼见两个女人打起来了，两家的男人也没闲着，上前拉架，但拉着拉着，直接也动起手来了。

张龙眼见势头不对，觉得这样闹下去怕是要出事，便直接去村委会叫了驻村队的人。

这时李世涛也刚刚进村，于是带着张楠和整个驻村队的人赶到张志华家。

待李世涛一行人赶到时,发现围观的人都麻木地看着两家人打着,根本没有人去拉架。

李世涛赶紧上前,和张楠、李涵、耿一鸣、刘曼青几个人合力才将四个人拉开。

双方脸上都挂了彩,谁也不服谁,继续骂骂咧咧着。李世涛看得生气,怒喝一声:"你们要是再吵,我就直接打电话报警,一人关几天冷静一下。"

这里的人再剽悍,对公安都有极强烈的畏惧之心,大家这才冷静下来。李世涛为了解决问题,让大家把事情都摊开来说。

了解下来,发现是当时徐长富埋下的雷引爆了。补偿款肯定是没有的,但正好驻村队为了帮助大家脱贫,也要发展产业。所以李世涛让林青青了解一下,大家种的都是什么树苗。

真相让驻村队的人有些崩溃,大家种的都是车厘子树,两到三年的苗,均价一百二十块钱一棵。当时为啥要买这么贵的树苗呢,全是张志华的主意,他觉得树苗越贵,国家开发起来,赔偿也就越多。

整个驻村队都对林青青投以希望的目光。林青青觉得当地的气候条件种车厘子其实很难,冬天凝冻天气严重,树苗很难过冬,加上夏秋缺水,这车厘子是需要充足的水分的。要想种活车厘子,只有温室大棚一条路可以走。

李世涛听着这些,眉头皱成了一团,说国家已经配备了产业发展专项资金,只是林青青的把握有多大,到底能不能让大家的车厘子树有收成。

林青青坦诚告诉大家,自己现在没有把握,得研究一下。

整个驻村队都显得愁云惨淡。

张楠觉得趁此机会,可以让工作组对白果村的主要问题有更清楚的认识。他带着整个驻村队在村里走了一遍,提出了限制白果村发展的三大问题。

张楠首先领着众人来到白果村的一处山顶上,可以俯瞰整个白果村。

只见白果村往外只有一条沿山路,像一条蛇缠绕着山。

张楠介绍道:"白果村首要解决的是交通问题。从这里到镇上,只有一条毛马路,大家进来的时候都见识过了。我看了一下时间,如果从教育局出发,到这里两个半小时,但其实不过就30公里的路。"

耿一鸣有些不以为意,说自己开车进来时,觉得也还好。

张楠面色沉下来:"不是每个人都有你那个级别的越野车,而且,我刚才说的前提,是不下雨的情况,如果下雨了……"

随后,张楠又带着众人来至一处半山腰的山体滑坡处。只见塌方的泥土,将整条路都堵住了,甚是危险。

张楠解释:"在丰雨季,这样的景象很常见。路一堵,就彻底与外界失去联系了。2008年大雪的时候,所有的电线都冻断了,我们这个村,到第二年六月才恢复供电,因为供电局的工程车根本进不来。"

众人闻言都沉默了。

李世涛微叹一声:"交通不是问题,本来就在我们的计划之中,而且国家有专项资金。"

张楠微顿,领着大家去感受第二个关键问题。

张楠带着众人来至一处险峻的半山腰上,只见那里有一口自崖壁中生生开凿出来的水井。

水井分为三个出口,最上面一口是出泉水的地方,用青石板搭着,供人饮用;其次一口用来洗菜、洗衣服;最末一口是供牲口使用。水井后有一条小水渠,导向村子的农田。

张楠向大家介绍,这是村里唯一的一口水井,全村所有人的饮水、农田灌溉都靠它。

耿一鸣不解地看着张楠,说道:"我想不明白,这地儿看起来这么山清水秀的,怎么会缺水呢?"

张楠摇头:"我们这里属于季节性的缺水,春天雨水丰沛,靠天也基本可以耕地。但是一到了夏天,经常性连续几个月不下雨,人喝水都成问题,别说灌溉农田,水田干旱到开裂,这样一来,这一年的收成就都没得指望了。入秋以后稍微好一点,但是一入冬,又开始缺水,一直要旱到开春。"

林青青:"附近没有水库啊?"

张楠:"最近的水库在五公里以外,而且水库的海拔低于咱们这个村,有水也上不来,如果用设备抽上来,成本又太高。"

刘曼青四处看着,认为主要还是地理原因,这里是典型的喀斯特地貌,土地薄,蓄水难,井水一到了旱季,出水口就变成一滴一滴往下滴。

只是刘曼青又感慨,这是自己小时候的事情了,怎么都过了这么多年了,还是这个样子,他实在无法想象。

李世涛看看水井,又遥望着村子的方向,皱着眉问道:"从这里到村里至少两里路,每天都跑这么远来挑水,而且全都是山路,太不方便了。就从来没有想过在近一点的地方打井吗?"

张楠苦笑:"这个问题具体情况我叔可能比较清楚。据我所知,之前镇政府也派人来勘察过,本来是想打地下水出来使用,但是大家都不同意。"

李世涛感到诧异:"这又是为什么啊?"

张楠:"在我们这里,地下水叫阴河水,当时看中的地方,山上有不少坟墓,大家觉得那儿打出来的是尸水,不敢喝。"

李世涛有些哭笑不得:"自来水是会经过严格的沉淀、消毒、过滤等流程,最后到家里的,一定是可以喝的。"

张楠立刻接过话头:"这就是我想说的第三个问题。大家为什么不喝地下水?说到底还是观念的问题。我个人看法,以国家投入的人力物力财力,经济脱贫并不难,难在精神文化的脱贫,如果陈旧的观念改变不了,一切发展都会因为认知的差异停滞不前。这也是为什么白果村人宁愿为了抢水打得头破血流,也不愿意喝地下水来解决问题的根本原因。"

张楠将问题剖析得很准确,李世涛很满意,便问他可有应对之策。

张楠认为,关键还是得回到教育上来。

白果村后山山顶的一块平地上,立着几排老木房子,四周都是用石头砌好的围墙,房子的外墙已经斑驳重重,显然是有了一些年头,但好在整个园子收拾得很干净,绿化也很好。

张楠领着众人来至园子门口:"这是村里的小学,也是附近五个村共用的一个学校。"

张楠正说着,发现大家的注意力都被一个方向吸引过去了。

张楠顺着大家的视线看过去,只见一个约莫十来岁、皮肤黝黑的小男孩,背上驮着小山般的一捆柴,已经把小男孩的身子压弯了。

除了张楠习以为常之外,众人见此模样都极为惊叹。

林青青拿起手中的相机,拍下了这一幕。

耿一鸣早已看不下去,径直走上前,从小男孩背上试图把柴接过来:"小朋友,你这样会不长个的。"

哪知耿一鸣低估了柴的重量,刚接到手里,就连人带柴,当场翻滚在地。

裴小明见状哈哈大笑。

驻村工作队的众人也被这一幕惹得笑起来。

耿一鸣挣扎了两下才爬起来,狼狈不堪。

张楠见状上前,学着小朋友的语气,调侃道:"一鸣哥,当英雄还需要加强实力哦。"

张楠弯下腰,把柴抱起来。

张楠:"你是小明吧?"

裴小明也认出了张楠。

裴小明:"张楠?!楠哥?"

张楠:"你还认得我呢,几年不见,长个子了。"

裴小明红着脸,嘿嘿笑着,见柴抱起来了,赶紧弓着背,将柴再度背了起来,然后背着柴离开,临走时还看了耿一鸣一眼。

耿一鸣只觉愈加尴尬。

耿一鸣不甘地拉过张楠的手,然后撩开衣袖,露出张楠的肱二头肌,发现并不大。

耿一鸣又露出自己的手臂,肌肉健硕。

耿一鸣:"这,这不科学啊?"

众人见状又是一笑。

张楠却长叹一声。

耿一鸣:"叹什么气啊?"

张楠是在为裴小明感到惋惜,他体力这么好,搞不好小学毕业就要出去打工了。

耿一鸣和林青青都吃惊地看着张楠。

林青青:"小学毕业打工?童工啊?不是违法的吗?"

张楠无奈道:"理论上是的。但现实却另当别论。白果村村民的文化程度普遍都不高,55岁以上的,基本都是文盲半文盲,但他们却是目前白果村的主要居住人群。剩下的就是12岁以下的留守儿童,来之前我统计了一下,小学还好一点,初中适龄失学的情况非常严重,有点劳动力就跟着父母一起出去打工了。"

李世涛知道张楠说的没有半点夸张之意,之前调研的时候他也发现了这个问题,可谓触目惊心。

林青青很不理解地看着张楠:"为什么大家都不愿意读书啊?"

张楠解释,这是一个很复杂的问题,简而言之,就是没有目标吧,不知道也不相信读书可以改变命运,因为身边的正向案例太少。

耿一鸣却不认同,觉得成功不一定要靠读书,但文化水平还是得跟上去。

张楠赞许地看着耿一鸣:"你这几口毒鸡汤很到位。所以,白果村要脱贫、要振兴,转变思想意识、扫盲、让适龄失学儿童重返校园,是第一步。而产业脱贫、振兴,则是一个聚沙成塔、水到渠成的过程。"

众人闻声,都沉重地点点头。此时此刻,大家都意识到,这将是一场恶战,结果,未知。

在这穷山恶水间,张楠不止一次问自己:为什么要回来? 真的仅仅是为了那笔救命钱吗?

或许,还有不甘心吧。

11. 智　　斗

驻村的工作方才正式开始,便有树苗这么大个坑放在他们面前,他们还不得不往里跳,大家都愁云惨淡,将所有希望寄托在林青青身上。

林青青思考的是技术问题,张楠思考的却是,如何管理的问题。他深知,种地那是当地人的拿手活,要想让他们听林青青的,只怕得费一番功夫。

好在林青青是个行动力极强的女生,很快就将车厘子的种植流程了解清楚了。但她还是不放心,迅速联系到当初卖车厘子树苗的人。

当初卖树苗的老板叫刘诗佳,山东人。山东的车厘子早就打开了市场,甚至已经有些泛滥,而他敏锐地发现西部在精准扶贫的大环境下,或许更有市场。于是举家搬到铜江,打算在铜江种出一片樱桃红来。

彼时村里就是问他买的树苗。他跟张志华达成合作意向,如果村民能把这车厘子种出果来,自己可以回购包销,每斤给张志华一块钱的提成。

当张楠知道这些时,在驻村队员面前有些无地自容。尽管他不想与白果村有什么瓜葛,但跟张志华的亲戚关系,是如何甩也甩不开的。

李涵安慰张楠,道:"你是你,你叔是你叔,你也别有这么大心理负担。"

耿一鸣却跟大家的看法不太一样,他觉得张志华到底还是有些头脑的,最起码证明,大家种的车厘子树,是有价值的。眼下的关键还是在于如何将这些车厘子给种活,产生经济效益。

刘诗佳见驻村队的人似乎也是真的想做一番事业,头脑一热,提出愿意提供技术支持,尤其是先把林青青教会,再由她来辅导村民。

林青青自然是满口答应下来。但种植车厘子,是个系统性的工程,尤其如果需要搭建大棚的话,更需要统一管理。而且这件事迫在眉睫,因为大家疏于管护,好多树苗已经死了,还有一些,正在垂死的边缘。

可这在张楠看来,这却是他们的机会。

李涵和耿一鸣都不解地看向张楠。

刘曼青似乎明白张楠要做什么。待大家散会,刘曼青私底下跟张楠聊了几句后,觉得风险太大。

张楠却认为,既然这件事情我们必须要去做,不如就彻底一点。

晚饭过后,张楠召集村民到村里的院坝里开会,提出了自己的设想,就车厘子树一事,打算再成立一家股份公司,大家以树苗和地入股,交给公司统一管理。而公司的启动资金,则由他们来向国家申请专项资金,将大棚盖起来。他们将在公司施行总经理负责制,总经理暂时由林青青担任,她不拿工资。但公司需要人干活,村民如果愿意到公司来上班,按照市场价发放工资;而其余股东,如果公司年底有利润,则按照股份进行分红。

如张楠所料,张志华第一个提出了反对意见,认为这是在搞大锅饭,觉得这个模式已经被历史淘汰了,不适用。

张志华的讲话极具煽动性,因为当地村民可分不清股份公司和原来的集体经济有什么区别,纷纷觉得张志华所言有理。

孰料张楠当场揭穿张志华心里的盘算,点破他收回扣一事,现在反对成立公司,无非就是因为他拿不到好处了。

村民听后义愤填膺,将张志华骂了一通。

这可惹恼了徐树经,对着张楠,将什么难听的话都骂了一遍。李涵见场面有些失控,赶紧在中间调和,让大家就事论事,并开始讲解,这个股份公司跟原来的集体经济到底有什么不同。

只是如此又产生了新的问题。张龙认为,是公司就会有风险,有盈有亏,亏了怎么办?

这个问题让驻村队所有成员都噎住了。耿一鸣一开始还试着解释,既然是公司,就得大家一起承担风险。

村民却完全不相信林青青,她这么一个乳臭未干的黄毛丫头,怎么会种地?

见林青青吃瘪,张楠说:"我知道大家都很会种地,但是大家没有种过车厘子吧?"

这回轮到村民沉默了,但会也很难继续开下去,村民对驻村队这些年轻人并不信任,也不愿意承担任何一点经济损失的心态,都成了横在他们之间无法跨越的障碍。

这个会大家都开得很沮丧,但张楠却胸有成竹:三天之内,村民必然妥协。

至于怎么实施,张楠并未细说。

第二天一早,张楠要求见李世涛,目的是想让李世涛答应,公司给老百姓保底。

李世涛追问张楠理由。

张楠笑笑，说："如果我们不答应，至少十个家庭会面临破产，这样一来，我们的贫困户，又多了十户。"

此话一说，李世涛下意识地觉得自己的肩膀一沉，却还是继续问："仅此而已？破产成了贫困户，可以纳入国家的帮扶计划中，可如果从公司层面答应保底，那可就是我们个人的责任了。你愿意承担？"

"不管我们承不承诺公司保底，白果村的发展，都是我们的责任。如果公司承诺保底，在不用担风险的情况下，村民会觉得赚的钱是自己的，如果公司没干好，自己就拿不到好处。人都是逐利的，尤其是普通老百姓。他们要想公司盈利，就必须跟我们一起好好经营公司，这样一来，我们就可以变被动为主动。"张楠叹了口气，如是说道。

李世涛原本还有犹豫，这番话听下来，当机立断，直言如果公司真的亏了，自己掏腰包给村民保底。

这却让张楠有些意外了，原本还觉得他可能是为了仕途，可这一刻，他可以感受到，这个外来者，是真心实意想在白果村干一番事业出来。

张楠顿时轻松了许多，一时间回村的许多顾虑都消解了，跟着这样的人干，未来的三年，不会虚度。

相比李世涛，刘成鑫这个"地头蛇"跟村民斗起来，更有经验。刘成鑫让驻村队的成员自掏腰包，每周一次送慰问品，了解大家的需求，不过一个月，便将整个和平村的老百姓，聚拢在了一起。

与此同时，刘成鑫马不停蹄地从省里请地质专家到当地采样，作环境评估，拿出可行性分析报告。他站在山脚下，看着架梁山，就像是看到了自己的未来,绿树成荫,草木成林。

时间从来都不是冲淡心底伤痛的良药。

于卞筱悦而言,每一次对张楠的想念,都化作了她去病房对张父张母探望的动力。

穆晚英见卞筱悦来得如此之勤,知道女孩对自家儿子还有感情,但卞筱悦不说,她也没有点破,只是每次卞筱悦走了之后,都会唉声叹气地跟张志勇说,是自己耽误了儿子的前程,还有姻缘。

张志勇担心穆晚英心理负累太重,借着送卞筱悦的机会,点破了卞筱悦的心结。

张志勇一个劲儿地跟卞筱悦说着对不起,又说了自己的最新打算。等穆晚英身体恢复了,他就带着穆晚英一起来上海打工,然后让张楠从老家辞职,以后一起在上海安家,他们不会成为张楠的负担,多少还能帮衬一些。

说这些的时候,张志勇脸上带着一点笑。可卞筱悦却看得很是心疼,那笑中,分明含着卑微,对张楠和她的愧疚,对自己没用的自责。

卞筱悦忽然明白,为什么张楠会担心,会怕自己来不及。他跟父母长期分别,如今好不容易团聚了,他又如何舍得放开。树欲静而风不止,子欲养而亲不待,这种人生的遗憾,很多时候,错过了,就是一生的痛,用多久的时间都无法弥补。

卞筱悦一时间不知道从哪里来的勇气,脱口而出:"叔叔,您别这么说。我一开始确实有点生张楠的气,怪他在作选择的时候,没有考虑过我。但我了解实情以后,觉得这年头,像他这么孝顺、有责任心的人,实在太难得了。所以我决定,追随他的脚步,去铜江支教。"

张志勇鼻头一酸,若不是顾忌自己的身份,年过半百的他,只怕是当场就要哭出来。眼前的姑娘,他看了又看,见她一脸真诚,他有很多话想说,可到嘴边,只有"谢谢"二字。

白果村开始出现干旱的现象,而车厘子树,因为缺乏必要的管护,每天都有新死的树苗。

村民无一例外地开始着急了,尤其是徐长富家,他们种的树苗最多,已经死了十几株了,夫妻俩心疼得彻夜未眠。

一大早起来,徐长富和张发花就下定决心,这事儿得跟着驻村队干。徐长富一开头,不出两天,所有人都归顺了。

但大家依旧不愿意承担公司未来可能存在的风险,张楠表面作出很为难的样子,几番扯皮后,他终于下定决心,说自己愿意给大家保本,如果经营不善,本钱会还给大家,但没有利息。

徐长富担心再有变故,一口答应下来,想着至少本没丢。

可驻村队的其他成员却吓坏了,没有一个人愿意一起承担这个风险。张楠拍着胸脯说由自己和局长来承担,大不了,以后每个月扣他的工资。

这让村里的人忽然觉得,这些驻村队的人所做的帮扶工作,似乎跟以前镇里喊的扶贫,很不一样。

张楠这番话,既消解了驻村队其他成员的压力,也俘获了村民的心。张楠深知,徐长富是村里的老支书,村里的情况他最了解,而且他家的树苗也最多,因此当即决定聘请他来统管车厘子的种植。

徐长富乐坏了,他万万没有想到,种自家的地,还有人给自己开工资,一时间他有些想不明白,想和张发花一起琢磨一个答案。

张发花关心的却是,工资能不能及时兑现,别像自家丈夫当支书时那样,工资经常性被当地财政挪用,几个月不发工资也是常有的事儿。

这让踌躇满志的徐长富内心疯涨的火苗熄了一半。他觉得,自己这一辈子,都是栽在这个女人的这张嘴上。

张楠和村民的这场智斗,让耿一鸣和林青青都很佩服。李涵不得不承认,李世涛任用张楠的这个决定,非常的明智,转而他还是有些心疼李世涛自掏腰包的那八万块钱。

12. 我们都很穷

总算解决了历史遗留问题,驻村队这才开始真正的精准扶贫工作。而第一件大事便是精准识别贫困户,确定帮扶对象。

对于人均年收入是否达到3 500元这个标准,以往贫困户的认定,基本上是村支书说了算,所以张志华第一时间将贫困户的名单给报上来了。名单几乎可以用"难以置信"来形容了,全村不过231户,却有160个贫困户。

扶贫队的成员看不出名单上的猫腻,但张楠却看得明明白白。有好几户人家人均年收入超3 500元,且其中一家家里有价值逾5 000元的摩托车,他们竟也在贫困户的名单之内。

但这个名单是自己的叔叔报上来的,张楠身为晚辈,也不好当面质疑他的工作,便选择让驻村队成员挨个去摸底。

不调查不知道,竟然有23户存在弄虚作假的嫌疑。刘曼青发现,住在半山上的田秋水一家,提前将信用社的存款转移到其女儿的账户上,以此瞒天过海,说自己没钱,符合贫困户的申请条件。

让李涵头疼的是王京生家。他两个儿子都在市里上班,他的妻子去世后,他又找了一个外村的老伴,两人在村里的老木屋里住着,单看他们二老的收入确实符合扶持标准,但却未将其儿子的家庭收入计算在内。

驻村队成员将各自掌握到的情况报给李涵。李涵在村民大会上,委婉地提出,有多户人家存在瞒报、谎报的情况。他表示,必要时,政府可以申请征询函,调查各家各户的财产情况,对于不符合认定标准的,会进行清查,还会将之列入失信人名单,以后无法办理银行贷款。

心虚的几户,连夜到驻村队将材料拿了回去,主动退出,也有像王京生这样不为所动的。

李涵做过很多次王京生的工作,但他坚持认为儿子跟自己没关系,自己和老伴的收入就是低于国家规定的人均年收入3 500元标准的。

等李涵再上门,直接被王京生拿着镰刀赶了出来。

李涵拿不下来,只得求助张楠。张楠认为,王京生这样的人,就是存心想要占国家便宜,说:"既然他家的真实情况我们已经摸清楚,我建议直接上报我们认为符合帮扶标准条件的名单,报备镇政府,经镇政府研判后,村里拿出具体的帮扶措施,解决完人均年收入达标问题后,就请市里的督察组对我们第一阶段的工作进行验收。"

驻村队其他成员也都赞同张楠的建议。于是,李涵直接在村民群里公示最终的帮扶对象名单,并在村委会的公示栏里也贴上了盖公章的纸质公示文件。

名单在村里激起千层浪。

质问的人太多,林青青、耿一鸣、刘曼青负责给大家一一解释。

反应最激烈的是田秋水。得知名单上没有她家,当张楠领着李涵从她家屋门前路过时,竟然将牛粪扔到张楠脸上,还骂他是劳改犯的儿子,不得好死。

当年那件事,是张楠的童年噩梦。这些年他总是梦见当天的情景,母亲为了跟别人抢水打得头破血流。

张楠本想忍忍就过去的,可田秋水见此越发来劲了,跟着他骂了一路。李涵越劝,她就越起劲,纵是张楠脾气再好,终也忍不住,对田秋水动了手。

田秋水和李涵都有些始料未及。

张楠到底胜在年轻,很快就将田秋水制服在地,但胸前也被田秋水挠了不少血痕。

李涵文弱了些,如何也拉不开这两个如夺食的狮子般愤怒的人。此时围观的人越来越多,田秋水输阵不输人,越骂越难听,最后让张楠干脆也把自己打死,这样就可以跟他妈妈一样去吃牢饭了。

此时跟张楠关系还不错,比他虚长个十来岁,却要叫他表叔的裴建国来了,迅速地拉开了张楠和田秋水。

这裴建国在村里是个狠人,平时以抓蛇为生,近一米八四的个子,当过兵,加上常年的劳作,一身的腱子肉。

裴建国见田秋水实在有些过分,抓着他的领子,扬起拳头威胁道:"我这个人不愿意多说话,人家张楠没得错,你要再这样闹,我都想打你了。"

裴建国这话很有用,田秋水顿时就老实了,一场闹剧方才收场。

原本王京生也想跟驻村队闹一场的,但一想到张楠被惹毛了真会动手,他便按下了冲动。

李涵领着张楠回到驻村队,将大家都吓着了。林青青如何也没有想到,平时看着很好相处的张楠,竟然还有这样的一面。

耿一鸣却像是打了鸡血一般,觉得张楠出手太解气了,自己进村第一天就想动手了,还让张楠下次发生这样的事情记得叫他。

刘曼青看着两个年轻人直摇头,认为拳头是解决不了任何问题的,只会让事情变得更加复杂。

李涵虽然心疼张楠,也知道他心底的委屈,可他身为工作队的负责人,还是得公事公办让张楠写检查,并向村民公开道歉。

耿一鸣立刻替张楠鸣不平,没想到张楠却一口答应下来,他知道,冤家宜解不宜结,如果自己不这么做,未来的工作只会更难。

之后,李涵又带着刘曼青,买了水果、油、几斤肉上门跟田秋水道歉。田秋水见拿的东西不少,还听说张楠要在村民大会时公开道歉,便也给了李涵面子,答应放下此事不揭。

可驻村队的人如何也没有想到,更大的雷还没爆。

解决了田秋水家的问题,村里没人再就帮扶对象名单的事儿闹。李涵和张楠决定请市督察组前来指导工作,以便于下一个阶段工作的展开。

督察组由市纪委书记易志南牵头,组成了十个人的检查队伍。因为这是李世涛对口支援的村,市委书记王启发为了支持他的工作,亲自参与检查。

王启发一出动,市委办公室第一反应是要维稳,可王启发却坚持不许相关人员随行,他想看到最真实的乡村,听到村民最真实的声音。

按照规定,督察组入村检查时,驻村队员需要回避,督察组则对村民进行驻村干部满意度调查。

李世涛信心满满地领着督察组一行奔赴白果村,镇政府的人也一并陪同。可因为前一晚下了一场暴雨,直接导致杉木河段的桥被冲毁了。

眼见市委的车就被挡在河对岸,张楠突发奇想,建议用牛将领导驮过来。原本镇里面的干部还担心市委领导的安全问题。可王启发却表示可行:"以往红军长征时,比我们这个可难多了。"

王启发说完,第一个先脱了鞋袜,爬上了牛背。

哪知王启发骑的这头牛性子野,他刚骑上去,牛就疯跑起来,将王启发重重地摔了下去。

这可吓坏了众人,一堆人涌上前要去扶他。王启发摆摆手让大家不要动,自己利落地爬起来,再度翻上牛背。

这一次牛不再反抗,顺利让王启发骑了上去。

纪委书记易志南见状,也翻身爬上了另一头牛背。

原本那些不敢骑的,见此情形也都硬着头皮骑了上去。一群人骑牛过河的场面,深深地印在了众人脑中。

李世涛和张楠异口同声地说:"有这样的领导,铜江很有希望。"

可他们不知道,村里正有一场惊吓等着他们。

督察组一群人抵达村口时,只见王京生忽然从旁边冲了出来,双手举着一个纸板,纸板上用红笔写了一个"冤",然后径直跪在王启发面前,请他救救自己。

驻村队和镇上的陪同领导,见此一幕吓得魂飞魄散。

市扶贫办主任苏佳河率先反应过来,就要上前去清场,被王启发喝住:"谁都不许动!"

听王启发这声音,显然是动怒了,果然再没人敢动。

王启发弯下腰去,将王京生扶起来,柔声道:"老人家,有什么冤屈,你可以跟我说。"

刘曼青见状,额头直冒汗,双眼有些发黑,嘴里嘟囔着:"我们完蛋了。"

13. 养儿不防老

李世涛本想跟王启发解释的,可易志南将他拦住了,按照规矩,他身为白果村驻村队的总指挥,也不能再接触当事人了,督察组会对此事作一个彻底的调查。

督察组其他成员继续进行验收工作,而王启发和易志南则在村委会的会议室向王京生了解情况。

王京生紧紧抱着方才那块写着大大"冤"字的牌子不肯撒手,头微微抬起,将眼前的几位领导打量了一遍,然后又低垂着头,摆出一副十分无助的样子,身子甚至有些发抖。

王启发见此情形,有些心疼,轻声道:"老人家,您那块牌子可以放下啦,您有什么冤屈慢慢跟我们说,我们会为您做主的。"

王京生这才慢慢抬起头看着王启发,"您是大领导不?"

一旁的易志南闻声哭笑不得,微笑道:"老人家,这是咱们铜江市的市委书记,铜江市最大的领导了。"

王京生诧异地看着眼前年岁不如自己的王启发,忽然整个身子从椅子上滑下来,又跪了下去。

离他最近的易志南见状赶紧上前想把他扶起,却发现如何也扶不起来,王京生的身体软得像一摊烂泥。

易志南说:"老人家,您有什么话直接说就好了,不用这样。"

王京生苦着脸看着眼前的他们,此时已是老泪纵横。

易志南复又道:"我是铜江市的纪委书记,负责党员干部的纪律督查,您有什么冤情,只管跟我们说。"

易志南再度欲扶他起来,但还是未能成功。

王启发终于坐不住,亲自上前将其扶起。

王京生这才顺着王启发的劲道起身,却紧紧拽着王启发的袖子不肯撒手,一声悲怆:"领导,你们是青天大老爷,要为我做主啊。"

王启发耐心地握着王京生的手:"老人家,有什么问题您尽管说,我一定会为您做主的。来,您坐下慢慢说。"

易志南用一次性杯子从保温瓶里面倒了一杯热水递到他面前,试图缓解一下他的情绪,便说:"老人家,您先喝点儿水,缓缓神。"

王京生恭敬地端起水,却迟迟没有喝下去。许是想起心中的不平事,再度泪眼婆娑。

王启发为他递上纸巾,耐心地宽慰着他:"老人家,有什么委屈您尽管说,不要哭哈。"

王京生没有拿纸,只是用手胡乱擦了擦自己的眼泪,长叹一声,这才缓声说起来:"说起这事儿,也怪我个人不中用。我晓得,按照道理,我确实不应该领低保的。但是我又有哪样办法,养的两个儿子,不肯认我这个爹,也不愿意给我养老,我都七十多岁的人了,还要靠种苞谷、红薯,养点鸡鸭卖了过日子。儿子不要我了,我还以为国家会管我,但是哪晓得,连国家也不愿意管我。我,我,我可能只能去死了才好!"

王京生说到此处,双目垂泪。

王启发和易志南眉头紧锁,预感到这件事情或许是别有内情,他既有两个儿子,八成是不符合帮扶条件的。

王启发疑惑地看着他:"你的两个儿子为什么不愿意给你养

老啊?"

整个驻村队都犹如霜打的茄子一般颓丧,等待着督察组的调查结果。

李世涛不忍见大家如此,便道:"我们这支队伍在贫困户的识别上如此严格,一定会得罪一些人的。从你们动用了征询函那一刻起,我就已经有预感会出事,所以今天发生的事情,既是意料之外,又在情理之中。大家与其在这自怨自艾,还不如仔细想想是哪个环节出了问题,错在哪里?"

张楠闻声,忽然想起什么,没来由丢下一句"我出去一下",便跑开了。

张楠直奔裴建国家,从他这里,一定可以知道真相,他们忽视的真相。

见到裴建国的时候,他正在堂屋里编竹筐,刚抓回来不久的蛇在他旁边的木箱子里悠闲地吐着信子。

张楠从小就怕蛇,只得挨着裴建国站着,跟他打听王京生到底是为什么说自己符合帮扶条件。

裴建国手里的竹条飞走,丝毫没有停下来的意思,漫不经心道:"养崽,我看就是还债。你表婆四十岁的时候就死了,你王表公单身太久了。两个儿子把你表公也接到城里去住了一段时间,哪晓得后来你表公在城里认识了一个老婆婆,就是现在住在他家破房子里面的李嬢,两个人好上以后,非要生活在一起。结果好了,两个崽都觉得你表公老不正经,说如果两个人不断绝关系,就不会给你表公养老。你表公也是个犟脾气,硬是带着李嬢回了白果村。两个人都老了,哪里还种得动地嘛,日子确实过得困难。"

这个结果令张楠有些意外,心里像是被针刺了一下。他坚持要取消王京生的帮扶资格,是觉得王京生就想占国家的便宜,完全没有想到其中另有隐情。

督察组这边了解到的情况也大致如此,真相大抵就是儿子不愿接受父亲找老伴,以此为由拒绝赡养老人。老人走投无路,只得将希望寄托在国家的帮扶上。驻村队严格按照流程办事,却错在没有了解到王京生的实际情况,没有具体问题具体分析,搞了一刀切。

张楠向李世涛汇报了自己了解到的情况。林青青倒是想得简单,问李世涛像王京生这样的情况,是否可以找王书记特批一个指标下来。

李涵向来是个按规矩办事的人,认为此事只怕王书记也不会这么处理。

耿一鸣更简单粗暴,满不在乎地说:"大家不要紧张,多大点事情嘛,只要领导不怪我们,大不了,我每个月给他一点钱,反正天天都在村里头,我也没地方花钱。"

这话一出口,就被李世涛给否了,他认为这终究不是长久之计,一旦开了这个口子,那将是个无底洞。

就在此时,王启发和易志南来了,将调查结果告诉他们,除了王京生的事情,贫困户的认定工作悉数验收通过。但鉴于这次王京生的事造成了极其不好的影响,故督察组决定对驻村队予以全市通报批评的处分,并且责成驻村队必须解决王京生的生计问题。

耿一鸣心里很不满,明明都是按照规定办事,为什么要他们承担这样的责任。本想跟领导申诉两句,不料李世涛已经一口答应下来,表示王京生的事情一定会得到妥善解决。

送走了督察组,整个驻村队算是松了一口气。此后,李涵带着驻村队的人，一手推进经济脱贫，继续跟进车厘子的养护和五改一化工程，同时探讨白果村发展别的产业的可能性；一手实施精神文化脱贫的计划。

大家一致认为，白果村村民的文化程度普遍不高，文盲和半文盲不在少数，所以想率先在村里办技术培训班和扫盲班。

技术培训班的目的是让大家有一技之长，即便出去务工，选择面也会多一些。而扫盲班的目标则是让大家能写自己的名字，能看路牌，能读新闻，与社会接轨。

李世涛觉得赡养老人，关乎伦理，是精神文明的重要组成部分，他们的精神脱贫、文化振兴计划，也可以从王京生家入手。

可除了张楠，没有人愿意趟王京生家这摊浑水。

张楠买了水果去看望王京生和他的老伴儿李嬢。

伸手不打笑脸人，王京生心里虽然还是有气，但面上没有太多表露出来。

张楠道明来意，王京生只顾摇头，觉得自己就是养了两个畜生。

李嬢担心王京生被气坏身子，劝慰他别太伤心，自己有女儿，如果他两个儿子真的善待他，她也是可以考虑离开的。

这让王京生更加痛心，言及当初要不是李嬢，自己可能早就没命了。

张楠意识到这里面似乎还有隐情。原来王京生跟儿子一起生活时，儿子发现老人不仅能帮忙带孩子，还能做家务，就从一开始觉得老人是累赘，变成了两家争抢香饽饽。

若是王京生在哪家多待了几天，到下一家时，就不会有好脸色看。

周而复始，王京生深感无论是身体，还是心理，都疲累至极。

原本还算硬朗的身体,就这样一天天垮掉了。

有天清晨,王京生到菜市场买菜,晕倒在门口。李孃正好撞见,帮他叫了救护车,这才救回来一条命,检查完发现他有较为严重的高血压。

王京生住院期间,两个儿子几乎没有时间照顾,李孃知道后,每天都来给他送热菜热饭,一来二去,两人产生了感情。

只是当他们将在一起的决定告诉两个儿子的时候,遭到两个儿子的强烈反对。王京生一气之下,带着李孃回了白果村。

两人都年事已高,不大可能种地维生。幸亏王京生有制作轮胎草鞋的手艺,两人就靠做草鞋赚点零花钱。但是现在农村耕地的人少了,买鞋的也就少了,生活变得很是窘迫。

张楠本以为只是他两个儿子观念上无法接受黄昏恋,但如今看来,还掺杂着所谓的"利益"在其中。以无法接受老父亲找老伴儿为借口,为他们不想赡养老人的利己主义提供了冠冕堂皇的理由。

为了解决王京生的赡养问题,张楠跟李世涛打了进城的请假报告。张楠找到了王京生的两个儿子,大的叫王承康,是一名小学老师,早年毕业于当地的一所师范学校;小的是王少康,在市里做点水果生意,妻子肖露在市第二幼儿园任职。

张楠将两个儿子都找了一遍,可得到的答案都是一致的,无法接受父亲找老伴,如果父亲离开李孃,他们很乐意赡养父亲。

可张楠深知,王京生离开李孃,回到两个儿子家里,不过又是重复以往的生活——免费的保姆。他不敢想,若是有一天王京生行动不便,再无法帮他们做家务了,那又会如何?那时候,会不会出现新的不赡养老人的借口?

张楠并未将沟通结果告诉王京生,他知道,跟老人说了,只会徒增伤感。他直接去教育局找了李世涛。

李世涛对于张楠的出现,略表意外。

张楠坦言,自己已经找到解决王京生赡养问题的办法,但需要李世涛的配合。

李世涛等着张楠的进一步说明。

张楠却卖起了关子:"局长如果愿意相信我,一切听我安排,如何?"

"行啊,安排人一套一套的。要是搞不定,我拿你是问。"李世涛说着,在张楠肩膀上拍了拍。

未几,张楠将王承康和肖露约出来见面,理由是教育局局长要见他们。两人都是教育口的,得知局长要见他们,心里说不出的忐忑。

见面的地方张楠安排在河边的一个茶室内。

王承康和肖露早早就到了。

李世涛进来,张楠面无表情地给彼此介绍过之后,李世涛单刀直入,直接问:"听说二位都是在我们教育系统工作的?"

肖露闻声顿时慌了起来,赶紧说了自己的工作单位。

李世涛微微点头,不紧不慢地说:"我除了负责教育局的工作,现在还是白果村乡村振兴计划的总指挥。"

王承康顿时明白了此番见面的目的,这是张楠给他们设的鸿门宴。

果然,李世涛喝了一口茶之后,漫不经心道:"作为教育局局长,竟然不知道在我们教育系统,出现了不愿意赡养老人的人民教师,我表示很惭愧;身为总指挥,没能解决王京生老人的生活困难,我很惭愧;身为驻村工作队张楠的领导,他本来是按照规定办事,却因为让原本就不符合国家帮扶标准的人没有评上贫困户,而被全市通报批评,我也很惭愧。"

李世涛这番话,连张楠这个做局的人都忍不住要为他叫好。

王承康赶紧给李世涛倒茶,手已经有些发抖,说:"局长,您这是说的哪里的话……我爹那事儿吧,我们确实为难……"

王承康给肖露递了个眼色,肖露也附和起来,"是啊,局长。家家都有本难念的经,照说我们这点私事也不好意思跟您说,但是您想啊,本来我们养一个老人就好,现在我爹找了个伴,我们凭空就多了一份责任,您说我们这……"

张楠听得生气,直接点破:"是不是因为表公找了老伴以后,就不愿意帮你们干活了?所以你们才……"

王承康闻声顿时就火了,这分明是让他在局长面前下不来台,板着脸道:"张楠,你是小辈,说这种话可能就不合适了吧?"

王承康话音刚落,只听得李世涛将茶杯"啪"的一声往桌上一搁,"有什么不合适?我看很合适啊。《孝经》有云,孝子之事亲也,居则致其敬,养则致其乐,病则致其忧,丧则致其哀,祭则致其严。知道是什么意思吗?"

两人被堵得一句话都说不出来。

李世涛忽然发火:"万万没有想到,我们人民教师的队伍里居然有你们这样的人,连自己的亲爹都不愿意赡养,你们枉为人师。"

王承康和肖露被吓得一声也不敢吭。

李世涛接着下猛药:"如果不想我在整个教育系统里对你们进行通报批评,你们就自己辞职吧!"

王承康吓得站了起来,慌张解释:"局长,这事儿不是您想的那样,我……"

"局长……"

王承康的话还没说完,王京生的声音传来。

只见王京生拄着拐棍颤颤巍巍地走了进来,未等李世涛起身,王京生已经朝他跪了下去。

张楠眼疾手快,一把将王京生扶住。

王京生悲戚地看着李世涛,颤抖着声音:"局长,我求求您,别让孩子丢工作,我不要他们养,我也不闹了,你们也不用管我,我这把老骨头能过一天就是一天吧。这孩子得个工作不容易,是我们家祖祖辈辈第一个吃公粮的人,他要是丢了工作,我没脸下去见王家先祖啊……"

王承康万万没有想到父亲还会帮自己,"爹——"

李世涛痛心地看着王承康和肖露,斥声道:"无论是从道德层面,还是法律层面,我们教育局都不会允许你们这样的教师存在!"

李世涛上前握住王京生的手,劝慰着:"老人家,这样忘恩负义的人不值得您为他们求情啊。"

王京生却紧紧拽住李世涛,言语中满是激动,"局长,您别生气,都怪我,是我没把孩子教好,都是我的错,给你们领导添麻烦了,我给你们赔罪。"

王京生说到激动处,忽然开始扇起自己的巴掌来。

王京生:"对不起,都是我没教好,都是我没教好。"

李世涛赶忙上前要阻止王京生,王京生却扇得更为用力了。

李世涛紧紧拉住王京生的手,难过地道:"老人家,你这又是何苦呢?错不在你。"

李世涛转身向着王承康和肖露,冷声道:"话我已经说得很清楚了,你们尽快交辞职信吧。"

李世涛说毕就要往外走去。

王京生见状快步走到李世涛跟前,重重地跪倒在地。"我都是埋了半截的人了,日子将就将就就过去了。可他们毕竟还年轻,我求您了,求您不要让他们丢了工作,都是我的错,我给您磕头了。"

说毕,不等众人反应过来,王京生已不住地往地上磕头,额头着地的响声显得格外清晰。

任凭李世涛和张楠如何拉,也拉不住王京生。

"老人家,您别这样,为这样的子女,不值得。"

"是啊,表公,您的生活费我们驻村队会解决的。"

就在此时,王承康忽然跪了下来,低垂着头说:"爸,我错了……"

所有人都转身看着王承康。

旁边的肖露见状,也跪了下来,抽泣着说:"爸,这些年我们对不住您,您放心,往后的日子,我们一分钱也不会少您的。"

王京生没有想到,等了这么多年终于等到他们这番话,"哇"的一声哭了出来,激动地一双手揽住两人。

李世涛和张楠也都眼眶微红。

王京生的事总算是得到了圆满的解决,张楠陪李世涛走回教育局。路上张楠始终不发一语。

李世涛看出异样,问:"想什么呢?"

张楠轻叹一声,说:"我在想,如果他们不在教育系统工作,这事儿是不是还这么容易解决,毕竟,之前镇政府就没能做通他们的工作。"

李世涛微微诧异,侧目看向张楠:"你这么悲观吗?"

张楠:"是啊……"

张楠终是没有说下去,但他总是忍不住想,王承康和肖露答应赡养老人,究竟是迫于李世涛教育局局长身份的威压,还是真的被王京生不顾前嫌帮他们求情留住工作感动。这一切都无从得知了，也许，也没有那么重要了，相比原因，结果更重要。

后来，王京生也没有搬去跟两个儿子一起生活，而是继续留在村里，跟李孃相守。

14．补　　贴

相比李世涛，刘成鑫的扶贫工作似乎更为得心应手，他"糖衣炮弹"的策略获得奇效。

刘成鑫和崔新成，在孟昭关的帮助下，募集到了专项慰问金，每周定点给帮扶对象家里送点粮油。而那些未能入选帮扶名单又确实困难的，他们就去拉赞助，要么帮忙找工作，要么贷款，总而言之，怎么实惠怎么来。

因此，刘成鑫的第一阶段工作验收时，在老百姓满意度这一项里面，毫无意外地成为全市第一，王启发直接在精准扶贫的阶段性总结会上对其进行了通报表扬。

只是和平村的消息传到白果村耳中，却又是另外一番光景。村民议论纷纷，说国家的政策都是一样的，为何白果村没有和平村的待遇？

最后的结论只有一个，那就是白果村的款项，被驻村队的人给贪污了。张幺妹、田秋水等几个喜欢搞事情的村民在村里稍微一挑唆，便将村民聚集了起来，跑到驻村队讨说法。

原本村民也就只是抱着试试看的心态问问情况，哪知问起张志华这个村支书时，张志华也说不知道。

这就让张幺妹觉得，里面一定有问题，怎么可能连村委都不知道。

张幺妹领着百余名村民将驻村队围了个水泄不通，让驻村队必须拿个说法出来,白果村的专项补助资金,到底是有,还是没有?

纵是李涵脾气再好,也被惹怒了,"我们驻村队,行得端,坐得正,绝不会拿百姓一针一线,我们问心无愧。"

张楠耐心解释,和平村的粮油发放,属于扶贫干部的个人行为,这并非是硬性规定。

张楠不说还好,这一说,村民情绪更加激动,声称自己要求也不多,只要跟和平村一样就好。

耿一鸣不忿地说:"扶贫干部给老百姓送粮油,那是情分,并非是义务,原本我们也有这个打算,但是你们现在这样硬性要求,我就觉得很没意思了。对不起,我还不送了。"

耿一鸣的态度无疑火上浇油,虽然说的句句在理。

刘曼青到底老练一些,知道再这样下去,就是往上拱火,赶紧拉住耿一鸣。他赔着笑脸告诉大家,咱们白果村这些扶贫干部,大部分都是新瓜蛋子,这是他们第一份工作,没多少收入。但是这些年轻人都是知道回报社会的,等收入稳定了一定会照拂大家。

可是大家的情绪已经被挑逗了起来,刘曼青的话不过是杯水车薪,根本无法压制住村民心中的火。

双方吵来吵去,最后也未能有一个结果,一边坚持说没有,一边坚持说得有。最后,张楠直接让大家打市里的监督电话。

张幺妹见驻村队几人毫不服软,当即便打了电话。

督察组对于群众的举报电话,那都是第一时间响应的。这不,纪委书记易志南,接到举报电话后,立即安排与张幺妹当面聊。

不见还好,这一见,让易志南深感扶贫工作的不易,扶贫干部的不易。

铜江市纪委的接待室内,易志南领着一名工作人员亲自接待

小说·暖冬 | 113

张幺妹。

张幺妹见这架势,显得十分不安,面前的水一口也没喝。

易志南看出端倪,出言缓解气氛,"张婶,您不用紧张,我们请您来就是了解一下情况的。"

张幺妹讪笑着说:"你们啷个大阵势,有点儿吓人。"

易志南忍俊不禁,"您倒是说说看,哪里吓人了?"

张幺妹涨红着脸,似乎是有些不好意思,低头道:"听说你是个大领导,一般你见的都是大人物。"

易志南笑笑,缓声道:"领导,就是为人民服务的。听说是您打的举报电话,可否请您具体跟我们说说,你们村的驻村队是怎么贪腐的?"

张幺妹一听,顿时来了兴致,"领导,我和你们讲咯,我们村的驻村干部,问题大了去了。"

旁边的工作人员收敛笑容,凝神看着张幺妹,准备开始做笔录,轻声问起:"哦?请您详细说一说他们的问题。"

张幺妹长叹一声,"精准扶贫、乡村振兴,是国家为民服务的好事情,但是下面执行的干部不行啊。就拿我们村来讲,来了啷个久了,没干一件实事出来。"

易志南闻言面色也变得沉重起来。

张幺妹见易志南也变了脸色,又开始紧张起来,试探性地继续说道:"领导,我啷个和你们讲,不会遭报复吧?"

易志南看着张幺妹,郑重地保证:"您放心,我们会对检举人的身份和她所说的内容,进行严格保密,决不允许报复事件发生。"

张幺妹这才松了一口气,继续道:"那我就继续讲了哈,我们村那些驻村干部,真不是个东西,整个白果村,被他们搞得乌烟瘴气的,想起一出是一出,乡村振兴当然是让老百姓富起来啊,他们天天在村里面喊口号,要搞哪样精神文化振兴。"

张幺妹越说越有劲,直接拍起桌子来。

易志南一脸凝重,"您请继续说",一边在笔记本上记录着一些关键信息。

张幺妹此时才喝了一口水,激动地说:"你说好笑不?到我们村来扫盲,喊我们报名去职校学技术,关键是,喊我们去识字学技术也就算了,还不给误工费。领导你们想想嘛,我们又不是三岁小孩,都是上有老下有小的,哪儿有时间去学习嘛,这不是扯淡嘛。说来讲去,意思就是说我们这些老百姓穷,没得文化嘛。这摆明了还是看不起我们啊!你们讲是不是这个道理?"

易志南一时间竟然无法反驳。

顿了许久,易志南方才缓缓开口:"这个问题呢,比较复杂,但是我相信驻村队的初衷还是好的。"

张幺妹双手一拍,"啪"的一声响,说:"只要不是杀人放火,哪个的心又是坏的呢?关键就在不给老百姓干实事,有哪样用呢?那个电视剧里面有句话讲的是哪样?当官不为民做主,不如回家种番薯。我看我们村那几个,就应该下放到农村去种种红薯,他们才晓得我们老百姓日子有多难,我——"

易志南再听不下去,及时打断:"张婶,我们扯远了,我们还是回到正题上来,谈谈白果村驻村干部的贪腐问题。"

张幺妹一口气说了那么多,又喝了一大口水,继续道:"好,讲到这个贪腐问题,我就来气。同样的事情,你看人家隔壁的和平村搞得多好,家家户户还发肉,发油。我们村呢?搞了半天,什么也没有。"

张幺妹带着节奏地拍着双手,俨然在吵架一般。

易志南此时眉头已经皱成一团了,耐着性子道:"所以你认为白果村没有任何发展,是因为钱都被驻村干部贪污了?"

张幺妹反问:"要不然呢?为什么差别嗰个大?"

易志南若有所思地点点头,"虽然乡村振兴的大目标是一致的,但是也会根据每个地方的实际情况实施不同的举措,两个村不一样,倒是正常的。但贪污腐败,却是决不允许的。那你们有没有掌握驻村干部贪腐的证据呢?"

这下把张幺妹给问住了,顿了顿,突然想起什么,说:"这个倒是没有,但是你们作为领导,可以去查啊。哪个干部没点事情呢?"

此时易志南脸都绿了,有些不耐烦地说:"所以你们打这个举报电话,根本就没有证据线索提供?"

张幺妹有些懵,不解地说:"什么事情都没做,就是线索啊。你们去查,保证能查出点事情来,电视里不都是这么演的嘛?一开始哪样事情都没得,稍微一查,就查出来了。"

易志南原本握在手中的笔掉在了桌子上,"啪嗒"一声。

张幺妹闻声愣住,看着易志南,气氛忽然变得凝重起来。

面谈结束后,因李世涛身份的特殊性,易志南就此事向王启发书记专门作了一个汇报。王启发也注意到了,近来铜江市的政府班子里,对李世涛的一系列措施颇有微词,觉得他有些不切实际,经济脱贫才是国家的考核指标,这精神文化脱贫却显得有些曲高和寡,是李世涛个人的一厢情愿。

舆论的持续发酵让王书记不得不约谈李世涛和张楠,王书记提醒他们,精神文化脱贫还是要建立在经济基础之上,建议李世涛先抓经济,再谈其他。

这让李世涛和张楠都受挫不已,开始重新审视现行策略的现实性。两人痛定思痛,认为"扶志"的"精神文化脱贫"大方向没有错,而是错在了策略上,要跟"富口袋"结合起来。

刘曼青对此很是赞同,认为当务之急便是要先把白果村的马路修通,给老百姓一些看得见、摸得着的实惠。

大家达成共识后,李涵便着手申请专项资金。不过张楠却提出,将这条马路承包给村里来做,如此既将路修通了,也解决了村民的就业问题。而且他认为修自己的路,大家会更加注重质量问题。

15. 相　　遇

　　先修路的提议得到大家的一致认可,扶贫工作算是有了一点起色。张楠却突然接到小学钟校长的电话,说是学校一直找不到英语老师,这次总算是找到一个愿意来支教的,而且是从上海过来的,请张楠帮他去接一下。

　　张楠未作多想,便找了田如林帮忙,开着车跟自己一起去接。

　　田如林见到张楠依旧没有好脸色,但碍于新来的老师的确也是孩子们急需的,便冷着脸跟他去了高铁站。

　　张楠和田如林到的时候,旅客正好走出来。

　　张楠这才发现钟校长没有给自己联系电话。

　　张楠问到电话后,发现竟然是卞筱悦的号码。

　　张楠就要以为自己记错时,他的电话响了起来。他只"喂"了一声,一抬眼,发现卞筱悦戴着耳机,一手拉一个行李箱,正往他走来。

　　张楠说不清楚此刻是什么心情。想念吗? 每一天,每一夜,思念与日俱增,若可以,他愿化作她的影子,时刻相随。

　　畏惧吗? 他害怕看到关于她的任何消息,是否吃了,是否饿了,是否心情不佳,她的一切都会牵动自己的心绪。所以他让村里的繁忙工作,占据了自己的所有时间。

　　如今这突然的相见,让张楠有些措手不及。他想过很多与她久别重逢的场景,或许是她嫁与他人的婚礼上,或许是她在功成名就的舞台上,或是在某个他故意要去相遇的街角……但不是现在,他现在狼狈不堪,一事无成。

可此时此刻,卞筱悦却如此真实地站在他面前。

张楠第一反应是逃离,却被卞筱悦叫住了。

卞筱悦见状有些生气,娇怒道:"你躲什么躲啊?我千里迢迢跑来这里,你还要躲着我吗?"

田如林讶异地看着两人,忽然反应过来什么,碰了碰张楠的肩膀,"这是你上海的女朋友啊?"

张楠依然背着身子,可泪水却不断在眼眶里打转。他压制住所有情绪,再不敢走一步,也不敢转身,他怕自己眼泪决堤。

卞筱悦红着眼眶,走上前去,看着咫尺天涯的背影,认真说道:"张楠,陆老师跟我说,有些处境如果不是设身处地感受,兴许不容易体会别人的苦楚。所以我选择了来铜江,来体验你的生活,感受你的世界是怎样运转的……我知道,你是怕拖累我才和我分开,但我……"

卞筱悦话未说完,张楠已转过身,拉住卞筱悦的手,一把将她抱在怀里,此时,一切的话都显得多余。

卞筱悦感受着张楠的拥抱,像是要将她揉进他的怀抱中,再不分离。

卞筱悦被安顿在白果村小学的教师宿舍内。等卞筱悦放下行李,张楠将她介绍给了驻村队的伙伴。

耿一鸣顿时起哄,"哟,这么漂亮的小姐姐,怎么把人骗到手的?"

卞筱悦忍不住偷笑着。

"什么叫骗啊,太难听了,我们这叫两情相悦。"张楠说着,有些心虚地看向卞筱悦。

卞筱悦被逗笑,满脸傲娇的表情,"谁跟你两情相悦?大家好,我叫卞筱悦,主要是来白果村支教的。某人为了回来支持家乡建设,临走时跟我说分了手,所以恋爱嘛,还得看情况。"

众人闻声大笑,张楠却早已面红耳赤。

给大家介绍完,张楠就在教室改造成的宿舍内忙活开了,在一组上下床的下铺铁床架上铺了一层稻草。

卞筱悦在一旁好奇地看着张楠,问:"为什么要在上面铺稻草啊?"

张楠仔细地铺着稻草,将整张床的稻草铺得极匀,解释说:"一方面是可以增加床的软度,另外一方面稻草能吸水气,山上潮湿,铺上一层稻草,能将棉絮和地上的湿气隔开。"

卞筱悦一脸崇拜地看着张楠,"长知识了。要是我,肯定就直接把棉絮铺上去了。"

张楠:"那不行,那样容易生病。"

张楠很快便将稻草铺好了。

卞筱悦见状欲去拿棉絮帮忙铺上,却被张楠抢先一步。

"你别动,我来。"

"没事儿,我帮你一起。"

卞筱悦刚想搭把手,就被张楠避开了。

张楠:"你昨天赶了这么久的火车,晚上一宿没睡,赶紧在旁边好好歇着吧。我这里很快就铺好。"

张楠迅速地将棉絮铺在稻草上,试了试,发现很软,这才觉得踏实。

旁边的卞筱悦不想闲着,刚从行李箱里取日常用品,却再一次被张楠抢先,"我来!"

卞筱悦哭笑不得,只能看着张楠迅速将她的洗漱用品归置好放在桌子上。

卞筱悦要挪椅子,又被张楠抢先给她放好。

卞筱悦不知所措:"你也太夸张了,你这是打算什么也不让我做吗?"

张楠认真地将卞筱悦拉到椅子上坐下,为她捏着肩,说:"你唯一需要做的事情,就是坐在这里休息。等我帮你把房间收拾好。"

卞筱悦:"可是——"

卞筱悦正准备站起来,再度被张楠摁了下去坐好。

张楠蹲在卞筱悦的面前,捧着她的双手,一脸认真:"筱悦,你为我做了这么多,让我力所能及地为你做点儿事情好吗?否则我真的觉得自己就是个渣男,撇下你一个人躲回来了,明明是我自己先说的放手,结果还忍不住想和你联系……你最后还千里迢迢追到这里来了……我真不知道该对你说什么好,但是我也决定了一件事情,无论以后遇到多大的困难,我都不会再逃跑了,除非有一天你自己想走……"

未待张楠把话说完,卞筱悦已用双唇堵住他,炙热,温暖,绵长。

白果村的扶贫工作正常展开后,李世涛将精力转到市里的教育体制改革上,但推进得极为艰难。李世涛经过深度调研后发现,铜江市的教师晋升机制存在很大的问题,尤其是乡村教师的晋升机制。

农村教育资源贫乏、乡村教师工作环境艰苦,大部分的乡村教师都将调进市里学校工作作为自己的职业追求。因而农村的中小学都是有苦无处说,好不容易培养出一位优秀教师,不到两三年就想办法调到市里的学校去了。

农村的孩子，只能接触到大学刚毕业、缺乏经验的年轻教师或者是因为年迈而无法通过英语和计算机测试，职称得不到落实被迫留在乡村教学的老师。时间一长，导致城乡教学水平的差距越来越大。

经过深思熟虑，李世涛将一系列的问题形成翔实的报告递交给市委领导班子，请求暂停教师调动政策，继而通过提高乡村教师的福利待遇为农村教育留下优秀人才。

在工作会上，李世涛此举遭到主管文教的副市长孟昭关的强烈反对，认为此举过于激进，很可能会出乱子。两人在市委班子的会议上争执不下，但最后李世涛的一席话，让所有人都沉默了。

"各位领导，各位同志，国家战略性地提出了乡村振兴的计划，咱们现在做的是第一阶段精准扶贫的工作，可我一直认为，在国家形势一片大好的情况下，经济的脱贫不是难事。脱贫之后如何让老百姓不再返贫？乡村如何真正振兴？农业如何实现现代化？我认为还是得回到教育上来，脑子富足了，日子又怎么会穷。可是作为普通老百姓，他们富脑袋的途径是什么？唯一的途经只有教育。他们不像在城区，有各种各样的培训班、教育机构，而且他们坚定地认为，国家公立的中小学，是他们唯一信得过的。我们一直在说农村地区的文化、经济在拖城市的后腿，但是大家有没有想过，那是因为很多资源被城区给掠夺了啊，就连教育资源我们都在掠夺。这个词一点儿都不是危言耸听，好几家农村中小学的校长都在跟我诉苦，他们好不容易培养出一位优秀教师，还没用上呢，就已经被调进城里了。但是每次期末联考的时候呢，成绩一出来，我们城区的教师或者教育部门的领导，都会以异样的眼光看着他们，似乎在质问他们，为什么你们的教学水平总是提不上去？"

李世涛讲到激动处，已经有些许的哽咽，微微顿了顿，继续道：

"不是他们不想好,而是他们从根上就没有办法跟城区相比。可这一切又是怎么造成的呢?是我们的体制,是我们的体制将能否调进城区,作为衡量教师能力强弱的重要指标。我,李世涛,一个外来者,不属于任何派别,我只忠于我的党,我的国家,我的良心,恳请各位,认真地考虑一下我的建议。"

会场内沉默许久,最后还是王书记拍板,先试行一段时间,如果效果不佳或是影响到整个教育系统的稳定,那就及时叫停。

有了王书记的支持,其他几位市委常委也赶紧表示支持,孟昭关陷入孤立无援的境地。他不知道的是,为了打破铜江市教育局人事任用的"僵局",王书记早就认可了李世涛的提议。

李世涛此举惹恼了副局长刘成鑫。他的妻子王霜霜还在附近镇上的学校工作,李世涛的人事新政一宣布,彻底断了王霜霜的进城之路。

王霜霜将所有的怒火都发在了刘成鑫身上,说他当了这么多年的"副"局长也就罢了,连自己老婆想调到城里这么简单的要求都办不到,他还有什么用?

受挫不已的刘成鑫只能跑到老领导孟昭关那里去告状,试图借这位主管文教的副市长之手阻碍李世涛新政策的推行。

其实孟昭关的日子没有比刘成鑫好过到哪里。他也答应过好几人,将他们"优先"安排到市里来教学,眼下他无法完成当初信誓旦旦许下的承诺,自然是要急的。

不过对于孟昭关这个老江湖来说,早已想好了对策。他让刘成鑫一方面在脱贫攻坚的工作中继续发力,争取拿出骄人的成绩,提升在市委领导心中的分量;另外一方面可以在新政公示期间发动群众的力量。刘成鑫心领神会,不由佩服姜还是老的辣

于是,教育体制改革新政试行期间,李世涛到一所乡村中学去

调研,被一位老教师当众泼了洗脚水,这位老教师指责李世涛此举伤了他们这些乡村教师的心,老教师当众请辞,一时间成为当地热议的新闻。

一开始李世涛以为这只是个案,没有引起足够的重视,不料此事却越演越烈,接连有许多乡村教师联名写信给市委书记,若不废除人事新政,恢复原有的晋升机制,他们就集体辞职。

这些联名信惊动了市委领导班子,孟昭关趁机在会上煽风点火,猛烈地抨击李世涛推行的新政,暗示如果不及时调整,可能会出更大的乱子。教育关乎民生大事,市委领导不得不重新思考李世涛新政的可行性,王书记让李世涛尽快拿出应对方案,否则就要撤销新政。

正当李世涛陷入两难境地之时,张楠来给李世涛打气。他长在白果村,深知原来的晋升机制,对农村学生来说,是多么的不公平。张楠说,不能只听一种声音,家长与孩子的心声同样应该被重视。

张楠的打气越发坚定了李世涛改革的决心,冷静下来的他意识到,连日来教师情绪激昂,极有可能是有心人在背后推波助澜,但他不会让他们如愿。

16. 各显神通

白果村小学一直缺老师,卞筱悦的到来,让钟校长激动得好几个晚上都没睡好。

可他终究是担心卞筱悦这个从城里来的姑娘只是三分钟激情,找她谈了好几次话,卞筱悦给他的答案始终只有一句:"钟校长,诚然您担心我这个城里来的姑娘吃不了苦,但我也有我的优势,我没有任何生活上的压力和负担,我一人吃饱,全家不饿,所以我比起别的年轻老师,更具优势。因此,别的老师能做到什么程度,我也可以做到。"

白果村小学是一所五年制的小学,因为人数太少,实行混龄合班制,一共只有三个班。一二年级一个班,三四年级一个班,五年级一个班。

一二年级和三四年级都实行倒班的上课策略。老师会先上一年级的课程,二年级的也会在旁边听着,权当给他们复习了。待一年级上完之后,就安排他们到旁边的教室去自习,然后再给二年级的学生上课。三四年级亦然。

学校最缺的是英语老师。钟校长好不容易等来一个英语老师,担心庞大的工作量把她再给吓走了,贴心地安排卞筱悦专心上三四年级和五年级的英语课就好。

哪知卞筱悦却主动要求,除了英语课,还想兼任五年级的班主任和语文老师。

这可吓坏了张楠和钟校长,但两人劝说再三都无果,只得让卞筱悦试试看。

踌躇满志的卞筱悦没有料到,仅仅第一堂课,她就崩溃了。她的第一堂课是给五年级的学生上课,班上只有五个学生,三男两女。

想着以最快的时间了解这些孩子,所以卞筱悦的第一堂课便是让大家谈梦想。

卞筱悦自信地站在讲台上,在黑板上写了一行字:你的梦想是什么?

教室内,五个孩子早已端正地坐好,一个个眼神好奇地看着讲台上这位新老师。

五个孩子穿得都很朴素,脸上黑黑的,还有人挂着鼻涕。

卞筱悦面带微笑看着大家,和颜悦色地说:"今天我们不讲语文课上的内容,大家看一下黑板,今天你们来跟老师说说你们各自的梦想怎么样?"

卞筱悦说完,孩子们都把头埋得深深的,没有一个人主动说话。

卞筱悦无奈地拿起讲台上的点名册:"你们不说话,老师只好点名了啊,正好老师认识一下大家。"

卞筱悦一眼看到写在第一行的名字,"裴小明。"

裴小明应声紧张地站了起来,是个黑黑瘦瘦的小男孩,但是眼神透着光,很聪明的样子。

卞筱悦:"你来跟大家说一下你的梦想好吗?"

此时裴小明低垂着头,大家都看向他。

顿了许久,裴小明才轻声说了一句,"我的梦想是我妈妈没有死。"

裴小明此言一出，卞筱悦整个身子都僵在那里了，几乎是瞬间红了眼眶，一时间竟然不知道说什么好。

卞筱悦许久才反应过来，几乎是颤抖着说："小明，你先请坐。我再请一位同学来说自己的梦想好不好？恼桑乌。"

恼桑乌站起身来，也是很紧张。

卞筱悦："那你的梦想是什么呢？"

恼桑乌低垂着头，根本不敢去看卞筱悦的脸，说："希望我爸爸妈妈不要出去打工，在家里陪我。"

卞筱悦再度被打击，她不敢深问下去，连忙叫了下一位学生，试图找到一个可以谈论下去的答案。

那个叫张垚的男孩说："梦想是我爸妈不吵架。"

卞筱悦依旧无言以对，然后又叫了下一位。

这个叫王思齐的男孩说自己的梦想是快点长大。

卞筱悦如蒙大赦，似乎总算是找到一个可以聊下去的话题了，连忙问他长大以后呢？

王思齐毫不犹豫地回答，"领身份证。"

卞筱悦很好奇，笑着问："领身份证做什么啊？"

王思齐面红耳赤，有些不好意思地说："打工，赚钱。"

卞筱悦的笑容凝固在脸上，她实在不知道，接下来的话题该如何继续下去。好不容易捱到下课，卞筱悦逃也似的离开了教室。

晚上卞筱悦就跟张楠哭起了鼻子，觉得太难了。张楠好一阵安慰，告诉她，这里的孩子不喜欢学习的原因，其实就是因为没有目标。如果能够帮他们树立远大的理想，那么她的教学工作，就事半功倍了。

这让卞筱悦稍微好受了一点。她这才体会到支教一事，并非想象的那般容易,任重道远,有一条很漫长的路要走。

见李世涛的新政受阻,老谋深算的孟昭关并没有放松,他督促刘成鑫乘胜追击。

前期的成功让刘成鑫坚信扶贫的关键是钱,只要让老百姓的钱袋鼓起来就是最好的政绩。他一方面请地质开发团队进行锰矿开发调研,另一方面,在孟昭关的帮助下,相继约谈了他辖区内的企业家,将民办学校的办学资格进行"公开"竞价,并在孟昭关的授权下,对在和平村附近办厂的企业实施突击检查,但凡是发现有问题的企业纷纷被要求参与到扶贫工作中来。一系列的举措,让刘成鑫在短短的一个月内便筹集到100万的专项扶贫基金。

在村民大会上,刘成鑫高调宣布,除了市委市政府的硬性指标外,还会将募集来的100万专项扶贫基金全数用来施行三大惠民政策:修建村村通公路,家家户户地面硬化,对那些未达到精准扶贫标准但又确实困难的村民施行帮扶改造。

张楠一方面紧锣密鼓地帮李世涛就教师新政进行民意调查,另一方面,也积极落实扶贫工作中的乡村基础设施建设。

张楠在外出采买砂石的时候,凑巧遇到从派出所引咎辞职的连田发,得知他改行做起了砂石生意。

更为凑巧的是,张楠偶然听见刘成鑫叮嘱连田发扩大砂石产量,出了状况领导会帮忙兜底的话。

被撞了个正着的刘成鑫,紧张地向张楠解释,自己只是照顾老熟人生意,让张楠不要多想。

张楠不置可否,只是这一次与连田发的再度相遇,有一种物是人非的感觉。连田发提醒张楠,做人做事千万不要失了本心,自己已经折了,不希望再折一个。张楠说自己的本心从来没有变过,希望连田发也可以成为一个好商人。

连田发笑而不语,重重地拍了拍张楠的肩膀。

这一幕何其相似,张楠忽然想到,那天自己答应回宿舍删文之前,连田发也是这么拍了自己三下。以连田发对网络的了解,不会不知道那是他的权宜之计,所以,连田发是故意对自己放水?

念及此,张楠看向连田发,缓声道:"在上海的时候,你是故意放我回学校的?"

连田发闻声愣了愣,然后笑笑,没再说什么,转身离开。

张楠看着连田发离开的背影,忽然间觉得,很多时候,很难说一个人是好是坏,人性是复杂的,某些情况下人心会在灰色地带徘徊,挣扎,摆动。

刘成鑫在和平村的一系列高效举措,成了整个铜江市扶贫工作的典范。而张楠和李世涛这一边,因为村民的不配合,白果村才刚刚完成了贫困户的确立工作,扶贫进度严重滞后。在大会上,李世涛和张楠被作为落后的典型来批评。

时间一久,李世涛和张楠"务虚无能"的评价在白果村村民中流传开来了。

卞筱悦初来乍到,从小生活在城市,住惯楼房的她对这里的一切充满了好奇,对即将开启的新生活也充满了期待。

卞筱悦实在没有想到,四面漏风的稻草墙,地上用两块木板隔出来一个间隙便是所谓的厕所。她好不容易做好了心理建设,憋着气打算迅速解决,却没想到厕所里突然出现一只身上长满黑斑的猪,探出头来呆呆地看着她,还一步一步地向她走来。出于本能反应,卞筱悦尖叫着从厕所里跑了出来。

看着卞筱悦狼狈的样子,张楠心中五味杂陈,从小到大,她哪里吃过一点苦,哪里过过这种生活。

洗澡没有淋浴,夏天没有空调……让卞筱悦跟着自己在这里受苦,他真的不知道,她是否能坚持下去。

他明白,眼前的这个女孩为他付出了太多,但既然她选择了不顾一切地跑到这个对她来说完全陌生的环境,那他还有什么好顾虑的呢?

虽然生活中还有很多障碍等着自己去克服,但每天清晨起床,卞筱悦只要看到窗台外那束还带着露珠的野花,就觉得一切都是值得的。

虽然张楠没说,但这每天放在窗台上新鲜不重样的鲜花,不是张楠清早采摘给她的又会是谁呢。

除了鲜花,卞筱悦还能收到来自张楠不时给予的各种小惊喜,或是山上的原生野果,又或是山里的野生菌菇。

卞筱悦知道,张楠在很努力地成长,要长成值得依靠的参天楠木。他像是山间的珍宝,用最原始最真诚的方式付出着他的爱。

那些野花、野果、野生菌,承载着张楠的心意让卞筱悦的乡村生活,从无所适从,到开始适应。

爱情也给了张楠更好的工作动力,他设计了关于教师调任的调查问卷。统计结果显示,超过80%的老百姓反映,把乡村中小学教师往城里调任作为激励机制,对于乡村的教学质量影响甚大,更有人认为这是对乡村孩子的一种歧视。

张楠将调查所得的数据和乡村老百姓以及部分学生的请愿书交给李世涛。这些资料让那些对废除原有调任体制有诸多不满的官员干部闭上了嘴。

紧接着,李世涛又召集乡村教师代表展开会谈,发现许多教师还是愿意扎根在乡村教学的,毕竟和孩子们接触时间长了也有感情,只是迫于生活、家庭各方面的压力,不得不争取调到城里。

其中一个年轻的老师还说,自己待在山里,每个月拿两千多块钱的死工资,连老婆都讨不到。在他们看来,老师的福利待遇也好,孩子们的教育环境也好,村镇都应该跟市里的标准看齐。

李世涛及时将这一系列情况汇报给市委书记王启发,慷慨陈词,此前教师情绪愈演愈烈只怕是因为自己得罪了既得利益者。王启发闻言表示自己始终是他的坚实后盾,会大力支持新政继续推行。他让李世涛尽快拿出提高乡村教师福利待遇的方案,并且试推行城市教师与乡村教师轮换制,让今后铜江市教师的调任不再唯"城市"论。

李世涛对铜江教育体制做的革命性改革,让张楠动容。看着李世涛马不停蹄地奔走,张楠那一颗患得患失的心也渐渐坚定起来,希望能在扶贫工作中尽快有所建树。

刘成鑫和孟昭关无论如何也没有想到,这件看似如一个麻团的事,被李世涛和张楠如此轻易地就化解了。

刘成鑫认为是市委领导偏袒"外来和尚",孟昭关却让刘成鑫沉下心来,在精准脱贫工作上不妨步子迈得更大些,催促他加快和平村锰矿的开发。

驻村工作队在白果村开展第二阶段工作时,发现了新问题。村里还有许多家庭的生活十分困难,但因为不符合扶贫标准而得不到国家低保补贴,例如裴家院子的裴勇志一家。他们很勤劳,除了种好自己的地,还承包别家不耕种的地,农闲之时还去城里的工地上打些零工,一家人靠着自己的双手建了一栋楼房,但楼房刚刚盖完,裴勇志刚满二十五岁的儿子得癌症去世了,裴勇志之前带着儿子四处奔走治病,欠下一屁股债,生活难以为继。

见此情形,张楠思虑良久之后主动去找李世涛。二人彻夜长谈,一致认为这样的家庭可能比贫困户更需帮助。

勤劳的家庭即便日出而作,日落而息,却仅能维持家里日常的开支,而有些天天在家里好吃懒做的人因为不思进取反而拿到专项帮扶资金。

这些消极的情绪和观念一旦在村里流传开来,会对他们的扶贫工作带来更大的阻碍。扶贫要扶志,不仅要扶那些贫困户的志,对非贫困户的志气也是要保护的,而这,也是他们"精神文化脱贫"的重要组成部分。

两人商量下来,决定对那些达不到贫困户帮扶标准,但又确实困难的人,采取"补短板"的方式进行帮扶。

李世涛第一时间找了教育局的财务处长,问他能否解决这个资金问题,而财务处长给他的答案却是没有这部分预算,也没有办法从别的口子挪用资金。

不死心的李世涛又找了上级领导,但给的答复却是一样的,扶贫资金都是专款专用,再无多余的钱用来补短板。

为了筹措扶贫款项,李世涛第一时间让李涵帮自己联系当地效益好的企业老板,以他个人的名义宴请他们,宴请地点有些特别——白果村小学的学校食堂,时间则定在中午。

来参加此番宴会的是八位当地有名的企业家,从事房产开发、茶叶、矿产、零售等行业。

令人感到意外的是,连田发这个老公安、新晋企业家居然主动要求参加,李世涛自然不会拒绝,只是此番重逢,彼此已经完全是不同的身份和立场了。

吃饭时李世涛什么都没说，只是在开席前向大家介绍了一下张楠和卞筱悦，介绍的重点是自己如何将张楠从上海的一家大企业手里挖回来，而卞筱悦又是如何放弃上海的优越生活来到白果村支教。

而所谓的宴请，也显得很接地气，全都是白果村原产的猪肉、鸡肉、蔬菜等烹制的农家菜，却让各位企业家赞不绝口，声称找到了儿时的味道。

张楠猜到李世涛找这些人是要化缘，但却着急他席间怎么什么都没说。午餐之后李世涛带着各位企业家参观了白果村老百姓的居住环境，参观白果村小学，最后来到那个只有七个学生的一二年级教室。

两个穿着不合身衣服的小女生加五个黑黑小小的男孩子，怯生生地看着众人。

李世涛问他们的父母在哪里，大家一致回答出去打工了。

然后李世涛问他们想不想爸爸妈妈。其中一个看起来有些调皮的小男孩强装一副满不在乎的表情说自己"不想"，哪知其中一个小姑娘却在他说完之后小声地回答"想"。

这微不可闻的一个"想"字犹如尖刺，戳破了孩子们拙劣的伪装，教室里面安静了数秒后，七个孩子同时哭了出来。那个一开始说不想的男孩可能觉得被这么多人看着有些害臊，一边哭一边还推搡了一下方才说想的小姑娘，指责她乱说话。

这一幕，让在场的所有人都红了眼眶，大家一言不发地走出教室。几个企业家相互传递了几个眼神，然后纷纷提出告辞，张楠以为李世涛的计划失败了，没想到连田发却突然当着大家的面，提出捐助十万元作为帮扶的款项。

其他几人见状,不好意思再装傻,也都一一表态,各捐了十万出来。

张楠暗暗感激连田发,并对人性中的"善"也有了更多的信心。筹款很快到位,却有一百万。张楠好奇,多出来的那二十万从何而来,李世涛不愿多谈,含糊地说是从家乡那边的企业募集的,他嘱咐张楠妥善用好这一百万,将其用在实处。

当下张楠也没有多想,除了协助镇政府正常推进对贫困户进行"五改三建",即改厕、改水、改圈、改厨、改路和建园、建池、建家之外,还拿出了筹措到的资金对需要补短板的家庭进行适当补助,终于得到老百姓的支持和肯定。

张楠趁热打铁,再度推行自己的"精神文化扶贫",职业技能培训班正式开课,得到零星几个村民的响应。虽然人少,但总算是迈出了第一步,让驻村工作队稍感安慰。

17. 举贤不避亲

按照上级文件精神,新农村的改造工程需要公开招标,但村民们却意外地团结起来,一致推举由村支书张志华来牵头,理由是他会用当地人,知根知底的不会偷工减料。

镇政府也觉得这样还能解决贫困户的就业问题,是个创收的好机会,也同意了这一提议,但以张楠对叔父的了解,此事只怕没有这么简单。

此事由李涵负责,他觉得需要征求一下张楠的意见。

张楠不想回答。

李涵自然不会放过。

张楠只得说:"我很了解我叔,他是个无利不起早的人,如果大家决定跟他合作,请务必签好合同,严格监工。"

刘曼青第一个响应,说财务和法务都是自己负责,自己在教育局待了这么多年,经手这么多经费,是出了名的鬼见愁,让张楠尽管放宽心。

耿一鸣认为,张志华这人心思很活络,项目交给他,其实也不错,这么大的工程,就得有个聪明一点的人来负责。

林青青也劝张楠无须担忧,毕竟这么多人监工,问题不会太大。

向来谨慎的张楠还是不放心,特地找了叔父谈话,希望他这次可以少些盘算,严格把控工程质量,不要走险路。叔父拍着胸脯保证不会,最后定下来的具体施工队伍也确实跟他毫无关系,施工队还答应80%的工人都用当地人。直到这时,张楠才放下心来。

但张楠不知道的是,他才找过张志华,紧接着张志华就被刘成鑫召唤去了。刘成鑫一见面就给张志华提出了极其优渥的条件,若是张志华能为自己所用,他不仅能接到白果村的活,自己还会将和平村搬迁移民村的建设工程全部都包干给他。

这对张志华来说无疑是个巨大的诱惑,但他此前曾经与刘成鑫打过几次交道,知道这个人肯定是在动什么别的心思,所以也没有立即答应。

白果村的村民们此刻是欢欣鼓舞的。在政府的专项资金扶持下,白果村开始热火朝天地搞建设,建柏油路,改危房,建猪圈,建蓄水池等,一系列利民的举措纷纷开展起来。

白果村是张楠的出生地,他知道白果村最大的问题除了没有平地,还有就是由于喀斯特地貌导致的极度缺水,地表水都渗进暗河里了,所以几乎每年盛夏都会大旱,别说是灌溉农田了,有时候连人都喝不上一口水。他印象中最深刻的就是小时候要跟随母亲到十里外的水库去洗衣服、挑水,时常有人为了争夺井里的一点儿水而打得头破血流。

因为这里的自然环境确实不适合居住,原本镇政府和驻村干部考虑过,效仿和平村将该地的村民进行整体搬迁。但是村里的老百姓不管过得有多艰难,都不愿搬走,宁愿穷死也要守在这片生养他们的土地上。

尤其是村中心那棵白果树,被村民奉为庇护神,他们无论走得多远,死之前都要回到这大树下。因而白果村有一个流传已久的习俗,亲人去世后,要在棺材里面放几片白果树叶,这样逝去的人才能安息。

张楠和一众驻村干部多番劝说,村民依旧不肯搬迁,无奈之下,镇政府和扶贫干部只得下定决心在原地进行改建。除了硬件设施的建设,张楠提出,第一要务就是找到水源,否则白果村的脱贫终究只能是个口号。

与此同时,卞筱悦的到来,为李世涛和张楠主抓的精神文化脱贫助力不少。她不仅每天陪年幼的学生走山路上学、放学,还主动承担起调研白果村适龄人员失学现状的工作。

张楠先找水源的提议得到了李世涛的支持,他从市里请来专门研究水利的李友恒,帮助张楠一起解决白果村的用水问题。此时距离每年会发生大旱的九月已经不到两个月,李友恒带着地质队在村里寻了许久,找到了六个可能有水的地点,但由于当地是典型的喀斯特地貌,地下全是石头,导致机器一直打不进去,折了十根钻杆也未见半点水花。

这可急坏了张楠,选的六个点,只剩下最后一个点没有尝试了。最后一个点位于村子尽头的大石头下,大家都习惯性地称那块大石头为观音石,多年来已经成为大家祭拜先祖的地方,是当地人心中的圣地,所以不到万不得已决不能动那里。

张志华迟迟不给自己答复,一心想要战胜李世涛的刘成鑫有些心急了。他认为张志华未能就范是给的条件不够,或许自己应该先想办法找到他的软肋。

刘成鑫最近的日子很不好过,妻子调工作的事情被李世涛的人事新政给永远搁置了,而他远在英国留学的女儿又不断地向家里要生活费,刘成鑫每次都是拆东墙补西墙地挤一点钱出来。长此以往，免不了时不时被妻子念叨他一顿"没用"。

刘成鑫在工作单位升迁艰难，在家里又时常受到妻子的轻慢，感到痛苦至极。

见到刘成鑫为钱发愁，孟昭关暗示他，可以考虑以别人的名义入股当地的一家房地产公司。刘成鑫思来想去都觉得太过危险，最终还是决定放弃。

刘成鑫不过是和堂弟刘嘉琦随口提了一次，哪知听者有心，刘嘉琦找到孟昭关，假意说是刘成鑫的意思，他想以自己的名义入股。

孟昭关也乐得成全，便利用职务之便，让刘嘉琦入股的公司承接和平村移民新村的建设工程。

刘嘉琦担心自己的阳奉阴违会被刘成鑫发现，所以主动承担起拉拢张志华的工作。

刘成鑫也没有在意，就让他去办了。

刘嘉琦显然比刘成鑫更有手段，他将工程承包给张志华。张志华根本就没有警觉，带着白果村的村民热火朝天地干起了建筑。

起先张志华还以为刘嘉琦是好心，但工程款到账后，他发现，比应收款多了十万元。

张志华直觉这里面有问题，本想将这钱还回去，没有料到刘嘉琦却说这十万元是买张志华入伙的，如果张志华不愿帮自己的堂兄刘成鑫，那自己就会检举揭发他贪污受贿，这十万元就是证据。

张志华无奈，不得不答应刘嘉琦的条件。他直接去找刘成鑫，问他到底要自己做什么，刘成鑫却语焉不详，这让张志华惴惴不安起来。

刘成鑫隐隐觉得刘嘉琦跟孟副市长走得有些近，他多次提醒孟昭关,刘嘉琦做事没有那么踏实,可孟昭关却让他别多想,声称:"举贤不避亲。"

孟昭关虽然轻轻揭过此事,可刘成鑫心里,却搁了一个小石头。

18. 往事并不如烟

　　张楠发现张志华这些日子的异样,还没来得及关心,也没有来得及召开村民大会商讨能否在观音石下钻井,白果村又出事了。

　　今年的旱天来得比往年任何一年都早,这才八月初,村里的水井早早地就旱了,连村民喝水都快供应不上了。为了能喝上一口水,有村民凌晨三点就蹲守在水井边。

　　水井开凿在半山腰上,夜深时分上山担水是一件极其危险的事情,也就是有年轻壮劳动力的家庭才会选择晚上去担水。

　　张楠对于这样的情景十分熟悉,他整个童年记忆最深刻的就是去水井边守水了。母亲当年就是在担水的问题上出了事儿,他万万没有想到,18年后的今天,他心底最不愿回忆的往事竟会重新上演,而且这件事情还是发生在自己亲姑妈身上。

　　事发前,张楠才跟负责地质钻探的李友恒讨论完如何能在观音石的位置开采出水又无须动观音石的方案。李友恒提出出水口应该就在观音石下方的一丘田里,因为通过他这段时间的观察,在四处都已经干旱的情况下,这块田里却还能保持较为充足的水量。那就说明这田本身是有水出来的,只是需要将这块田的出水口找出来。

　　张楠认认真真看了一遍种满了稻谷的田,便告诉李友恒靠近观音石那个位置肯定就是出水口。因为小时候常听父辈说,出水的地方温度比较低,那里的水稻一定长不好。比对现实,恰好最靠近观音石的地方有一小圈水稻比别处都要矮上许多,而且叶子泛着黄。

李友恒第一时间跟钻探队的人下田摸底,竟然真的找到了水源,而且他们探了探,下面出现石头的可能性不大,是打井的绝佳之处。李友恒让张楠赶紧联系田的主人,征得他的同意之后就能开工了。

可这一次,张楠却有些犹豫,他面上答应李友恒会立即落实,查查是哪家的稻田,但其实他心中早就清楚这是谁家的,只是他不敢面对罢了。

张楠打算重新寻找一处水源,不到万不得已,他不想碰观音石旁边的那块田。

张楠知道,留给自己的时间并不多,解决白果村用水问题,已经迫在眉睫。

大家种的车厘子树因为缺水,已经死了不少。村民都慌了,尤其是徐长富,作为公司的负责人,如同热锅上的蚂蚁。林青青无奈,只得领着公司的人每天到很远的地方去打水。

但天干物燥,每天花四五个小时,也不过能打到二十来桶水,根本来不及灌溉这么多树苗。

就在张楠满山转悠寻找水源时,李涵神色慌张地赶来告知,他的姑母张发英出事了。因为抢水与人发生冲突,张发英将同村的裴秀春一扁担打得滚到山下,对方恐怕受了重伤,已经被送往市里的医院抢救了。

张楠赶到现场时,姑妈脸色苍白地坐在水井边,望着歪倒的水桶发呆。水桶里浅浅的水面上居然还有牛粪,这在如此缺水的时节实在是不应该的。

张楠蹲在姑母身前,轻声问她到底发生了什么事。他了解自己的姑母,是那种善良得连鸡都不敢杀的人,怎么会出手这么狠。

姑母没有跟张楠说到底发生了什么事情,只是拉着张楠的一双手失魂落魄地反复念叨:"儿啊,你都出去了为什么还要回来?这里就不是人待的地方,能走就走吧,你家里的事儿,我会帮衬着的。"

张楠听得十分难受,险些就要当场落下泪来,此时派出所的人也赶到了,张楠这才弄清楚事情原委。原来姑妈来井边守水,裴秀春却是先来的,但她并没有守在井边,而是将水桶藏在水井旁的草丛里,自己放牛去了。姑妈根本就没有看见她事先放着的水桶,见井里出水了,自然就舀进了自己的水桶里。

结果她刚刚舀满准备回家时,裴秀春赶来了,说姑母抢了她的水,让姑母把水还她。姑母根本不知道前因,而且自己也是守了好一会儿才凑满一挑,如何愿意将水给她。

裴秀春觉得自己占理,但又无法说服姑母,索性一不做二不休,抓起地里的牛粪就往姑母水桶里扔。

缺水的白果村水贵于油,姑母一怒之下抢起扁担,不慎将裴秀春打到山下。

随后,姑母对于检察院的指控供认不讳。好在裴秀春除了破相,再没有其他的损伤。赔了一些钱之后,姑母因故意伤人罪被判处两年有期徒刑。

姑母那个抱养来的女儿还在上小学,不过一夕之间,女孩便跟当年的张楠一样,变成了没有母亲在身边照顾的孩子。

张楠痛苦万分,几天都无法缓过劲儿来。好在身边有卞筱悦悉心开导,鼓励他既然已经回来了,那么就想办法彻底解决这个问题,否则还会有更多的孩子遭遇跟他当年一样的不幸。

一语惊醒梦中人,张楠意识到自己再也不能逃避他一直以来都不想去面对的人和事,他甚至认为是自己亲手将姑母送进了监狱。

他这般说法可把卞筱悦给吓坏了。追问之下,张楠告诉大家,钻探队已经找到水源,但是那块田的主人裴景春跟自己家有太多恩怨瓜葛,因此他不想面对。

当年张楠的母亲之所以入狱,起因就是跟裴景春的妻子抢夺水源灌溉农田。两人谁也不相让,从激烈地争吵演变成了拳脚相交,最后双双落入水田里,在水田里继续厮打。不料裴景春的妻子常年有肺病,此番揪斗在田里被灌进了不少泥水,当场闭过气去,当天送医院就死在了手术室里。

就此,张楠的母亲背上了故意杀人的罪名,一审被判处死刑,缓期半年执行。那一年张楠只有六岁,他眼睁睁看着检察院和派出所的人将母亲从他面前带走,他却什么也做不了,只能一直追着警车跑。从那以后,村里所有的小孩见到他都躲得远远的,不躲的就当面骂他是杀人犯的儿子。

六岁时的张楠还不明白死缓到底意味着什么,只知道那段时间父亲颓丧地四处奔走,然后就是不断带着他和哥哥进出法院、检察院,对各种各样的人低头哈腰,哭诉苦求。

这种情况一直延续了半年之久,直到奶奶来家里照顾他跟哥哥之后方才结束。奶奶来了一个月之后,不知从哪儿传出消息,说母亲要被枪毙了,第二天就在附近的刑场执行。

张楠记得很清楚,那天是镇上赶集的日子。以往执行枪决也会选这样的日子,因为赶集的时候人多,四村八邻都会在这一天聚到镇上来,如果有枪决,定会引来众多围观者,可以起到很好的威慑犯罪的作用。

听闻消息,父亲慌了神,只有奶奶那天显得尤为镇定。她嘱咐父亲和张楠兄弟都换一身干净的衣服，她自己也难得地穿上了只有逢年过节时才穿的盛装，备上冥币，领着一家人早早地等候在了刑场的警戒线外。她还交代张楠和哥哥，一会儿枪声响的时候，他们就跪下，对着刑台磕头。

当奶奶说完这句话之后，张楠才意识到自己可能要永远失去母亲了，"哇"的一声哭了出来，怎么说也不听。

直到后来行刑完张楠才知道，那天行刑的根本不是他的母亲，而是另有其人。虽是虚惊一场，但那阵子一家人过着每天都提心吊胆的日子，直到二审结束。因为有了新的供词证明事发当日是张楠的母亲先到的水源处，由此证明她并非是原始过错的一方，而且医院提供了病历证明死者常年有肺病这才导致身亡，法院结合现实情况，才给张楠的母亲改判成了无期徒刑。

张楠的父亲为了母亲的官司欠下一大笔债，为了还债也为了养活两个儿子，他不得不继续外出打工。从那以后，张楠变成了没有父母陪在身边的孩子，他与父母所有的沟通都是通过书信来完成的，这才练就了他后来的文笔。

张楠跟着奶奶长大，他考上了大学，成为村里的第一个大学生。眼看着自己只有一年就大学毕业了，母亲也正好刑满回家，张楠以为好日子要开始了，奶奶却在母亲回家后的一个月去世了。临终前，她抓着张楠母亲的手释然地说："这个家我帮你守住了，往后的日子就交给你了。"

奶奶的离世，加上年少时家中的多番变故，让张楠对这个村子失望透顶，他当时就暗暗发誓，绝对不会再回来。谁能料到命运弄人，他最终还是回到了这里，并且再一次经历惨剧的发生。

卞筱悦多少了解一些张楠家的过去，但这一次却是如此清晰地了解了整个过程，这才知道张楠的心有多苦。她更加心疼起眼前的这个大男孩来。

　　李世涛回想起与张楠第一次见面的时候,张楠跟他说,自己只想体面地活着、有尊严地活着,原来他是不想再为争一口水喝而如动物一般丧失理智,打得你死我活。他终于明白,张楠当初为何如此决绝地不想回来。

　　得知李世涛扶贫的村子发生这么大的事情,刘成鑫别提有多高兴。但他在和平村开发锰矿的事情也遇到了麻烦,矿藏就在和平村的山上,可山上一些散居的村民却当起了"钉子户"。

　　刘成鑫几番去这些村民家里做思想工作,但这些村民就是不愿搬迁。为了达成目的,他让人假装成拆迁队直接砸了人家的破房子,导致村民无家可归被迫搬迁。他还煽动其他村民去威胁这些人家,如果出去乱说话,以后都别想政府再管他们。几番敲打后,那几户被迫搬迁的人家见有新房子住,也就没有再说什么了。

　　白果村里,李世涛让李涵出面说服裴景春,征用他们家的田钻井采水。

　　奈何无论是李涵自己出面,还是找村支书张志华,甚至连镇政府的领导都惊动了,裴景春就是不同意让出自己的田,给多少钱也不愿意。他的说法是自己的两个女儿都嫁人了,大儿子前些年也得了肺病去世了,如今就剩下他这么一个孤寡老人,两个女儿不算孝顺,一年也不会来看他一回,他不用顾女儿,所以也用不着那么多钱。

　　尤其是当他听说如果当地无法脱贫,通不过国检,就无法向上级政府交差时,他更加来劲了,无论谁说什么,他就是不让。如果想要强行开工,他就整个人躺田里去,嚷嚷着让工程队的人连他也一起给钻了。

面对裴景春的无理取闹,所有人都拿他没辙。这时候,李世涛一改平时的儒雅,怒斥裴景春的自私,迁怒般地说,如果他不答应钻井,那自己就强制令白果村进行整体搬迁。李世涛从未对白果村的村民发过火,这般作态将大家都唬住了。村民们没有办法,只得纷纷到白果树下祈祷,试图唤醒树神来说服裴景春。

张楠明白,裴景春并不是无理取闹,而是冲着他来的,于是主动向驻村队保证,这件事情由自己去解决。

大家都担心出事儿,但张楠有自己的坚持:既然自己担起了扶贫工作,而且政府给了大家这么好的福利政策,他不能让国家的苦心在自己和裴景春身上付诸东流,所以他决定独自去面对裴景春。

不出所料,裴景春见到张楠情绪十分激动,连家门都不让他进。张楠早有心理准备,就站在他们家的院子边上开始说当年的事情,忍不住感慨,当年若是有一口井,也不至于发生后来的事情,虽然自己的母亲回家了,但是这么多年自己是怎么过来的他也清楚,活着可能比死更痛苦。

没想到这句话,直接激怒了裴景春,他操起扁担就要打张楠。只是他万万没有想到,张楠竟然不避不躲,肩膀上生生受了他一扁担,当场就跪倒在他的面前。

裴景春也被吓到了,只听得张楠真诚地说,如果这样能够泄他心头之愤,那就再来一扁担。

裴景春到底还是个心善的,哪里还打得下手,赶紧叫人来将他送到医院去。这可把卞筱悦他们给吓坏了,当即就要打电话叫派出所把裴景春给抓起来。最终还是张楠挣扎着起来拦住了他们,这才作罢。

张楠本想让大家瞒着自己的父母，尤其是母亲，哪知事发后的第三天，母亲便听说了此事，立刻就赶回了白果村。

张楠听闻此消息再也不想在医院多待一分钟，他不敢想当一个母亲知道自己的孩子被伤害后，会做出什么样的事情来。他顾不得肩膀上的伤就赶回了白果村。

但是当他赶到的那一刻，却发现受了这么多委屈的母亲竟然跪在裴景春家的院子里，声嘶力竭地向裴景春道歉，道曾经的错是自己犯下的，"你别跟我儿子过不去，别跟全村人过不去，你来，你现在就打死我，也算是一命抵一命了"。

裴景春也真的从家里拿出了一根挑柴的千担，两头是铁制的尖角。

见此情形，张楠哪还能站着，奔过去护在母亲面前，他第一反应是不能再让母亲受罪。

李世涛带着派出所的人及时赶到了，正想命人上前去将裴景春擒住，却被张楠和他的母亲阻止了。张楠说，这是他们的家事，让他们自己一次性解决了，不能耽误全村人，他们要守住白果村的白果树，守住白果村的根。

与张楠母子对视了半天，临了，裴景春也没能下得了手，最终将千担狠狠地扎进了地里。

裴景春转身回家的那一刻，所有人都松了一口气。望着深深扎进地里的千担，张楠意识到，或许裴景春心底也没有那么恨，只是心里的那道坎，他还过不去。

19. 疗　　愈

　　裴景春始终没有松口。眼见着干旱越来越严重,白果村的村民主动提出,实在不行就迁村,只有一个要求——将白果树也一起搬走。

　　可李世涛请来的专家经过反复勘测,得出的结论就是如果迁移,白果树必死无疑,而且这颗白果树已经有数百年,属于国家一级保护植物,不能冒险。

　　就在众人一筹莫展时,张楠默默地开始了自己的攻坚战。他每天都会去裴景春家报到,当裴景春不再赶自己走的时候,他就知道也许他能劝动裴景春。从此,裴景春身后,多了一个默默帮忙的身影。裴景春担柴,他就帮着担柴;裴景春锄地,他就帮着锄地。

　　起初跟随的脚步还只是停留在家门以外的地方,见裴景春对自己没有那么排斥了,张楠甚至尝试着进入他的家门,帮他做饭,帮他打扫卫生。

　　一天,张楠走进裴景春家里,打扫屋子后,他仔仔细细地擦拭着裴景春妻子和儿子的遗像,擦完后他跪在遗像下喃喃自语,请求他们的原谅,希望裴景春可以开始新的生活。

　　走进屋子,看到眼前的一幕,裴景春纵是铁打的心也被融化了,他默默转身出屋,照例又看到同村人为争水而吵得面红耳赤。这一天,在张楠照例到他家帮忙洗衣服的时候,裴景春终于夺过了他手里的衣服,恶声恶气地问张楠,不去田里钻水井,天天赖在他这里干什么?

张楠愣了半天才反应过来,问裴景春有什么条件,裴景春却什么都不要,只要出水。

张楠冲着裴景春深深地鞠了一躬,欢喜地跑去通知李友恒可以施工了。

李友恒带领的团队从裴景春家的田里顺利钻出了汩汩的流水,水出来的那一天,村民们将第一桶水,浇在了白果树下,夜晚聚在白果树下举行篝火晚会,唱起了侗族大歌,跳起了土家族的摆手舞,好不欢畅。

众人欢腾时,张楠却默默找到了裴景春,表示往后他便是他的儿子,有什么事儿吩咐他就行。

裴景春没说什么,以为张楠是因为解决水源的问题故意讨好自己罢了。哪知张楠从此天天来自己家,甚至带着女朋友一起来照顾自己的生活。

这一次,裴景春是彻底感动了,对张楠露出了难得的笑容,而张楠,也解开了十几年的心结。

心情愉悦的张楠发现,卞筱悦最近的情绪有些不对,问她,她却什么都不肯说。

卞筱悦不想告诉张楠,自己始终无法适应这里的生活,怕他觉得自己娇气。可是,这里所谓的沐浴,不过是拿着一个大点儿水桶,外加一把瓢舀着水往身上浇。学校寝室里每晚都能遇见老鼠和蟑螂这样的事情在当地人看来再平常不过了,但卞筱悦却经常吓得不敢闭眼睡觉。

好在张楠足够细心,很快明白了问题的症结所在。在忙完头疼的事情之后,每天晚上都会帮卞筱悦检查一遍寝室,看看是否有老鼠蟑螂。

可是防不胜防，一天清晨卞筱悦醒来的时候发现蚊帐上盘着一卷蛇，吓得她夺门而出。一早来学校上课的五年级学生裴小明得知了原委，转身就叫来自己的父亲裴建国徒手就将蛇给抓走了。临了，裴建国还扬了扬手中的蛇，感谢卞筱悦给自己创收，卞筱悦再一次被吓得连连后退，惹得孩子们哈哈大笑。

尽管生活中状况不断，卞筱悦工作上可一点没有放松，对于适龄人员失学情况的调查很快完成。不查不知道，小小的一个白果村，竟然有54名失学儿童，最小的不过八岁，最大的也就十五岁。但凡是超过十二岁、有点儿劳动力的孩子，都被父母带出去打工了。

家长的认知偏差是造成孩子辍学的根本原因。虽然大家都知道上学很好，但是没有给孩子树立明确的目标，一旦孩子学习成绩不好家长就将责任全部归咎在学生自己和学校身上，完全没有帮助孩子学习成长的自觉。放学以后也会先让孩子干完农活再说，如果读不好书，就索性放弃学习，带着出去打工赚钱。

卞筱悦也在张楠的陪同下做过几次家访，但家长丝毫没有觉得这是个问题。在他们看来，读书出来最好的也就张楠这样了，但还是得会农活啊，张楠小时候也是干农活的一把好手。

至于那些已经出去打工的孩子，父母根本就不同意再让他们回来上学，认为已经能赚钱了为什么还要上学，上学不就是为了赚钱吗？

村民们一系列的问题不仅难住了卞筱悦，也难住了整个扶贫队。让农村的家长明白知识改变命运的道理以及重要性，是他们需要解决的问题，但究竟该怎么做，却尚未得其法。

因为扶贫的各类工程,吸引了很多外出打工的人回来赚钱。但是针对成年人的职业辅导班,效果也不理想。

尤其是请老师来辅导大家进行自主创业时,村民的文化意识问题便暴露得更加彻底了。老师讲了半天,例举了数种创业思路让大家讨论,村民们得出的一致结论却是干什么都不如直接发钱。以给钱养猪为例,费时费力不说,养得多了不知道卖给谁,养得少了也挣不了什么钱。

大家研究下来,白果村多山地,根本就不适合大面积种植农作物,因为机器根本就无法在这里作业,单纯靠人力跟以往也没有多大区别,即便现在解决了水源问题,但是壮年村民都已经习惯外出打工,每个月拿着几千块钱工资,谁都不愿意再回来务农。

这更让李世涛和张楠坚定了"精神文化脱贫"的决心,但是此前的策略还有问题,需要调整。可是,旧的问题没有解决,新的问题接踵而至。

经过数月的努力,在村支两委、第一书记带领的驻村工作队和乡镇领导的共同努力下,白果村的五改三建工程得以有序推进,家家户户的厨房、厕所、房前屋后都修整一新。但白果村的干净整洁也就维持了几天而已,村民习惯性地将厨余垃圾往家门口倒,或者是随手倒进沟里。恰逢盛夏时节,不过几天工夫,村里又到处都是乱飞的苍蝇。

再加上随地吐痰、在墙上乱涂乱画等陋习,使得此前大家共同努力达成的新农村建设效果大打折扣。

李涵深深感到了自己的无能为力,有些丧气。张楠却认为没有什么习惯是无法改变的,只是看你对这个东西在不在意,就像自己在老家时一直吃辣,大学加研究生的几年时间,让他完全适应了上海菜的清淡,导致自己现在回家反而有些无法适应了。他反问李涵，你不是也出生在农村，那你的那些陋习呢？不是早就改掉了？

张楠专门针对这些问题召开了专题会议，告诉大家平时要讲究卫生，并且请专业人士来教大家进行垃圾的分类，然后由专门的人来负责集中处理垃圾。

村民有些不以为然，表示这么多年一直是这样的习惯，改不了，也没必要改。张楠听不下去了，第一次在全体大会上尖锐地指出，国家为什么要扶贫，是因为想让大家过得有尊严，活得体面。过去我们不敢出国，是因为担心外国人嘲笑我们土，我们穷，这些年国家经济得以发展，可我们的观念却没有跟上去，在景区乱涂乱画，随地吐痰等现象屡见不鲜，外国人因为这些不好的习惯看不起我们，而国内则是城里人看不起咱们这些不讲究的农民。说到底是我们自己令自己活得没有尊严。尊严不是别人给的，而是自己争取来的。哪天我们不再羡慕城里人了，才说明我们找回自己的尊严了。

张楠的一席话，说得大家都低下了头去。刚开始的几天，大家还愿意配合，但是时间一长，就又回到原来的习惯里面去了：早上起来不叠被子，用过的碗筷不及时洗，家里堆得乱七八糟，垃圾乱扔……

扶贫队的刘曼青和李涵都觉得张楠是在做无用功，习惯这个东西真的是太难改变了，尤其是那些上了年纪的人，这么多年都是这么过来的，一时间肯定无法适应。

可张楠却不信这个邪，决定换个思路，让孩子来影响大人。卞筱悦寓教于乐的教学方式，深受孩子们的喜爱，他便联合卞筱悦，首先教会孩子们改变习惯，而且让孩子们监督自己的家长，如果哪家做得好，孩子回到学校就会获得老师的奖励和表扬，如此一来大大地提高了孩子们的参与热情。

大人一开始只是觉得好玩,尤其是老人,他们向来宠爱孩子,由孩子提出来的要求他们会格外认真,慢慢地,那些家里有孩子的老人竟然是最先改变的。

老人们发现新习惯确确实实改变了自己居住的环境,苍蝇也变少了。他们开玩笑说再这么下去,就快赶上城里人的生活了,马上有人更正,说比城里住着还舒服,因为空气好,院子大。

老人们尝到了甜头,就自觉地遵守各种公约。首战告捷,张楠出场了,他及时发动老人们开展监督工作,对于那些积极性高的村民,则买些小鸡仔、小鸭子来感谢他们,既促进了村风村俗建设,又鼓励大家多多自力更生。

老人是最得闲也是最起劲管事的一群人,抓住年轻人有不文明现象,可是一点儿都不客气,直说得人不好意思抬头为止。一段时间后,村里的环境得到了明显的改善。

卞筱悦又有了新的想法,她建议在墙上画一些符合当地文化的画,比如侗族、苗族、土家族的图腾,又或者是展现当地人心中很有分量的傩文化。

可请谁来画,却成了一个问题。

耿一鸣惯来是个心思灵活的,笑着说咱们教育系统里面有这么多美术老师,何愁没人画画?

一语点醒大家,大家催着耿一鸣向局里打报告。李世涛觉得这个模式可以在全市推广,需要的村镇向教育局申请,然后教育局统一调配美术老师。

一时间,铜江市的美术老师一到周末,便下乡去画画,一幅幅作品出现在农家的墙上,或谈孝义,或演家国,成了村里别样的风景。

此时，刘成鑫那边的移民村建设工作取得了显著的成果，移民村落成，羡煞了周围的许多村民，而刘成鑫在孟昭关的推举下也在市里成了扶贫典型。

当王书记语重心长地拍着李世涛的肩膀，希望他尽快拿出让白果村脱贫的方案时，张楠觉得很是对不起这位对自己委以重托的领导。

李世涛却肯定了张楠前期的工作，村风村俗的改变，是他们"精神文化脱贫"迈出的第一步，这个影响是深远的，至于经济脱贫，只要条件成熟了，自然就水到渠成了。

饶是如此，张楠还是在苦思着如何尽快让村民的口袋鼓起来。从家长们不愿已经打工的孩子复学就能看出，大家还是看重眼前的经济利益，这样的观念短时间内是无法改变的，只有切实解决了大家的收入问题，他们的精神文化脱贫工作才能得以顺利推进。

卞筱悦脑子灵活，作为一个外来者，她能跳出习以为常的圈子，从而在创收的事情上，为张楠出了不少点子。而张楠又是那种执行力特别强的人，每次卞筱悦一说完，张楠不到两天就能完成具体执行工作，两人打配合，为村民增加了不少收入。

例如，张楠和卞筱悦一起去看望裴景春，卞筱悦发现裴景春手工制作的傩戏面具十分精致，便提醒张楠，这种几乎要失传的手工艺品，要是在上海一定能卖很好的价格，可以挂到网上试着卖卖看。

说干就干，张楠听了马上熬通宵把设计图、文案做好，然后开始尝试网上销售。许多研究民俗文化的人对此非常感兴趣，挂出的几个面具一下子就卖完了。两人可以确定，这是一个商机。

于是，张楠和卞筱悦决定借鉴故宫衍生产品的商业模式，从傩文化中发掘品牌价值，组织村民制作一些成本比较小的特色文创产品，诸如书签、本子之类，通过市教育局打开渠道后，深受学生们喜欢,让白果村有了第一个小产业;同时,张楠还走访了当地的一些旅游景点,联系景点的纪念品商店寄售裴景春的手工面具,大受欢迎,一时间出现了供不应求的情况。

这让裴景春感慨万千,他以为自己的这门手艺早就没了市场,会被自己带进棺材里,如今被卞筱悦和张楠发掘出来不仅获得社会认可,还给自己创收不少。他在村民大会上特意感谢了驻村工作队,让自己的这门手艺有人赏识。他告诉大家,不过短短几月,自己在家里不用风吹日晒就挣了几千块钱,他让大家不要再抱着懒汉思想,等着国家来给你钱,把国家当拐杖,"等靠要"不如自己好好走勤劳致富的踏实路。

本是无心做的一件事情,却获得裴景春如此大的肯定,这样的宣传效果可是比他们自己来说要好得多,张楠和整个驻村工作队都受到了极大的鼓舞。

村民们也听得心痒痒,想着裴景春这么一个孤家寡人都能挣这么多钱,别提有多眼红,再无人提直接发钱的事情,纷纷让张楠和各位干部帮他们想想自己能做啥。

裴景春一直担心自己的手艺没有人传承,张楠将此记在心里。他见侄儿张龙平时做事很踏实,便和他说了此事。

没想到张龙早就在琢磨这件事了,说不仅要跟裴景春学习雕刻面具的手艺,还要成为傩戏的传人。

有了传人,裴景春乐坏了。再看张楠时,他竟生出了一些父子情愫。

张龙拜完师的那一夜,裴景春跪在自家的堂屋内,牌位下,重重地叩头,絮絮叨叨和故去的妻子儿子说了一夜。

那一夜,张楠听到心房外,茧子断开的声音,童年的束缚,他挣开了。

20. 出　　路

裴景春模式的成功,让张楠信心大涨。他组织开会,让大家分别说说自己都擅长做些什么,他和驻村队一起来给大家参谋参谋。

可大家说的无外乎就是养猪、养牛、耕地,甚至还有人说生孩子……引得哄堂大笑。

本想将这场大会变成创业的头脑风暴,到最后却是哄笑着散场。李涵有些坐不住了,他要求张楠和刘曼青集思广益尽快拿出方案,否则李世涛集资来的钱放在那里就变成了死钱。

跟李世涛润物无声的扶贫方式不一样,刘成鑫的扶贫方式要直接和激进得多。他让村里有劳动力的村民都到工地上去干活,并且在当地开山劈石,建立生产砖瓦砂浆的厂,然后供销给扶贫队伍的基建以及市里的房地产承建商,形成了一个循环经济体,使得和平村在短时间内就迅速地脱贫,甚至致富了。所以尽管刘成鑫平日的行事作风嚣张跋扈,但是老百姓们确确实实得了好处,鼓了钱袋子,也都感念着他的好。

由于和平村和白果村紧挨着,白果村看到邻村迅速富起来,别说多羡慕,纷纷要求扶贫工作队别再搞虚的了,得上点儿实业,经济搞上去才是硬道理。

村民们想致富的呼声愈来愈高,加上张志华的煽动,如何致富已经变成村民大会上头等重要的议题,这让李世涛和张楠感觉到前所未有的压力。他们在精神文化方面确实取得一些长足的进步,但是如果经济搞不上去,就无法完成精准脱贫工作。所以李世涛给张楠等人下了命令,尽快带领白果村的老百姓在经济上脱贫。

领了新任务之后,张楠跟卞筱悦晚上一边散步一边分析裴景春这个案例的成功之处,想来想去都觉得这个成功只是偶然且不可复制,这样的手工艺术品,更加不可能批量生产。

张楠回到自己的住处后,觉得一味苦想也不是办法,实在想不出那就暂时搁一搁,干点别的。于是他开始尝试着将图书室的那些图书分门别类进行整理,却在书堆里翻到一份旧报纸,上面说的是当年一所小学发生一起多达两百多人的集体食物中毒事件。虽然国家提倡阳光午餐是一片好意,但如果在食物的供应链任何一个环节发生一点点问题,都可能造成群体性的大事。李楠不由想到白果村的阳光午餐,食用的肉、蔬菜都是当地村民卖给学校食堂的,绿色无公害,口味也好。没见那天李世涛宴请各位企业家时,那群见多识广的生意人也对学校食堂的饭菜赞不绝口。

张楠感觉自己抓住了点什么,第二天一早就兴冲冲地去找李世涛,询问目前教育局阳光午餐的供应链情况。他发现教育局的阳光午餐供应商是几个大的食品公司,但他们种的菜,养的猪,因为要量产,使用的都是化肥和饲料,虽然安全,但终究不如有机食品和吃粮食长大的猪来得健康和营养。

此时,张楠脑中模糊的想法变得清晰,他向李世涛提出,如果自己能够让有机蔬菜和猪牛羊肉量产,通过教育局到学校推广,有没有可能优先采购贫困村的产品。张楠认为,如果白果村能够成为阳光午餐的供应商,那么他们就有初步的自我造血能力了。

李世涛听完十分激动,认为此事可行,立即让商学院毕业的耿一鸣协助张楠着力推进此事。

张楠最大的优势就是擅长取长补短。耿一鸣虽然身上有不少富家公子的娇气,但处理这件事,耿一鸣显然比自己更合适。所以,张楠向驻村队提议,这件事交给耿一鸣来具体负责。

李涵和刘曼青都持保留态度,但张楠却坚定的支持耿一鸣,认为耿一鸣家里从商,耳濡目染之下,他比他们中的大多数都强,再说他还可以借助家里的人脉关系。

一开始耿一鸣都不相信自己能做好。从小到大他就几乎没被人肯定过,自己的人生被父亲安排得明明白白。很多时候他都觉得在自己这个万能的爹面前,他除了努力完成爹要他当官的愿望之外,似乎一无是处。

耿一鸣被张楠的信任感动,拍着胸脯保证:"队长,你要真觉得我行,我就干,干到你满意为止。"

张楠给予耿一鸣足够的信任和鼓励,让他放手去规划。

耿一鸣从来没有像现在这般充满干劲,他带着有经验的村民走家串户、钻山入林,最终,确定在白果村种植平菇,在深山沟里养野生黄辣丁。跟此前的大棚车厘子一样,该项目在村里设立股份公司,村民以土地来入股,耿一鸣负责公司的日常运营,但不拿工资。因为张龙有高中文化,所以聘请他担任公司的常务副总经理,负责公司的具体事务。此外,耿一鸣鼓励村民根据各自擅长的领域到公司上班,平时在公司上班的人直接发工资,到了年终如果有盈余就再按照大家的股份比例来分红。

村民们都很有热情,连没有多少劳动力的老人都参与了进来,利用自己对地形的了解,放牛放羊。

第一批平菇交付后,得到了师生的一致赞誉,认为他们养出来的平菇有菇味,所以越来越多的学校食堂愿意选择他们村提供的食材。

这让驻村队成员和村民都信心倍增。

到了能吃黄辣丁的时节，白果村养殖的黄辣丁更是被城里的各大餐厅提前预订，一抢而空，下手慢的只能预订下一季的鱼。

前行的路上总是设着各种各样的障碍。村里的企业刚有了一点起色，又出现了新的问题，由于村里大量养猪、养牛、养羊，但农民又没有那么多地去处理这些粪便，使得白果村迅速被牲畜的粪便包围了，臭味熏天，大家苦不堪言。

城里来的卞筱悦却语出惊人，称这些东西是一笔不小的财富。学过园林设计的她，对花艺也颇有研究，知道城里的花圃会采购甩干的有机肥育苗。

卞筱悦建议张楠从集体产业里面拿出一部分钱来买能够甩干粪便的机器，将这些臭东西制作成花肥后卖出。

可是在股东大会上决议时，大家都觉得这是在开玩笑，怎么会有人买粪便呢？竟然没有一个人同意这样做。

张楠无奈，只得用自己的工资先买了一台机器，和卞筱悦捏着鼻子做先行者。直到有人来白果村收购花肥时，村民们才相信，原来这些粪便也是财富，又开始催促张楠赶快去购买更多的机器。

村里每天都有需要驻村队解决的琐事，大家都成了救火队员。摁下葫芦浮起瓢，日子刚刚开始好起来，人心就浮躁了。村民看到野生的黄辣丁卖得如此之好，便想要用鱼饲料催生黄辣丁的饲养，增加产出。

张楠知道，一旦这样做，他们的优势便会立即失去，所以第一时间摁住了大家要挣快钱的想法，鼓励大家挣良心钱，挣长久钱。

因为实实在在地为村里做了几桩好事，张楠成了村民心中的智多星,加上许多村民都是看着他长大的,此时他的话,显得格外有说服力,村民表示一切听他的。在村里威望见长的张楠不知道的是,他已经成了小朋友眼中的"英雄"。

这一切还与田如林的一双儿女田天水和田小寒有关。知道张楠回村,一开始,他们也很失望,觉得张楠欺骗了他们,说好了要他们走出去的,他自己却回来了。

可是后来,他们看到大家谈起张楠时,都赞不绝口,说他真的是把村子经营得越来越好,尤其是可以在家里用上自来水,两个小家伙再也不用担心爸爸不在家时,奶奶挑不动水时,早先的不满就烟消云散了。张楠成了他们心中的英雄。

田天水将这些感受写在了作文里,被钟校长放在学校的阅读栏中展示,这下,张楠成了白果村小学全体学生的偶像。张楠觉得不好意思,可卞筱悦却觉得这是张楠踏踏实实做出来的荣誉,她更加坚定地认为,她来对了。

这让李世涛意识到偶像的力量,认为他们的精神文化脱贫,可以更多地从孩子们的教育入手,潜移默化地影响,因为他们是未来。

转眼到了猪牛羊出圈的时节,因为喂的是粮食,吃的是山上的野草,白果村供应的禽肉让大家吃得香吃得安心,无须教育局建议,学校早早就与白果村签订了长期供货协议,白果村真正拥有了自我造血的能力。

白果村的迅速发展,将越来越多的外出务工人员吸引了回来,更加壮大和充实了本村的劳动力,更减少了留守儿童的数量。

李世涛对于张楠他们取得的成就非常满意,在跟市委领导汇报工作时将此案例进行了专题汇报。市委领导充分肯定了其积极意义，认为这个绿色循环经济模式值得在全市范围内宣传推广，还让教育局发文，阳光午餐的采购，80%都必须优先考虑由贫困村供应。

刘成鑫对这样的小打小闹却是不屑一顾，因为他们的锰矿开发计划在和平村落地，经孟昭关的大力推介，获得了市委班子的认可，认为这是整个铜江市新的经济增长点，并且有可能发展成为铜江市的支柱产业。

经过多轮论证后，锰矿开发获得了市政府的大力支持，不仅在和平村开矿建厂，更解决了当地百姓的就业问题。刘成鑫再度成为精准扶贫的标兵，他负责的和平村也成为第一个摘掉穷困帽子的村庄，提前完成了精准扶贫的任务。而孟昭关也因此在市委市政府一时间风头无两。

春风得意的刘成鑫在孟昭关的授意下，开始打击李世涛。他让人放出话去，说阳光午餐的钱还是国家提供的，若不是李世涛身居教育局书记兼局长的要职，真要放到市场上去，未必能有多大的竞争力，此举是在破坏市场经济，而且李世涛口口声声提出要精神文化脱贫，也没见什么效果，在村里的墙上画画、让大家讲究卫生这些都太虚了，得拿点儿实际的成效出来。

诋毁李世涛和白果村扶贫成果的各种言论越传越甚，王启发都开始劝李世涛将主要精力放到经济扶贫和铜江市的教育上。因为孟昭关已经不止一次在会上提出，对于刘成鑫这样的杰出人才就应该大力提拔。看到了刘成鑫在扶贫工作上展示出的惊人才干，王启发不禁也有些动摇，开始重新审视自己对李世涛的任用。

就在李世涛和张楠苦苦探索白果村的其他产业可能时，张志华忽然找到李世涛，带来一个好消息。有个景德镇的老板来白果村旅行时，发现这里的泥土很适合做陶器，表示自己可以牵线搭桥,帮助白果村建一个烧陶瓷的窑。

开始时李世涛担心会污染白果村的环境,但是这次张志华的准备很充分,在景德镇陶瓷公司老板廖军的帮助下,提供给他一套完整的方案,李世涛请环保局进行论证,确认不会污染环境后,这才让张志华带领村民放手去做。至此白果村的产业就不仅仅是在铜江打开了市场,在省外也引进了产业,这对于白果村的老百姓绝对是一件大好的喜事。

就在大家都盯着跨省合作的新业态时,张楠却觉得绿色无公害的健康食材中还有商机。除了售卖生鲜,他还说服村民办起了禽肉副食品加工厂。张楠请来省电视台,给他们的跑山牛羊作宣传和专题推广,舌尖上的白果村美食一经传播,立刻捕获了一众食客。白果村的农副产品彻底走出了铜江,甚至走出了大西部。

与此同时,张志华抓的瓷窑也得以顺利推进,很快就烧出了第一窑,而且品相极佳。李世涛很是高兴,掏了五百块钱从瓷窑场买了一个花瓶作为第一窑的纪念。他如何也没有料到,日后此事会成为击倒他的一颗炸弹。

眼下,正带着村民在脱贫的路上前行的驻村队全体队员没有想到,他们即将失去一个伙伴。

这天,正在工作的刘曼青突然一头栽倒。众人七手八脚地将他抬到镇上的医院,在抢救室里,刘曼青渐渐停止了心跳。医生告诉大家,刘曼青原本就有高血压,再加上过于劳累,引发了脑溢血……

张楠想起,这个常常冷着一张脸与大家死抠一分一厘账目的男子,总是说自己是趁着到农村养身体的,让他们年轻人卖力点。可桩桩件件的工作中,都有刘曼青默默支持的身影。他是这群年轻人的老大哥。

  第二天,白果村小学的操场上,一面五星红旗缓缓升起,驻村队的众人来了,白果村的全体村民也来了,全场寂静,大家默默送了刘曼青最后一程。

  李世涛让大家不要伤心,打起精神,完成刘曼青未尽的事业。

21. 风 雨 欲 来

就在驻村工作队费心费力帮助村民真正实现脱贫时,李世涛和张楠相继接到匿名威胁信,让他们不要再抢企业的生意,停止阳光午餐食材的供应,否则会给他们好看。

原本两人都没将此事放在心上,但是当张楠的父母也收到威胁信时,张楠坐不住了。他愿意带着大家脱贫致富,可以为此吃苦受累,但如果因此连累了父母家人,那么他会不顾一切,家是他拼了命也要维护的。李世涛明白张楠的心思,他带着几封匿名信找到了市委书记王启发。

市委领导非常重视,立刻召开通气会,要求公安局对此事进行立案侦查。

令张楠感到欣慰的是,白果村阳光午餐供应及绿色循环经济发展模式被省教育厅树为典型,并在全省范围内推广,原本默默无闻的白果村,瞬间远近闻名。

就在大家沉浸于喜悦中时,阴影悄悄笼罩了白果村。不知不觉,驻村队已经在这里待了一年,转眼已是第二年春天。正值清明节,大家有了钱之后想着可以趁着过节做点儿庆祝活动,也不知是谁的主意,竟然请了民间歌舞团体在祖先的坟墓前穿着紧身衣和超短裤劲歌热舞,引来围观者众。

甚至有年轻人觉得此事好玩,便将在坟前表演的节目用手机录制下来传到了网上。原本是图个新鲜乐呵,哪知这个视频迅速在网络传播,负面评论铺天盖地,甚至惊动了省委领导。

在信息技术时代,表演的地点迅速被查了出来,正是前一阵子以美食闯出名头的白果村,现在它却成了全国人热议的"伤风败俗"典型村。更有人以此来攻击铜江市政府,网上甚至出现极端言论,认为就不应该让这些人富裕起来,钱袋鼓了,脑袋还空着更可怕,这些低俗不堪的东西就是最好的例证。

高层震怒,层层问责,当天负责驻村值班的第一书记李涵便成了第一责任人。因为妻子临盆在即,近一年没有回家的他,趁着清明节偷偷回家看妻子,没想到就在他回家的这一天,出了这样轰动全国的大事。

虽然李涵心中有委屈,但他确实也是不符合规定擅自离岗,没能及时阻止不良事件发生、发酵,造成极其恶劣的影响,督察组决定给予开除其公职的处分。无论李世涛和张楠如何求情,也无济于事。

李涵暂时没将消息告诉扶贫队的其他成员,只是让大家帮自己买些食材,自己要开长桌宴给村里的老百姓报喜。

白果村的广场上,垒起了四台临时的土灶。

土灶里的火烧得很旺。两口大铁锅,由张楠和张志华掌勺,煮着甜酒蛋。

耿一鸣和林青青已经可以娴熟地生火。

村民们都来帮忙,将放在一旁的长桌,一张接一张连在一起,为长桌宴作好了准备。

张志华和林青青盛了满满一桶甜酒蛋送到李涵身边。

林青青:"李处,好了。你来分吧。"

此时田如林领着张龙过来,一人手里拿着一个茶盆。

田如林:"李处,来,我们帮忙端菜。"

张楠和张志华这边,又开始炒起了社饭。

徐树经则在一旁准备着凉拌折耳根、拌黄瓜、酸萝卜、花生米四样凉菜,每一样都用小碗装好。

另外两口灶,则是裴长兴和裴建国在管,两口灶上都蒸着扣碗。

李涵拿着大汤勺,将甜酒蛋一碗碗盛到碗里。

村民们早已坐在了长桌前,足足十五桌,摆满了整个广场,宛若长龙。

田如林、张龙等人将甜酒蛋、凉拌折耳根、拌黄瓜、酸萝卜、花生米、粉蒸肉、三尖肉、梅菜扣肉、炖猪脚、黄肉等十个菜悉数放到了桌上。

最后,张楠和张志华将社饭分成十五盆,依旧由田如林等人端到桌子上去。

长桌宴开始,为首一桌坐着张志华和李世涛,右手边是李涵和张楠,左手边坐着林青青和耿一鸣,卞筱悦则是和她的学生们坐在一起。

张志华站起身来,作了个手势,大家马上安静下来。

张志华:"我们首先请今天的主人,我们白果村驻村队的第一书记,教育局人事处处长——李涵同志讲几句。"

众人鼓起掌来。

李涵不好意思地站起身来,"照说,应该先请我的领导,李局长讲几句的。"

李世涛连连摆手,"哎,我讲什么,今天是你煮甜酒蛋跟白果村的父老乡亲们报喜,还是你讲。"

李涵顿了顿,缓声道:"各位,我来村里一年零八天了,我有三喜。第一喜,村里有产业了,大棚车厘子、平菇基地都建起来了,也有收入了,大家今后的日子,不会差了。"

村民们都看着李涵,不住点头。

李涵:"第二喜,村里的路修通了,有自来水了,大家以后,再也不会为了抢水打得头破血流了。"

张楠闻言最是感慨,红了眼眶。

李涵:"第三喜,我有儿子了,大家知道这个消息都来吃甜酒蛋,就说明,大家把我当成亲人了。"

李涵说得有些伤感。

林青青忍不住插话:"处长,你好烦人哦,我眼泪水都快出来了。"

李涵顿了顿,继续说下去:"但是,我也有遗憾。第一个遗憾,还没有等到白果村通过国家脱贫摘帽的验收;第二个遗憾,还没有等到大家精神文化层面也富裕起来……"

李涵有些哽咽,说不下去了。

耿一鸣忽然有了不好的预感,看向张楠。

张楠却转过头,不敢看他。

李涵:"第三个遗憾,不能继续跟大家一起战斗了。今天,就是我在白果村工作的最后一天。"

众人闻声惊诧。

张志华第一个按捺不住站起身来。

张志华:"李涵书记,这是为什么啊?"

耿一鸣顿时了然,再也绷不住了。

耿一鸣:"你还好意思问为什么,就是因为你们喊人到坟窝窝里跳舞啊,处长才被处分。"

村民们闻声都懵了,尤其是张龙。

张龙:"这么严重吗?我昨天还和你们吵架,觉得这个事情没这么严重……"

白果村小学的一位老师红着眼眶,看着李世涛,"局长,我们都很喜欢李涵书记,他一心一意为着我们好,喊人跳舞的又不是他,咋个就把他给处分了呢?"

林青青不停地擦着眼泪,"因为处长家爱人要生娃娃了,他没有来得及请假就回家了,偏偏那天又发生跳舞的事情,导致舆情事故,给整个铜江市都带来了极不好的影响。所以——"

张龙这才意识到事情的严重性,"那是我们害得李涵书记丢了工作?"

张发花径自跑上前,喊道:"上面咋个哪个不讲人情哦,这么好的干部,怎么能开除呢?局长,我们一起去上面求情。"

村民闻声纷纷站起来,嚷嚷道:"对,李处长不能走。""我们老百姓需要他。"

就在此时,李世涛站了起来,"各位,听我说几句吧。"

大家见状都纷纷安静下来。

李世涛:"李涵是我最得力的助手,他的离职,是我们驻村队的损失,更是我们教育局的损失。但是,无规矩不成方圆,既然定下了规矩,就得遵守,否则我们偌大一个国家,只讲人情,还要怎么管理呢?"

大家低垂着头,无从辩驳。

李世涛:"我还是希望大家可以好好思考一下,李涵为什么会被开除?说到底,我们在座每一个人都有责任,都是推手。李涵离开不要紧,但我最担心的是,李涵的离开,还无法让大家明白,他为什么离开?为什么在清明节选择那样的演出不合适?为什么别人会觉得那是伤风败俗的事情?"

李世涛抛出的一串"为什么",如响鼓,敲打在每个人的心上。

李涵有些受不了如此凝重的氛围,他故作轻松地说:"各位,我们都是真心为白果村好。大家别再为我的事情折腾了,说实话,来村里一年多,我几乎没怎么休息,正好,离职了,可以先好好休息一段时间,陪陪妻子孩子,算是放个长假了。"

李涵端起手里的甜酒蛋:"大家吃甜酒蛋,把今天的饭菜都吃完了,就当是给我送行,行不行?"

李世涛第一个举起碗。

大家纷纷吃起甜酒蛋。

张志华却吃得十分难受,看向李世涛:"局长,我可不可以申请喝一点酒?"

李涵赶紧拦住,"按照规矩,不得行。"

李世涛却拉住李涵,"现在已经过了上班时间了,喝吧。"

张志华十分激动,扬声道:"太好了,上酒!"

每个人都在碗里倒满了酒。

张志华端着碗站起身来,朗声道:"各位白果村的父老乡亲,第一碗,我们送第一书记李涵!"

张志华拿着碗对着李涵一碰:"李书记,一开始,我还以为你是绣花枕头,没想到你是最讲原则的一个人。我现在打心眼里佩服你,让你受委屈了。我干了,你随意。"

张志华一口喝下满满一碗。

李涵受到感染,也一口干了。

张志华竖起了拇指:"好,要得,这碗酒,有我们白果村的作风了。"

张志华再度满上:"第二碗,敬整个驻村队。"

张志华说着,再次干了。

张楠拉着张志华,劝道:"叔,你这个喝法不得行。"

张志华推开张楠,有些醉意道:"你瞧不起你家叔?干别的不行,喝酒我在行。"

张志华再度满上,走到张楠面前,说:"侄儿子,虽然你瞧不起我,但是现在,我佩服你,你真的把白果村搞得越来越好了。我喝了,你随意。"

张楠无奈,只得跟着喝下。

张志华忽然站到板凳上。

张楠见状,有些急了,"叔,你干嘛呢?你喝多了?"

张志华坚持说自己没喝多,站在高处看着众人,说:"白果村的,也听我讲几句啊。"

大家都停下来,看着张志华。

张志华:"各位,可能真的是我们错了。不对,就是我们错了。前头,为了我们,刘曼青刘干部倒在了工作岗位上;这次,又是因为我们,搞得李涵书记工作都丢了。借着李书记的长桌宴,我这么说一句,大家看得行没?通过这一年多的工作,驻村队承诺我们的,都做到了,从今往后,我们啥也不说了,都听驻村队的,得行不?"

众人异口同声回答:"可以。"

驻村队的成员互相看着彼此,很是感动。

李世涛端着酒,看着驻村队的几个年轻人,感慨万分。

李世涛:"李涵,感谢你,是你,让我们跟白果村的老百姓站到了一起,我们的群众工作,取得了阶段性胜利。"

张楠、李涵、耿一鸣、林青青也端起碗。

林青青:"我平时不喝白酒的,但是今天,我拼了。"

林青青的眼泪再度下来。

耿一鸣帮她擦掉眼泪,"不许哭!"

张楠也喊起来,"对,不许哭。来,喝。"

驻村队五人一起干杯。

最后饮下满满一碗,李涵对这个村所有的爱与恨,都在酒里了。

第二天一早,李涵本想悄然离开。

哪知晨曦中,村民们手里提着篮子,已经等在村口了。

张发花率先上前,"李书记,这是我家的鸡这几天刚下的蛋,您带回去,给您爱人补补。"

徐长富拎着一只老母鸡上前,"这是我家喂了三年的老母鸡,你拿回去给产妇煮汤。"

徐树经提着一篮子平菇上前,"李书记,这是我天没亮就去棚里采的菌子,你拿回去打汤。"

王京生:"李书记,这是我自己做的腊肉。"

李孃:"这是我自己灌的香肠。"

其他村民也提着自家的蔬菜、红薯、蕨粉、竹笋等拥到李涵身边,递上自己的心意。李涵无法拒绝,只得一一接下。

李涵留下了给白果村村民的最后一句话:"路已经通到村里了,走出去,就不难了。"

22. 何 去 何 从

驻村队接连减员,原本是要再补一个人进来的,但是大家短时间内都无法接受新人的加入,起早摸黑默默地承担起离开的伙伴应该要做的工作。

送走了李涵,张楠更加迫切地认识到,要加快实现精神文化脱贫的步伐。

张楠觉得,文化脱贫的第一步,是让失学儿童回到学校。

曾经帮卞筱悦抓蛇的裴小明有个姐姐裴姝妹目前正失学在家。姐姐不过比小明大两岁,按照正常情况,她应该在上初中才对,哪知小明的母亲因病去世之后,因为家里缺女人打理家务,再加上她学习成绩没有弟弟好,父亲裴建国想着她终有一天要嫁人,能认几个字就不错了,便让她辍学在家料理家务。

其实她很喜欢去学校,奈何父亲的决定又忤逆不得,从此变得闷闷不乐。加上母亲去世的打击,不过一年多的时间,裴姝妹完全像变了一个人似的,不敢正眼看人,不愿意开口说话。

父亲平时以上山抓蛇贩卖为生,家里常常养满了蛇,但家人都不知道,裴姝妹特别怕蛇,家里有蛇的时候,她会整晚都睡不着觉。

因为和裴建国关系不错,张楠便想以裴姝妹为失学儿童重返校园的突破口。没有想到,在女儿重回学校上课的问题上,裴建国态度坚决,认为这是他的家务事,无须外人插手。

即便张楠动用撒手锏,请李世涛以教育局领导的身份责令裴建国送女儿回去上学,他都没有屈从。

张楠敏感地意识到,这其中一定另有隐情。架不住张楠的软磨硬泡,裴建国终于告诉他,妻子三年前死于突发心脏病,医生说是先天性疾病,有一定概率会遗传给子女。妻子去世之后,裴建国赶紧带着一双儿女也去医院做了排查,不幸的是,检查结果显示是女儿也有先天性心脏病。

所以裴建国固执地认为,女儿不适宜再上学,担心她万一在上下学路上出什么事情。他认为将她禁足在家中就能避免这样的问题,殊不知裴妹妹因此变得自闭。

了解真相后,为了让裴建国放心,张楠领着裴建国和两个孩子到上海最好的医院进行检查。医生告诉裴建国,裴妹妹的病情是可以防范的,等她成年之后,可以做个心脏手术,只要小心点,裴妹妹和正常人一样生活,根本就不是问题。

看病之余张楠还带着裴妹妹、裴小明姐弟去了外滩、东方明珠、海洋公园以及迪士尼乐园。置身以往只有在电视上才能看到的场景,张楠问裴小明喜欢这些吗?想走出来吗?

裴小明犹豫着小声回答张楠,想。张楠趁机鼓励裴小明,如果想走出来,就要更加努力地学习,唯有知识可以让他走出大山,因为原来的自己也跟他一样,出生在大山,通过自己的努力来到了上海,现在又回到家乡工作,所以裴小明也可以成为自己的英雄。

裴小明备受鼓舞,悄然在他的日记里记下了一切。

回到白果村后,裴建国终于同意裴妹妹重返校园,但裴妹妹却已经不是当年的裴妹妹,走出自我封闭的小圈子,或许还要很久。

裴小明回来后,学习更加努力,而且时常会跟村里的小伙伴一起分享在上海的新奇见闻,告诉大家只要努力学习就可以去体验那些他们从未体验过的东西。裴小明的现身说法,比张楠他们的说教来得更有说服力。孩子们眼中的光越来越亮。

孩子的学习热情高涨，卞筱悦也更尽力地教学、备课，每天都到很晚才回寝室。

由于村里晚上没有路灯，这天夜里，卞筱悦在学校的操场上踩到了蛇，被蛇反咬一口，而且还是剧毒的五步蛇。

张楠来接卞筱悦时，就见到了倒在操场上的她。慌了神的张楠背着卞筱悦一路往山下跑，还没跑出村，卞筱悦已经开始神志不清了，张楠从来没有像那一刻般害怕失去卞筱悦，他一边发狂般地奔跑，一边喊着救命。

张楠的大声呼救引来了常年抓蛇的裴建国和一众村民。裴建国懂得一些急救措施，先是不顾自己生命安危地用嘴帮卞筱悦吸了一些毒血出来，然后用绳索在伤口上方绑紧，防止毒性蔓延，之后又扯了一点草药敷在伤口上。

晚上的盘山公路漆黑一片，开车很不安全，朴实善良的村民就和张楠一起轮流背着卞筱悦，一个一个接力，将她送到了医院。卞筱悦教的那些孩子也不肯回去，跟着跑到医院。

好在有裴建国的及时抢救，才让卞筱悦捡回了一条命。但打完抗毒血清之后需要放毒血出来，大量放血导致卞筱悦失血过多，需要输血。

可医院里备血用完了，而张楠的血型跟卞筱悦不匹配。村民得知这一消息之后，纷纷挽起袖子要为卞筱悦献血，那些孩子也争着说自己能输血。这一刻，张楠十分感动，他在卞筱悦耳边呢喃，"筱悦，看到了吗？你对白果村的付出没有白费，你快醒来吧。"

当卞筱悦的父母闻讯从上海赶过来时，卞筱悦还在昏迷中，卞母看见女儿躺在病床上，情绪十分激动，一声声质问着张楠为什么没有保护好她……

面对卞母的质问和指责,张楠没有解释一句话。因为这一次,他觉得自己真的错了。他不该让卞筱悦承受这样的风险,这次要不是裴建国刚好在,筱悦的命可能就真没有了。

卞筱悦苏醒后,卞父卞母表示等女儿好了,就要带她回去。他们的态度很坚决,如果张楠不能跟卞筱悦一起回去,便要求他们立即分手。

这一次,张楠想要选择卞筱悦。

然而就在此时,田秋水匆匆忙忙跑来驻村队求助。她曾经为了能评上贫困户,将自己在外打工所有的积蓄都转给了女儿,但是最近,在市里读重点高中的女儿裴方芳却忽然失联了。

原来裴方芳面临高考,学习压力很大,一直希望母亲不要再在外面打工了,可以多留些时间陪陪自己。

但田秋水不仅没有答应女儿的请求,还数落她不懂事,因为在她看来在外面多打一天工,就可以多挣一分钱。

眼见着越来越多的外出务工者回到村里,可自己的母亲始终不肯回来,在高考前三个月,裴方芳终于将所有的情绪都爆发了出来。她留书给班主任后出走了。她在信里说:自己要去父母打工的城市看看,到底是什么吸引了他们,令他们抛家弃子,几个月甚至几年,才愿意回家一次。

田秋水在自己打工的城市几乎跑断了腿也没有找到裴方芳的踪影,万般无奈之下才来向张楠求助,请他给自己想想办法。她和丈夫都不识字,也不知道女儿寄给他们的信究竟写了什么,平时不忙的时候他们还会请认字的人帮他们看一看,但是因为最近特别忙,下完工倒头就睡了,根本没来得及请别人帮他们看信,就突然接到女儿离校的消息了。

张楠拿过信来看,才知道裴方芳是想要沿着父母打工的路径走一遍。田秋水听张楠读着信里的内容,泪流满脸,控制不住情绪地直接给张楠跪下了,求他一定要帮自己找到女儿。

卞筱悦还躺在病床上,这让张楠很是为难。卞筱悦得知此事后,鼓励张楠去帮田秋水做这件事情,即便要走,也再为乡亲做最后一件事情。

张楠最终答应下来,陪着田秋水踏上了寻找她女儿的路程。一路上,田秋水因为不识字而遭人白眼,但田秋水似乎早就习惯了,不当一回事。

二人寻遍了田秋水打工的这个城市的角角落落,终于在一家24小时营业的网吧里找到了裴方芳。

田秋水只顾着数落女儿,骂她没有良心,自己辛辛苦苦打工赚钱供她念书,她竟然学人家跑来网吧。

裴方芳哭得声嘶力竭,将这些年来积压在心里的委屈尽数说出。她问田秋水,知道自己每天夜晚睡觉前有多害怕吗?漆黑黑的屋子没有一个人可以和她说一句话,知道这种感受有多无助吗?她写的那些信她都看过吗?都看懂了吗?知道她究竟想要什么吗?

裴方芳觉得田秋水最在乎的就是钱,就将一张银行卡丢给了田秋水,告诉她,这里面的钱自己一分都没花,这次出来的花销,用的是自己的奖学金。

女儿声嘶力竭的诘问让田秋水第一次意识到,原来不识字让自己和女儿之间的距离越来越远,不识字也就不能回应女儿对亲情的渴望,自己奋斗了半生,因为不识字不懂得告诉女儿,就被女儿全盘否定了,此刻,她是如此绝望。

田秋水抱着女儿,哭着说:"我这就回家,这就去学识字。"

张楠告诉田秋水,村里如今各种产业蓬勃发展,她回去也能挣钱,而且驻村队一直想在村里办扫盲班,如果她真的想学,完全有机会。

张楠为了让裴方芳懂得母亲的艰辛,带着她去了父母干活的工地,看着父亲在工地上汗流浃背的辛劳,住在简陋的工棚,裴方芳才终于明白,原来父母真的是为自己辛苦打拼。而所有回村的体面,不过是一种遮掩的假象。

这次多亏了张楠,田秋水才能顺利找回女儿。她开始理解扶贫工作队众人的艰辛与无奈,为了感谢张楠,田秋水不仅自己主动报名,一笔一画地学习写字,还积极帮着扶贫队劝说村民来认字。

田秋水抛开面子如实地告诉村民,这些年自己在外打工,因为没有文化,只能咬着牙做些苦力。这打工也分很多种,有文化的还可以去城里做育儿嫂或者是月嫂,收入比她做苦力挣得多很多,这没文化的,连挑活的资格都没有,只能干最苦、最累的活。如果有文化,可以让自己活得更有尊严。

田秋水是村里出了名要强的女人,也是唯一一个盖了小洋楼的人,令很多村民艳羡。大家听了她的经历后也有些动容,渐渐的,主动来学习的人越来越多。

令张楠感到欣慰的是,之前自己帮助过的王京生也来学习识字了,还在村民大会上分享自己之前在城里和两个儿子闹矛盾的点点滴滴,说到底也是吃了没有文化的亏。

王京生因为不识字在儿子家里闹出很多乌龙,有一回还错把洗衣粉当成了孙女的奶粉,差点酿成大祸。

王京生说,现在回想起来,儿媳妇嫌弃自己卫生习惯不好也是一个很重要的原因,所以自己在城里才待不住。如果自己有文化,也许就不会和孩子有这么多矛盾了。

人都埋了半截的王京生主动加入扫盲班学习,对村民触动很大。大家玩笑称如果娃儿们将来娶了有文化的媳妇,自己没有文化肯定也会被嫌弃,也就纷纷开始利用闲暇时间到学校的扫盲班来学习认字。

经过一段时间的休养,卞筱悦已经能够下床走动,卞筱悦的父母决定先带她回上海,张楠等交接完手里的工作再过去。

离开的那一天,卞筱悦带着父母悄悄回到了白果村,她想再看一眼这个自己喜欢的小村庄。但她万万没有想到,全村的父老乡亲等在村口,村民们告诉卞筱悦,他们会认真学习识字的,让她放心。

裴景春快步上前,递了一个手工的傩戏面具给卞筱悦:"这个送你,带回去作个念想。"

卞筱悦感动地拿在手中,一声声说着谢谢。

车子启动,卞筱悦终于要离开了。她的学生们,追着车子一路小跑,白果村的村民们,也跟着跑了起来。

卞筱悦从车窗探出身子,示意大家回去,但没有人停下,继续追着车跑。

车渐渐加速,眼见就要追不上了,重返学校后一直没有开过口的裴姝妹忽然大声喊了起来,"卞老师——"

卞筱悦教了裴姝妹这么久,她都没有说话。听到这声"卞老师",卞筱悦赶紧叫车停下来。

裴姝妹快步上前,声音里带着哭腔,"卞老师,你要回来,你要回来,别像我妈一样,走了就不回来了,好不好……"

卞筱悦顷刻间泪崩,她再忍不住,推开车门,下车紧紧抱着裴姝妹。

师生二人抱着哭了许久,没有人上前去劝,就任由她们宣泄着自己的情绪。

平复心情后,卞筱悦决定顺从心意——不走了!

白天,卞筱悦继续意气风发地教学生;晚上,卞筱悦不厌其烦地教村民读书写字。甚至还有村民主动要求学英语,说她的理想是去城里给外国人做保姆,赚花花绿绿的钱,惹得大家狂笑不已。

除了基础的文化知识学习,各类技术技能培训更受壮年劳力的欢迎。村民们之间甚至展开了学习竞争,整个白果村形成良好的学习风气。

但是,李世涛和张楠也清醒地认识到,农村的教育依旧存在很大的问题。主要来自两个方面,一个是教师层面,因农村教师长期不与外界接触,故步自封,所以教学手段比较原始。

为了解决这个问题,李世涛迅速联系了上海相熟的学校,组织优秀的中小学教师与铜江的乡村教师结对进行帮扶。

一方面观摩上海老师的教学视频,与他们线上互动,一方面看卞筱悦在课堂上的"花样百出",那些乡村教师深切感受到了自身的不足,开始学习改变。

解决了教师层面的问题,张楠开始攻克第二个难点——从根本上改变学生的观念,让学生相信通过知识可以改变命运,让他们看到希望。

因为上海之行打开了新世界的裴小明回来后发愤图强,以优异的成绩考进铜江市最好的中学。这给了张楠信心,他决定带更多村里的孩子前往上海寻梦。

张楠的想法违背了教育局的相关规定,因此遭到各方反对。最终还是李世涛顶着压力,给了张楠一纸批文,让他带着孩子们去上海。

在上海的这些日子,张楠带着孩子们参观了上海的万国建筑群,走进了博物馆、科技馆,让孩子们先快乐起来。

之后,张楠带着孩子们与上海学校的孩子们一起学习,感受他们丰富多彩的校园活动。最后,张楠带着孩子们来到自己的大学,他告诉孩子们,自己曾经也跟他们一样,但是通过自己的努力,自己从大山走到了这里。"你们总问我为什么可以想到那么多,那是因为我接受了很好的教育,通过知识改变了自己,从而去帮助更多的人,甚至带领村里的人致富。我成了你们口中的英雄,但是我希望你们每个人都成为英雄。"

孩子们切切实实地感受到了知识的力量,七嘴八舌地问张楠只要自己努力学习,就可以走到这里来吗?只要自己努力学习,就不用再跟父母分开吗?

当他们得到张楠肯定的答复后,纷纷握紧了拳头,表示回去以后要努力学习。

为了支持张楠的教育扶贫,他的导师陆军也开始发动高校教师到铜江市的农村轮流支教,为西部偏远地区的教育贡献一分力量。

白果村的经济与文化工作都步入了正轨,就在李世涛觉得可以稍微喘口气时,忽然被纪委叫去谈话,因为有人实名举报李世涛涉嫌受贿,证据就是当初他从白果村的瓷窑买的那个瓷花瓶。

李世涛称,这个花瓶只是村里的瓷窑烧制的纪念品,是自己花五百块钱买的。哪知纪委请收藏专家鉴定后发现,这个花瓶价值过百万。

尽管有张楠等人可以证明李世涛当初是自己花了五百块钱买

的,但李世涛在瓷窑时还说过一句话,让瓷窑的老板给自己挑一个好点儿的,老板坚持认为,这是李世涛索贿的暗示,自己只能送他一个古董。

此事震惊了整个铜江市,人人称道的教育局一把手成了索贿的贪官,看热闹的人忍不住感慨知人知面不知心。与李世涛朝夕相处的白果村驻村工作队的队员们却坚信他是清白的。张楠觉得花瓶一定是在中间被人掉了包,因为当日李世涛挑选完花瓶后,那位瓷窑场老板说要帮他包装一下,估计就是在那时调包的。

纪委彻查了李世涛的经济情况后,发现他的积蓄几乎为零。当初白果村捐助款中多出来的那二十万,以及假托引进人才补贴给到张楠母亲治病的八万块,都是李世涛自掏腰包的。

这个结果让整个市委领导班子沉默。谁都不相信李世涛索贿,但是也无法证明他的清白,纪委只得暂时让他停下手头的工作接受进一步调查,教育局重新回到了刘成鑫主持工作的局面。孟昭关为此还夸赞刘成鑫有些手段,刘成鑫一头雾水,不知老领导所指何事。

屋漏偏逢连夜雨,李世涛病倒了,检查结果显示李世涛的肝脾都出了很大问题。医生说是由于长期超负荷工作造成的。

即便在病床上休养,李世涛还是心系扶贫工作,让张楠带着扶贫工作队仔细排查,为白果村即将迎来的省检作好万全准备,叮嘱他们不能动摇军心。

省检之前,按照惯例张楠他们作为驻村干部要先进行自检。张楠在检查各项缺漏之余,也多次找那位瓷窑场的老板廖军谈心,他依旧一口咬定是李世涛主动索贿。

瓷窑场老板廖军这里尚无突破口,但张楠却意外发现张志华这里的工程款有十万块钱对不上。村委会会计告诉他,这笔钱正是被张志华给挪走了。

张楠第一时间找叔父了解情况,问他是否知道此事。哪知张志华对此供认不讳,认为自己没有做错。张楠问他,钱在哪里?张志华满不在乎地说,花了。

张楠知道叔父小毛病不少,可是贪污这么多公款却不像他的作为。况且,这么一笔钱花到哪里了,总得有个说法。张楠觉得叔父还有事情瞒着自己。他满腹心事连卞筱悦也不敢说,只能到李世涛这里诉苦。李世涛非常理解张楠的心情,他建议张楠先将从村会计那里拿到的证据留在他这里,等张楠什么时候想清楚了再来拿。

李世涛和张楠没有想到,他们两人的对话会被前来探望李世涛的林青青听了去。她认为,他们这是在包庇张志华,冲动之下将此事匿名举报到纪委那里了。

张志华被带走调查,哪知村民纷纷出来为张志华求情,让纪委不要带走张志华。村民说出了实情,那些钱张志华给了他们,是为了补偿他们当初买树苗的钱。

这几年张志华带着大伙儿包工程,是脱贫路上的领头人,获得了村民的交口称赞,夸他是一个有担当的基层好干部。

纪委调查下来,确实如村民所说,那些钱没有一分是进了张志华个人的口袋。

张志华的行为虽违纪,但出发点是好的,鉴于没有造成不良后果最后只是被免去村支书的职务。张志华自嘲道,终于能卸任去为自己挣点儿钱了。

除此之外,张志华还主动交代了当初刘嘉琦多给自己十万块用来帮刘成鑫的事儿。那钱在账上他一直没敢用,怕的就是有一天会出事，但刘成鑫可没少向自己打听李世涛这边的事情。

张志华的事让林青青这个理想主义者第一次认识到，中国基层干部群体并非如自己想象的那般非黑即白，她告诫自己，遇事不能太冲动，对于一些灰色的手段，自己可以不接受，但也应该站在别人的立场上多想一想。

新线索出现，纪委将调查目标转向了刘成鑫，对其采取暗中调查。调查结果同样令人意外，刘成鑫在经济上没有任何问题。最终，有行贿嫌疑的刘嘉琦被控制，刘嘉琦称，自己行贿张志华的事情刘成鑫并不知情。

调查一时间陷入了僵局，李世涛的案子无法推进，教育局难免人心浮动。当刘成鑫到医院看望李世涛时，李世涛当着市委书记王启发的面推荐刘成鑫接替自己成为教育局一把手，认为他是一个难得的人才，可堪大用。

刘成鑫没有料到李世涛会推荐自己，而正是有了这位对手的推荐，市委领导商议决定提拔刘成鑫。

眼看着刘成鑫将要成为教育局新的书记，张楠感到十分寒心。

此时，卞筱悦的支教工作即将期满，面对眼下的复杂形势，卞筱悦担心性格耿直的张楠出意外，劝他跟自己一起走。但张楠见李世涛依然身陷困境，不愿独自离开，想留下来继续查清真相。

对于张楠的这个答案，卞筱悦并不意外，她有些欣慰，此时的张楠已经长成了那棵可以托付的楠木，她表示自己会在上海等着他回去。

即将履任自己期待已久的教育局书记兼局长一职，刘成鑫却怎么也高兴不起来。他从堂弟刘嘉琦那里得知，花瓶是刘嘉琦在孟昭关暗示下，指使廖军调换的，为的就是帮助刘成鑫上位。

刘成鑫一直以为,一切都是自己凭真本事得来的,没想到背后还有这样的龌龊手段。

鬼使神差般,刘成鑫决定在赴任前,到白果村去看看。

走进白果村,刘成鑫发现,白果村与自己对口的和平村完全不一样,无论是乡村面貌,还是村民的面貌,都焕然一新,无疑是完成了"经济"与"文化"的双脱贫。这一刻,刘成鑫觉得自己似乎并没有赢。

宣布刘成鑫任教育局正职的这一天,当着王启发和孟昭关的面,刘成鑫说出了李世涛索贿的真相,他真诚地感谢李世涛和张楠等人为铜江市教育作出的贡献,他直言李世涛才是铜江市教育界真正需要的人。

这一变故让孟昭关始料未及,他一直以为刘成鑫是自己手里的棋子,自以为掌握了刘成鑫想升官的软肋,却不知道他是想堂堂正正地获得认可。

几乎同一时间,连田发找到张楠,问他愿不愿意耍一次流氓,撬开廖军的嘴。

两人定好计策,连田发去找廖军,告诉他自己也是孟昭关的人,不经意间聊起送给李世涛的那个花瓶,说有个老板很喜欢,愿意出大价钱买,高仿的也不介意,问他还有没有货。没有想到廖军果然上当,说上次自己从李世涛眼皮子底下调包的那个仿品还在,问他要不要?

此时张楠突然现身,告知廖军自己录下了方才他们对话的视频。

廖军这才意识到上当,拔腿就跑,显然他跑不过在山里长大的张楠,迅速就被抓住了。

张楠告诉廖军,从小他就知道,没伞的孩子只有跑得快一点才不会被淋湿,所以论跑,他不是对手。

廖军和刘嘉琦的翻供,使得真相大白。李世涛重获清白,孟昭关因严重违纪而被调查,刘成鑫主动要求回到和平村,开始帮助村民精神脱贫。

2020年,白果村迎来了国检。

这一天,白果村村民齐声诵读《桃花源记》,寓意着这里是一个世外桃源,经济与文化都越来越富足。

即将开启新征程前,李世涛请张楠陪自己去一个地方。

张楠陪着李世涛来到一处公墓,走到一座写着"故显考妣穆闲秋老孺人之墓"的墓碑前。

立碑人落款是:全体汞矿人。

张楠疑惑地看着李世涛,"局长,这是?"

李世涛将墓碑扫干净,将一根木棍插在坟上,然后将幡飘挂上,"这就是我的母亲。"

张楠震惊地看向李世涛。

李世涛淡淡道:"这是我第一次来看她。"

张楠神情凝重,道:"我记得您跟我说过,您的母亲当年没有跟您父亲一起回上海,而是留在了当地。而您很不解,所以来铜江寻找答案。"

李世涛默然。

张楠试探着问起:"所以,您找到答案了?"

李世涛微微点头,像是回答张楠的提问,又像是自语,"她所站立的地方,是她的家乡,无论这里多困难,多贫穷,她都要留下来建设它。就像如今的我们一样,我们站立在我们的国土之上,我们的国家百年来面临过很多困难,但我们当以积极的态度跟国家一起战胜这些困难,把个人命运与国家的前途命运结合起来;我们努力,国家方可富强。母亲当年不走,将青春奉献给汞矿,希望可以改变家乡的贫穷。为了完成她的遗愿,建设美丽富饶的家乡,所以,我来了。"

张楠对这位素昧平生的老人心生敬意,对着墓碑,深深地鞠了躬。

李世涛也恭恭敬敬地向母亲的墓碑鞠躬行礼,然后说:"我终于有勇气来见您了,您未竟的心愿,我替您完成了。"

国检通过,正好是张楠回乡三年期满。张楠由衷地感谢李世涛,没有他,自己就没有机会参与到脱贫攻坚的伟大事业中。看着村里一张张神采飞扬的笑脸,他为自己生在中国而自豪。

李世涛要离开白果村了,张楠送他走过风雨桥。

李世涛忽然提起他们的三年之约,"张楠,你的任务已经完成了,你打算怎么着?继续干呢?还是回上海?"

张楠犹豫着。

李世涛拍拍他的肩膀,指了指前方。

张楠一抬头,一个熟悉的声音传来。

"张楠——"

只见风雨桥的那头,卞筱悦穿着一身张楠母亲所赠的侗族盛装站在阳光下,熠熠生辉,笑靥如花。

张楠一脸幸福地说,"答案在她那里。"

张楠缓缓上前,拉着卞筱悦的手,"你怎么来了?"

卞筱悦俏皮地说,"风里雨里,我都等着你啊。"

"我现在自由了,你想去哪儿?"

卞筱悦扭头看向远方。

张楠顺着她的视线看过去,会心一笑。

远方,山峦重叠,高山流水,田野相间,山是靠背,水是竹筏,带着梦想,一并向东而去。

多年后,张楠和卞筱悦再次回到白果村时,正值凛冬时节,但家家户户早已用循环的沼气生起了暖炉,冰冻三尺,却是一个暖冬。

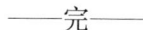
——完——

| 心路 |

网剧主创团队访谈

最开始剧的名字是《暖冬》,期望传达出在寒冷的冬日里发生的故事也有着温暖内核的感觉。只是后来真正开机拍摄的时间已经由原定的冬天来到了夏季,原定的《暖冬》也就无法再沿用。最终,《在希望的田野上》这个生机勃勃又充满希望的名字受到了全组的一致认可,全票通过。

主创专访　　　　　　　　　　　　饶　俊

（总制片人、编剧）

最难的是突破创作的瓶颈期

Q：是什么让你有了写这个故事的想法呢？

其实有两个原因。一个是自己在创作上的转型。大家都知道我一直在写古装偶像剧类题材，年过三十，我觉得创作应该要进入一个新的阶段了，所以我从 2018 年开始筹备写这个项目。

第二点其实是由于我本人对现实主义题材比较感兴趣，然后在思考切入角度的时候看到我的很多中学同学在做扶贫工作，我就去和他们聊天，在聊天过程中他们带给我很大冲击，我由衷地为这些人所感动，因此就特别想要去写这个故事。

Q：对比市面上其他乡村题材影视作品，你认为《在希望的田野上》核心关注点是什么？

我们认为在乡村脱贫事业中，最难的并不是经济脱贫，而是如何解决、保证农村经济脱贫之后不会再返贫。那么不管是根据国家政策也好还是就我自己观察、了解的情况来说也好，最根本的还是应该做好精神文化的扶贫，当人的观念意识改变之后，其实它就会有自我造血的功能。因此，乡村教育会是我们这部剧重点讨论和关注的一个问题。

Q：《在希望的田野上》作为国家广电总局网络视听节目年精品创作传播工程剧目，总局、上海局这类审查部门在前期为这部作品提供了哪些参考性意见？

在创作的过程中，总局、上海局在政策扶持上面都给了我很大的支持。各级领导都鼓励我放手去写，"不要怕面对问题，但是我们不仅要提问题，还要提供解决问题的思路"。有了这样一个指导，我们的创作变得有的放矢，更加高效。

Q：这个项目从2018年就开始剧本创作，这么长的创作期里，你遇到过最大的问题是什么？

最难的是，一开始满怀热情，前5集写完以后，中间会碰到一个创作的瓶颈期，因为第一次写这样的现实题材，会比想象中难得多。那段时间整个进度都特别缓慢，又赶上原定要制作这部剧的那家公司突然不做了，那段时间可以说是面临创作、发行上的双重打击。

Q：你选择王骏晔导演来执导这部剧的原因是什么？

当时王导为另外一个类似题材的项目去采过风，我觉得做这一类剧如果对真实的农村生活没有足够了解的话，你很难对它产生爱或者说很难相信它的真实性，所以当时能够碰到已经做了很多功课的王导实在是太好了，非常合适。包括后来我们在拍摄中也相处得十分愉快，几乎没有发生过那种编剧和导演之间观点打架的情况，我们的创作理念可以说是惊人的一致。

导演前期做的那些功课对于我们的项目帮助非常大，比如驻村干部的一言一行，其实是非常有讲究的，有些特定的东西是需要导演去把握细节的，这种时候就能看出来导演在这方面是下了很大的功夫的。

Q:《在希望的田野上》剧组有对演员进行前期培训吗？

我们安排演员提前半个月进组，让他们去体验生活、学习方言，因为我们剧里的故事背景设定在云贵山村，驻村干部在和村民交流的过程中要讲带有西南口音的方言。这半个月里演员基本就是白天下地、干活，晚上跟方言老师学习方言，非常辛苦。

Q：前面提到"转型"，那你觉得现实题材的创作难点和古装题材有哪些不一样？

古装剧可以有很多想象的部分，现实主义题材的难点在于，每个人都是现实生活里面的人，每个人的生活和经历却各有不同。你要让这些剧中人触动观众，产生共鸣，其实是一件非常难的事情。这就要求你剧本里涉及的生活细节足够的真实，要让大部分人都觉得这个东西是真实可信的，是可能会发生在身边的。这个我觉得是现实题材的创作难点。

Q：同时以制片人、编剧的身份参与这部剧，会经常面临要在制作和内容上做取舍的情况吗？

有。我们在贵州拍摄的那一段时间正好处于雨季，经常出现下雨或者天气不好的情况。其实我心里面给很多场景设定了很多氛围，比如是个月明星稀的夜晚之类的，可有时候为了拍摄进度等原因，你没办法等一个理想的天气，不得不做一些日改夜、夜改日的变动，这些自然条件造成的问题都是没有办法的事。当然，我更多还是以编剧的身份参与到这部剧，对内容更加重视一点。

王骏晔

（总导演）

这是一片阳光下的田园

Q：你是如何与《在希望的田野上》这个项目结缘的？

其实我和饶俊是师兄弟，但在学校期间我们没有什么交集。这次饶俊要做《在希望的田野上》这个项目，他觉得我们在成长环境上有一定的相似度，一聊起来就知道大家成长过程中遇到的人和事，还有基本的生活面貌其实挺相似的。

Q：据了解这个故事是饶俊根据自己的成长经历撰写的，你在这个故事里面是不是有一些生活上的共鸣？

有非常多。一开始我拿到剧本的时候，就觉得这个内容讲的跟我的生活经历很相似。虽然我是长在齐鲁平原，饶俊生活在贵州山区，但我们面临的问题其实是相通的，我们都能感受到一些贫困地区因为思想上的愚昧而导致落后，也都很认可那句"扶贫先扶志"。

Q：那会不会心理上有很大的压力？

有非常大的压力。因为一开始接到这个项目，我是觉得终于有一个项目能够让我借此机会表达一下我对家乡的情感。

后来我知道这个故事其实是饶俊写了自己的家乡,又很多是真事之后,我就觉得这样的担子变得非常重。大家也都能理解,要在家乡父老面前做出来一个作品,其实要非常谨慎的。饶俊能做这样一个作品是非常大胆的,他找我们来,我们肯定不能掉链子。

Q:这部剧对你而言,最大的挑战是什么?

挑战其实最多的是我们从来没有接触过、没有拍过同样的题材,可以借鉴的也真的很有限。虽然说去年有大量关于精准扶贫的作品,但当我到了贵州那个地方,我才发现之前那些作品能借鉴的非常少,因为它不一样,每部戏都太有它的地域特征了。

Q:那对这部剧的设想和规划是怎样的?

我们去贵州实地采风以后,我发现这里的山村太美了。虽然它有着落后、交通闭塞、贫穷等等的问题,但首先它在画面上是美的。我们希望这部剧中的乡村可以改变大家对乡村脏乱差的刻板印象,乡村也可以是很美的、是世外桃源,但即使是世外桃源也有着它各种各样的问题。

Q:除了去实地采风,你还做了哪些前期的准备?

还有跟演员的沟通、了解当地的工作民情,还要了解当地驻村队的工作,包括当地学校的校长我们也都有接触。特别巧的是那个校长的经历和我们剧本里校长的形象十分贴合,就让我觉得这样的基层工作者真的是大有人在,让我有了更加强烈的表达欲望,有了不可推卸的使命感。

一开始我对扶贫的认知其实没有那么深,真正深入到乡村,深入到基层去之后,才能够真正地、深刻地认知到这些基层工作者的艰辛。但是看到他们的成绩之后，我就萌生一种"一定要让更多人知道这些可爱的人们做的这些值得我们赞颂的事情"的想法。

Q：你之前没有拍过这种类型的剧，你觉得这次拍摄和之前拍摄最大的不同是什么？

我能说贵州的酸汤鱼挺好吃的吗？其实就是戏每个都不一样，就像酸汤鱼一样，最正宗的还是要来贵州吃。每部戏因为它的题材、背景、地域不同，所以都有着不一样的特色，我要做的就是把我在当下感受到的美好传递出去，传递给观众。

Q：你对这部剧的定位是什么？

我对这部剧的定位是尽可能展现阳光下的美丽乡村。以往说到乡村，大多数人想到的是土气、落后，但乡村也可以是洒满阳光的，可以是人们向往的一个地方。我们剧里更多的是想给大家一种带有希望的展现，就像我们的名字《在希望的田野上》一样。

Q：你提到拍现实题材，真实是最重要的。在镜头里你怎么去展现这种真实呢？

其实就是不要去刻意地美化。我们毕竟是个故事片，肯定不能用纪录片的手法拍，但我们还是尽量用记录的方式将这片土地的美好展现出来。

曹 骏

（饰演：张楠）

尽可能地进入张楠的世界

Q：你是如何与张楠这个角色结缘的？

与"张楠"结缘，是在今年年初和饶俊老师还有刘运强老师，因为"张楠"这个角色见面时。饶俊老师问我："你觉得'张楠'这个角色怎么样？"我当时的回答是"我觉得自己和'张楠'的契合度很高"，接下来的聊天就都很愉快，就这样和"张楠"结缘了。

Q：在你心中，张楠是个怎样的人？

在我心中，张楠是一个自尊心很强，疾恶如仇，非常自强、倔强，也有些自卑的人。成长的经历让张楠在很小的时候就感到了生活的艰辛，这也给予了张楠凡事都靠自己的个性，让他有了努力读书、靠知识改变命运的认识。张楠是一个非常自强的年轻人，这点给我触动很大。

Q：你觉得自己身上与张楠的共通点是什么？最大的不同又是什么？

最大的共通点是我对张楠的人生观、价值观的认同。作为年龄相近的同龄人，我能感受到张楠的反抗、挣扎、放弃、不舍以及重建。最大的不同应该是我成长的环境、经历与张楠不一样,所以就需要我通过剧本去理解、熟悉,然后进入张楠的世界。

Q：张楠由"走出大山"到"回到大山",你觉得他的心境是怎样转变的呢？

我觉得这一定是非常痛苦的转变。张楠从小生活在大山里,从小就立志要通过读书改变命运,走出大山,让父母过上更好的生活。通过自己的努力,张楠也做到了。他考上重点大学,收获了美好的爱情,在研究生毕业之际完全有能力留在大城市工作,开始新的生活。他即将达成自己的心愿,未来也可以把父母接到身边一起生活。为了做到这些,张楠已经付出了常人难以想象的努力。

但又要"回到大山",也就是回到自己最熟悉,同时也是自己最想离开的地方。因为家乡带给张楠的痛苦多过于欢乐。面临放弃未来会有的更好的生活,更要放弃美好的爱情,张楠必然有太多的不舍,但在骨感的现实面前张楠不得不低头、不得不接受。这个心境的转变,痛苦可想而知。面对现实,张楠在承受着,他也有这个承受能力去转变自己的心境。

Q：拍摄前接触过扶贫干部群体吗？有为张楠一角做过什么准备吗？

之前没有真正接触过扶贫干部群体,但是在新闻中知道了国家脱贫攻坚、乡村振兴的政策。我在拍戏前除了在网上查一些乡村振兴政策,还看了《山海情》《江山如此多娇》两部扶贫题材的剧。

更多的时间还是花在加深理解剧本上。通过剧本来想象、感受"张楠"所处的境遇。正式开拍前,组里也带我们去村里体验生活,学习劈柴、挑水,这些都起到了很大帮助。

Q：拍摄中有遇到什么困难吗？

最大的困难就是学习贵州方言。我从进组第一天就开始学习贵州方言,因为以前完全没有接触过贵州话,完全从零学起。剧里张楠的贵州方言台词量很大,和父母村民都要说贵州话,一些全村开会讲政策的戏,也都要用贵州话来说。这个可真是给我带来很大的困难。

Q：现场的拍摄环境是什么样的？与同组演员有没有发生一些有趣的互动？

这部剧的拍摄环境基本都在山村里,去了很多不同的村庄,车程都很远,会经过很多盘山公路。但同时也是个走进大自然,感受中国农村风光的好机会。

因为拍摄节奏的紧凑,也因为练习方言台词的压力,其实这部剧和大家空闲时间的互动并不多。不过剧中有一场驻村队员一起唱歌纪念"战友"的戏,我们提前练习了《那些花儿》的吉他弹唱,大家发挥所长,有口琴、尤克里里的加入,一起合奏合唱,这场是很有趣的互动。

Q：你的成长经历与张楠十分不同,如何将自己代入这个"山沟沟里走出的孩子"？

虽然成长经历不同,但是我们的故事剧本很好。通过剧本,我可以非常相信张楠的存在,而且觉得和他很近。通过剧本,我已经对张楠有了感同身受的体会,再加上和编剧饶俊老师的交流,以及体验生活时见到的驻村队干部,我们都是年龄相近的同代人,所以马上就可以代入进去。

Q：你作为童星出道，演过不少角色，张楠身上与你演过的其他角色最大的不同点是什么？

我想是真实。张楠就是当下许许多多中国年轻人的缩影，他的境遇，如意的、不如意的，都是当下年轻人也会遇到的。可以演绎这么一个真实、鲜活的人物，我非常开心。

Q：第一次拍摄乡村振兴主题的剧，有什么收获和感悟？

通过这次拍摄，我知道了我们中国有这么多年轻人，都投入到了祖国乡村振兴的工作中，无论是为自己家乡还是因为工作安排，他们都把自己的热情、智慧、奉献给了某片土地。

我通过演绎"张楠"，体会到驻村工作的艰辛，并从中慢慢感受到这份工作的意义，让我感悟很多。

Q：你觉得自己是天赋型演员吗？你演戏上的偶像或目标是？

我觉得自己对演戏、艺术方面，起码是很有兴趣的。可能也有一定的天赋，但更重要的是长期不懈的积累和学习。

我在业内有很多喜欢的导演和演员，比如姜文主演和导演的作品，我都很喜欢。我会以此为目标，坚持，努力的。

安悦溪

(饰演：卞筱悦)

我喜欢那种理想主义的美好

Q：首先介绍一下卞筱悦这个角色吧。

卞筱悦是一个很勇敢、很浪漫的人，她能为了爱人离开上海优渥的生活，是很有勇气的；后来又因为一些原因愿意留下来，留在大山，我觉得她是一个非常理想主义的当代女大学生。

Q：什么契机让你接下这个角色，卞筱悦身上的什么特质打动了你？

因为我之前很少尝试现实主义题材的剧，一直很想尝试。当时正好饶俊总分享了这个剧本给我，看完之后我很喜欢，因为我觉得《在希望的田野上》的剧本很落地，它真实地描述了这片土地上的困难和美好，还有每个人的努力和奋斗，人物都非常写实和饱满。尤其是卞筱悦身上那种勇敢的特质，还有那种奉献的美好非常打动我。

Q：你觉得卞筱悦是"奉献型人格"吗？

怎么说呢，她愿意为了张楠放弃自己一直以来的生活环境，离开父母来到白果村，这是一种对张楠、对他们之间爱情的奉献；后来她又愿意留在白果村，这时候就是一种对于扶贫事业、教育事业的奉献了，其实也不能算"奉献型人格"，可以说是一种由"小爱"成就的"大爱"。

Q：那么你觉得卞筱悦跟随张楠离开优渥的生活环境来到大山，只是因为爱情吗？

当然是有爱情的原因在，但其实爱情对她来说只是一个激发她真的这么去做的一个机遇吧。最根本的出发点还是因为卞筱悦有自己的理想。她想要去支教，想要去帮助山区里的孩子，这个才是她能留下的原因。

Q：卞筱悦为了张楠离开上海来到白果村，是如何说服父母的？你觉得她与父母之间是怎样的一种关系？

其实卞筱悦有支教梦想，是因为家里父母的言传身教。她的父母就是常年参与西北援助工作，这潜移默化地影响着筱悦。至于是如何说服父母的，她一开始对父母也是有所隐瞒的，后来是让父母切实地看到和感受到了张楠的付出，打动了他们。

Q：这部戏是在一种什么样的氛围下拍摄完成的？

因为是基层扶贫题材，所以在我们的拍摄过程中时常会有十分令人感动的场景和氛围，尤其是我们和那些真正的基层干部接触的时候，很容易被他们的事迹打动，听着听着就哭了。不过大多数时候还是很愉快的，我们团结协作的配合度非常高。

Q：你觉得自己从这部戏中收获了什么？

这次去贵州山区拍戏几个月，是真的切身体会到了"水"的重要性,村里人用水实在是太不容易了。当然我饰演的卞筱悦是支教老师,所以也体会到了知识和文化对乡村振兴的重要性。

Q:你出演过很多不同类型的女主角,但之前的剧都有一定的"偶像感",这次挑战现实题材,有提前做什么准备吗?

其实也没有特意去做什么,因为卞筱悦不像张楠那样出生在山区,她也是城里长大的孩子,所以成长经历跟我还是有些相通之处的。所以我就尽量在拍摄前做好准备工作,拍摄过程中多跟导演、其他演员高效地交流,然后把自己交给角色,融入那个环境就好了。

Q:你觉得偶像剧和现实题材在表演上的区别是什么?

在我看来,比起偶像剧那种梦幻、浪漫的感觉,现实题材不论是表演还是画风都需要更加自然和生活化。对于演员来说,就需要我全身心地融入环境,在表演时拿出最真实"接地气"的反应,刨除一些"起范儿"的状态。

Q:这部剧对你来说最大的挑战是什么?

对我来说,最大的挑战是要演出卞筱悦这个角色身上那种理想主义的美好,但又得让观众看她就觉得是自己现实生活中身边的女同学,这种浪漫主义和现实主义的分寸感特别难拿捏。

罗 钢
（饰演：李世涛）

是我出演过"最难"的领导

Q：李世涛身上的什么特质让你决定出演？

李世涛是一个很倔的人，这也是他和张楠身上的共同点。遇到问题一定要解决，不绕任何弯子，坚定坚决，用自己的行动和工作成果服众，这是他这个年纪这个职位这个资历很难得的一个特质，让我对塑造这个人物充满了兴趣。

Q：你演过许多领导型的角色，这次的李世涛与以往的领导有什么不同？

我的确出演过很多领导型角色，各行各业的都有一些。但是李世涛可能是最接近底层的一个，他的工作和生活是和脱贫攻坚结合在一起的，所以这个人物大多数时候都是出现在乡里田间，踩着泥巴顶着雨水。而且可能也是遇到的困难最多的一个，因为他的行事方式和性格原因吧，算是我出演过"最难"的领导。

Q：李世涛为"找答案"选择来铜江工作，你觉得他是一个浪漫的人吗？他的浪漫性与领导干部的实干性如何共存？

李世涛肯定是一个浪漫的人，他放弃沿海城市的升职机会来到偏远西部任职，本身就是充满浪漫主义的一个行为，而这一选择的根本，也是基于他想要帮助更多心存善意的贫困百姓，想要为铜江的教育和脱贫事业作出更多贡献的思想。而他的实干性则是体现在因地制宜，在坚定不移坚持自己的理想的前提下，深入到第一线，去倾听和理解老百姓的声音，不断调整计划和方案从而解决问题。

Q：李世涛是一个具有奉献精神的角色，演绎不好很容易让人物浮在空中，如何对他进行"落地"处理？

人物浮在空中是很多影视作品的通病，我觉得首先我们的剧本是非常扎实的，这为演员的演绎提供了很好的基础。我在处理李世涛这个角色的时候，尽力去把这个人物的特质和精神溶解在了他的一举一动中，"落地"就是要让观众觉得这个人真实，而不只是一个高大伟岸的形象，所以生活化是很重要的一点。

Q：李世涛是一名教育专家，你在演绎李世涛这个角色时，对我国农村的教育现状、基层教育脱贫建设等方面做了哪些了解？

我去年参演过一部天山电影制片厂的献礼电影，演一个把一辈子奉献给边疆的支边教师，那个时候就接触了农村的教育从业者，跟着剧组走访了很多基层单位。这次演李世涛这个角色，也去翻阅了很多国家关于这方面的实施方案和政策，在拍摄过程中，我们去到很多村寨，实地感受到了国家对于农村教育建设和脱贫建设所做的工作，深有感触。

Q：你是首次参演乡村振兴主题的影视剧，拍摄过程中有什么难忘的场景和感悟？

乡村振兴题材是我第一次拍摄，我演的李世涛这个角色是教育局局长,对口支援白果村。但我很喜欢乡村题材,二十年前我就演过乡村教师,跟张楠这个角色年龄相仿,同样也是在贵州拍摄的。时间过得很快呀,二十年以后我就变成教育局局长了。应该说我对南方的乡村是比较了解,比较有感情的。我16岁的时候也在农村的中学住校上过一年高中,所以剧中的一切都似曾相识。我们去拍摄的时候,乡村振兴计划已经实施有一段时间了,所以我们看到了很多乡村振兴成果,即便是山上的村寨,都通了水泥路,特色的民居房屋都很整洁,每家每户有干净的厕所,学校的硬件条件也很好,这就是变化,也是我们身为老百姓很高兴看到的一面。

Q：你最喜欢的一场戏是什么？

刘曼青去世以后有一场戏,按原剧本是大家的追忆,他本人不在,导演通过艺术加工,让他出现在这个现场,大家也明白他并不在,但是此时他又都知道能听见能看见。很感人的一场戏,参加乡村振兴的有很多人,在全国也牺牲了很多人,所以我们通过这场戏在追忆这些人在悼念这些人。

Q：你作为本剧中的"老戏骨"，在与年轻人对戏的时候会对他们进行提点和指导吗？

这部戏的年轻演员们都很努力很踏实,拍摄过程中整个剧组都是在一个很浓厚的创作氛围里,我跟年轻人是很好的朋友,所以不存在什么提点和指导,我们更多的是讨论和建议,我也是在不断学习的。

Q：近几年你出演的角色大多比较正面，有想要挑战反派角色的想法吗？

当然想呀,反派角色会有很多不一样的体验和挑战。

Q: 除了李世涛,本剧中你最想出演哪个角色?为什么?

适合我的就是最好的,李世涛就是我最想演的角色。

Q: 演戏多年,如今拿到一个新角色,你习惯从何处入手?

以李世涛为例,我首先都会通读几遍剧本,熟悉整个故事,这样就可以把握角色从故事开始到后续的变化或是经历。然后就是一场一场去下词,就是背台词,这样一个过程下来,对人物的理解就已经比较透彻了。演绎的时候从人物的性格入手,去塑造整个人的行动和形象。

Q: 演戏遇到同类型角色时,你会去挖掘他们差异化的一面吗?

每一个角色都是不同的,类型只是表面,就像领导型的角色,差异很多很多的,去挖掘才是演员的乐趣,我也很感谢能遇到很多不一样的角色。

赵 亮

(饰演：张志华)

特别为角色设计了"心计"

Q：剧本对张志华的定位是"小"人物，你是如何理解这个角色的？

这是一个很复杂的角色，他是一个小人物。当然我们的剧里也没有什么"大人物"，毕竟是聚焦基层扶贫工作者的一部剧，但我觉得张志华身上的色彩是最浓重也是最复杂的，他有着很多面。

Q：你出演过的小人物很多，这次的张志华有什么独特之处？

张志华毕竟是一个基层的干部，既是政策的执行者，也是老百姓的利益代言人，所以他是一个带有矛盾性的人物，这也可以解释为什么剧中他时常会做一些看起来不太"正面"的事。在实际的基层工作中，基层干部要面对的情况可比剧里很多时候复杂多了。

Q：张志华与李世涛相比，人物并没有那么"正面"。这种复杂性对你来说，是更大的表演空间还是挑战？

我觉得这个人物更具备多面性，你不能说他和谁谁比不太"正"就是反派了。就像我前面说的，实际的扶贫工作情况是非常复杂的，很多时候，张志华不得不使用一些"小手段"。而且他身上的一些小缺点其实也是生活中很常见的，这样一个真实、复杂的人物,我演起来挺有兴趣的。

Q:你觉得张志华与侄子张楠之间是一种怎样的关系?

从剧本表述上是亲情关系,但是我觉得在表演当中,在剧本的提示当中,包括我在处理的时候,我觉得他们两个的这种亲情是拧巴却真实的。

Q:张志华在剧中虽然只是一个小小的村支书,确是我国万千基层工作者的代表,你为这个角色作了哪些前期准备?

村支部书记是我们政府最基层的党组织的负责人,原来我也演过这类人物,以前的一些表演经历,包括了解到的很多信息在这部剧中也给我带来了很大帮助。当然这部剧中的张志华是一个全新的角色,我还是有做一些准备的。

Q:你在表演中有为这个角色做一些小设计吗?

张志华这个人在处理问题的时候是比较灵活的,和通常那种朴素、老实到木讷的角色还是有些区别的,所以在有些桥段上我会把他表现得看起来是比较有心计的一个人。

Q:虽说张志华的定位是"小人物",但我们都知道表演中"没有小角色",你觉得要演好小人物需要具备哪些能力?有总结出什么表演技巧吗?

塑造小角色我觉得最重要的是要让他有血有肉,因为他很接地气,也许就在身边。对于演员来说,就是要多观察生活,观察身边这些普普通通的人们是如何为人处世的,然后运用到表演中来。

Q：拍摄这部剧的过程中，对你来说最大的挑战是什么？

学方言。原来我也没有碰到过这样的情况，后来编剧设计了一场戏，有七八个地方的同志，地方不同，有不同的方言，虽然我原来也学习了一些这方面的技巧，但是在戏中也是第一次使用，希望没有让导演失望。

Q：你早期的很多经典角色具有一定喜剧色彩，会担心给观众留下一种刻板印象吗？

我演的大部分都是喜剧人物，但是我觉得每个人物还是不一样的，喜剧点也不一样。能有经典角色被观众记住是我的荣幸，但我相信能记住我的角色的观众，他们一定也能感受到每个角色身上那些不同的特质。

Q：你觉得喜剧最难把握的是什么？

喜剧最难把握的是节奏，我从事了这么多年的喜剧表演，觉得难度还是挺大的。

主创专访部分　采访/整理：末绿

演员自述

徐玉琨

（饰演：刘曼青）

我对农村有着不一样的感情

从 2014 年拍摄《平凡的世界》到现在整整七个年头了，这期间一直没有接过农村戏，而在今年有缘和自在映画 casting 团队的重阳、孝权弟弟结缘参加了《在希望的田野上》的拍摄。一听说是农村戏好些朋友还劝我不要接，说农村戏又苦又脏又累，拍摄环境又艰苦等等。可他们不知道，对于一个曾经当过知青，对农村生活有那么一段特殊情结的我，这是难得的机会，我毫不犹豫就接下了。

4 月 15 号剧组正式开机，在编剧、出品人饶俊、制片人刘运强、导演王俊晔的带领下进行了为期 72 天的艰苦并愉快的拍摄。

这是一个描写从贵州大山里走出去的大学生学成之后返回老家立志改变家乡面貌，帮助乡亲们脱贫致富的当代青年励志的故事。我在剧中扮演一个驻村干部刘曼青，市教育局一位临近退休的财务处长，负责驻村队的财务和后勤工作，在驻村队工作期间，从年轻的队友们身上重拾了青春活力，思想和精神都得到了升华。由于身体原因，加上劳累过度，过早地离开了大家，离开了他热爱的扶贫工作……

我特别喜欢刘曼青离世以后队友们对他缅怀思念的那组戏，

导演设计非常有新意,让刘曼青吹着口琴和队友们互动,用镜头蒙太奇,使大家感觉他似乎又没走,似乎还和大家在一起,真催人泪下啊。

陈 卫

(饰演：张发花)

"痛"并快乐着

记得是 2020 年的春节前,我和我爱人徐玉琨同时接到了《在希望的田野上》剧组的邀请,参加 2021 年在贵州铜仁的拍摄工作。说实话我已经好几年没有接过农村戏了,当知道该剧的编剧也是该剧的出品人饶俊先生就出生在贵州铜仁,为了宣传自己的家乡,他倾情创作了这个反映家乡扶贫建设的感人故事时,我们十分感动;而自在映画 casting 团队又是我之前合作过的团队,有一种特别的感情;加之我们夫妻二人又能在一个组里工作,所以当时我们欣然地接了这部戏。早早地就把档期给留了出来,2021 年我们的戏如期顺利地开机了。

在剧中我所扮演的角色是一个贵州山区里没什么文化非常泼辣但又很疼爱丈夫的农村妇女张发花,而生活中的我是一个性格温柔开朗而且非常爱美的人,为了更好地塑造角色,我是怎么朴实怎么来,怎么泼怎么来,尽量让自己更加真实自然地接近人物。在剧中要求我们所有的演员说贵州话,虽然四川话跟贵州话很接近,但有些字的发音还是有很大的差别,好在组里给我们请了贵州的台词老师让我们很快就变成了满口的贵州话。记得第一天在现场拍我和赵亮的对手戏时就把导演和大家笑得不行,直夸我们太像贵州山里的老农民了。

有些人总以为做演员很容易,其实我们自己才知道做演员的艰辛和不易。我们在拍摄这部戏的时候天气越来越热,而我们戏里的季节是秋冬季,在三十多度的高温烈日下我们每个演员都要穿两三层毛衣和呢子外衣,每天都热得我们全身湿透,山里的天气说变就变,一下雨山上的黄泥粘得满脚都是,让你抬不动脚。有一天在高山上拍摄,那天还全是我的重场戏,可就在拍第一场戏的时候由于我演戏太投入不小心从山坡上狠狠地摔了一跤,当时那个疼啊。这一摔把全组的人都给吓坏了。让我感动的是我们的导演第一个冲到了我的身边关心我的伤情,制片部门立马让队医给我做了检查,后来我自己感觉没有什么大问题,就忍着疼痛坚持着把当天的拍摄任务顺利完成了,收工回到酒店已经是半夜了。后来在制片和导演组的陪同下去医院一检查才知道,我有两根肋骨轻微骨裂了,虽然受了伤,但制片和导演组都非常关心和照顾我,让我感到在这样的大家庭里特别的温暖。最后为了不影响全组的拍摄进度,我坚持把所有的戏拍完直到顺利杀青。我想这就是我们做演员的应该有的职业道德和敬业精神吧。

高一清

(饰演：李涵)

带自己从一个封闭的围城里逃离

能参与《在希望的田野上》这部剧，让我感到非常的荣幸，能饰演一个从未塑造过的角色类型"李涵"更让我感到兴奋和珍惜，而最终完成好这个艰巨的任务，离不开编剧、导演、同组演员对我的信任。记忆犹新的是在拍摄期间为了更好地诠释角色，逃离演技舒适区，我放弃了以前拍戏的习惯和方法，花更多的时间与编剧一次次地沟通关于角色的建议和想法，在现场跟导演讨论表演方案，在每次都得到大家的正向帮助后，逐步建立起了信心和方向，也像是给自己打了一针强心剂。

现实题材的影视作品对于演员来说无疑是一个不小的考验，需要演员用丰富的生活阅历来支撑角色内在的故事。在拍摄这部剧的过程中，我发现对于角色更深层次的理解，其实都来源于现实生活里的点点滴滴，而这些生活中的点滴则是需要我们用心去体会和发现的。以前大家会习惯把剧中的人物分为"好人"和"坏人"。其实这样的分类并不客观，我们没有做到真正地理解这些所谓"坏人"背后的故事，他们和其他人一样，有着支撑自己三观的逻辑，也有他们对生活的追求，这些人物的各种经历最终融会贯通成一个完整的角色。

我也常常反问自己,难道剧中所谓好人就从来没有不好的念头吗?没有做过错事吗?就像我们判断与他们对立的人物一样,简单根据角色属性判断他的好坏,不是把他作为一个完整的人去理解,这些都是我们对于人物理解不够深刻,导致的片面判断。而这些拍摄过程中的反思让我越来越清楚,作为演员,我们如何去代入人物,也让观众更加理解人物。

　　这部剧,让我学会了打破习惯,带自己从一个封闭的围城里逃离。当城门打开,我们站在了一片金灿灿的希望的田野上。

胡文喆

(饰演：耿一鸣)

感觉不是来拍戏，是来录变形记的

当我拿到耿一鸣这个人物的试戏片段时，特别欣喜。这个剧本离我很近，因为它讲的是我的家乡——贵州；同时这个剧本又离我很远，因为讲的是在贵州农村发生的故事。这是一个以乡村振兴为主体来讲述的故事，是我以前从未接触过的电视剧类型，但因为需要用到我的家乡话，所以莫名的特别有归属感，感觉自己也为发展、振兴家乡做了一点点贡献。我演的这个角色，是一个很有自己性格的风风火火的大男孩，他非常直爽善良，因为长辈所迫，不情不愿地来到了驻村队，但慢慢地，他从不接受不情愿到最后真的融入了驻村队工作，真的心系整个队伍以及他们所帮扶的乡村，完成了自我成长。不得不说，我非常幸运能够演出耿一鸣这个角色，能够在剧组学习成长。

在开机前，我们提前进了组，和驻村队的几个小伙伴一起来到了我们的拍摄地，去体验真正的农村生活。第一天就见到了一堆以前从来没有接触过的农具，跟当地老乡学习怎么使用镰刀割草，用锄头锄地，用扁担挑水等等。对于城市长大的我，以前觉得挑水不是很简单嘛，但是真的上手后才知道是我见识太短了。它不仅考验平衡还要考验力量，装满的两大桶水，如果不会用腰力，根本就挑不起来,更别说挑着走路了。体验农活不仅让我贴近了农村环境,也和同组拍摄的演员们更快地熟悉了起来。真正开机之后,很多对白需要用到我的家乡话,这好像是我第一部在开机时没有特别紧张的戏,可以放松地去演绎角色。

  之前还开玩笑跟我的朋友说,这不是来拍戏,这是来录变形记的。农村的条件真的很艰苦,以前没有在农村体验过,所以对他们的生活也很陌生。来到了这儿我才知道,原来还有旱厕这样的存在(虽然前期坚决不去,但是后面也能适应了);在这儿学会了怎么砍柴,怎么用柴来生火,知道原来那种大铁锅煮出来的柴火饭真的特别好吃;第一次去了解了车厘子的种植基地,香菇的种植基地,知道了原来黄牛是很小一只,反正在这儿拍摄过后,看到了特别特别多有意思的事儿和人,当地的不管小孩老人,至少我碰到的都是很朴素可爱的。和大家工作起来也非常有意思,我们驻村队的每个人性格以及表演方式都不一样,反正在现场很快乐也很融洽,整个模式我很喜欢也很舒服,还跟剧组里资深的演员老师们学到了很多有用的知识。

  下面我要说的话可能很教条,但是这次拍摄结束后,给我留下了很深的感触。真的要好好学习,天天向上,不管是农村的孩子还是城里的孩子,知识真的能改变命运,走出大山,去学习更多的知识,回报家乡。感谢制片人、感谢导演,让我可以遇到耿一鸣,又积累了人生中不可或缺的一段经历,让我体会到了自己的渺小以及学习的重要。

崔莉雅

(饰演：林青青)

圆了我从小想支教的梦

我饰演的林青青这个角色，积极乐观，对生活充满了希望与好奇，很善良很简单能吃苦，但也有她脆弱的一面。

出演这部剧让我感触最深的是扶贫工作者的无私奉献，拍摄过程挺辛苦的，但收获了一份实实在在的感动。作为演员，我们有责任让更多人关注这些扶贫工作者，他们应该被记得被敬重。

我以前没有演过这种类型的戏，老觉得自己挺能吃苦的，演完之后才知道这其中的不易和辛酸。还记得刚进组的时候导演就跟我们说，我们的角色在生活中都是有原型的，每年在扶贫事业中牺牲的就有上百人，我真的很幸运能在这个环境中生活几个月，圆了我从小想支教的梦。

在拍戏的时候，剧组的氛围非常好，好的导演，好的剧本，好的制作团队，还有一群可爱的演员。我们每天朝夕相处，每天聊人物，聊生活，聊表演。很多前辈都教我们如何演戏，真的很感恩，让我对表演有了新的认知。我们一起哭一起笑，一起担心一起紧张一起激动，我们就是一个大家庭，我深深爱着这个家庭中的每一员。

杨韬歌

(饰演：田如林)

努力把自己变成当地人

感谢总制片饶俊让我加入《在希望的田野上》这部剧，这次拍摄让我对这类题材的戏产生了兴趣与向往。因为这是具有地方特色的一部扶贫戏，从前期看景到中期拍摄再到后期制作，大家都特别较真。

这部戏我需要说方言，南北文化的差异加上我对贵州方言的一无所知，开始时我只有一个感受——太难了，怎么可能学会。我试图用普通话表达情感诠释人物，可总是觉得不对味儿。这让我下定决心学好方言，用贵州话来完成这个作品。

在还没有进组之前，我找了贵州的朋友让他教我，学了几天发现这个就像基本功，基本功扎实了学得才快学得才像，但是很明显我这功夫是不到家的。进组之后，组里就给我们安排了方言老师，教了我们一些说好方言的方法，终于感觉自己渐渐摸到了门道，但是距离一个地道的当地人还差远了。

有一次我们围读剧本的时候，导演就跟我半开玩笑地说，你从现在开始，在生活当中也全说方言。我一愣，缓了一下感觉思维被瞬间打开了，觉得这个应该是最快最好最有用的方法。

这样学语言，首先要建立的就是信念感，在外吃饭、打车、买东西，我都坚持说当地方言。从一开始的大家听不懂到大家都笑着用当地话回我，再到最后当地人完全认为我就是他们的其中一分子了。

在与当地人的接触中，我每每被他们的朴实和纯真感动。因此在看剧本时，我会不由自主地联想到我接触的当地人，这让我更快地进入了角色。

尽管拍这部戏时我非常用心，但依然留下了很多遗憾。我觉得与其后悔，不如更加努力地拍好之后的每一部戏。我会加油的。

| 揭秘 |

《在希望的田野上》诞生记

从中心立意的选择,到将近四年的剧本打磨,再到历尽艰苦的筹备、拍摄,《在希望的田野上》经历了被退稿、预算紧张、恶劣天气条件等诸多复杂的情况,最终在全剧组的共同坚持下,这部诚意满满的作品被送到了观众面前。

1. 开　　端

创 作 起 源

2018年,在外闯荡的编剧饶俊回到家乡铜仁。与多年未见的老同学重逢,饶俊才发现,许多曾经和自己同窗一起读书、玩耍的朋友,如今都投身于家乡的扶贫工作。其中不乏生于城市、长于城市的"城里人",他们在贵州的山村里挥洒着自己的青春。

一线的扶贫工作者要面对的除了复杂而艰苦的农村环境,缺失的家庭时间、力不从心的子女教育……都是无法回避的难题。交流中,饶俊第一次如此近距离地了解这其中不为人知的苦和难。一对夫妻告诉饶俊,由于工作安排,他们两人分别被派驻到了不同的村了。孩子无法带在身边照顾,只能交给爷爷奶奶抚养,夫妻二人也不得不成为一周一会的"周末夫妻"。如果遇上其中一方开会或是有工作安排的情况,可能十天半个月都无法和家人见上一面。

驻村五年,他们就这样过了五年。

饶俊对此感到十分好奇与诧异。他从未想过自己身边会有这么多人选择投身于扶贫事业,也无法想象这些从小生长于城市中的同学们是如何适应山村艰苦的条件,并愿意留在那里、建设那里的。他们并非出生在山村,对于一个没有归属感的地方,到底是什么力量支撑着他们为这片土地挥洒汗水、奉献青春?

带着这个疑问,饶俊辗转联系到由贵州省铜仁市碧江区人大常委会副主任杨长印女士领衔、碧江区教育局对口支援白果村精准脱贫的驻村队,与他们交流、和他们一起生活,试图找到问题的答案。

当他来到驻村干部们所在的村子时,那里的现状给久未归乡的饶俊带来了很大冲击。童年时代的饶俊从不敢想象,自己居然在家就可以上网,自来水居然可以接到家门口,而且二十四小时都有热水。

在饶俊的记忆里,小时候每天上学要走几公里山路,如果遇上雨季,则是一脚深一脚浅地蹚到学校,带着满鞋的泥泞坐在教室里上课。到了午饭时间,孩子们就会去食堂领回自己寄放在这里的、从家里带来的午餐——辣椒炒黄豆拌米饭。那时候,吃饱肚子就行,孩子们没有什么营养搭配的讲究,家里也没有提供肉蛋奶的条件。

如今饶俊再次回到乡村小学,发现村里的路变成了水泥路,校舍焕然一新。学生们早餐有蛋奶工程、中午有阳光午餐,基本不用怎么花钱就可以吃到营养均衡且美味的一餐。饶俊记忆里那段跋山涉水上学,吃不好用不好的求学经历,仿佛已经成了岁月长河底部一块不起眼的石头。

家乡的巨大改变给饶俊的内心带来了深深的震动。看到记忆中的山村变成如今模样,饶俊突然觉得,扶贫工作或许并不需要什么复杂的缘由,任何人看到自己的工作能为村子、为村民的生活带来如此大的贡献与改变,都会打心底产生对这份工作的认同。

这一刻,这些真实的、就发生在身边的故事与人让饶俊十分动容,"为他们写点什么吧!"这样的声音在饶俊心中挥之不去。

三 十 而 立

2008年,一个来自贵州山区的男孩考入了上海戏剧学院戏剧文学系,从此开始了自己与戏剧为伴的编剧生涯,这个男孩就是饶俊。

自 2015 年饶俊编剧的古装仙侠电视剧《花千骨》一炮而红后,他的作品便被深深地打上了"古装"的烙印。《画江湖之不良人》系列、《飞刀又见飞刀》《醉玲珑》《颤抖吧,阿部!》等作品,播出均收获了极高的热度。

2018 年的某一天,即将迎来自己三十岁生日的饶俊辗转反侧,他复盘着自己这四年来的创作,思索着自己的成长。常言道,三十而立,对于已在古装剧这一题材领域驾轻就熟的饶俊来说,或许在三十岁的节点,自己的创作也该随着人生阶段的更新而迈进一个新的领域。

转型,是这一年饶俊对自己职业生涯、创作生涯的规划。他决定放下自己曾在古装剧题材中的成绩,选择一个新的领域从"零"开始。

然而,新的问题随之出现。

转型,转向何处?悬疑推理、都市情感、历史传记……可供选择的影视题材方向实在太多,选择哪种类型作为自己转型的第一部作品,才能既有实操性,同时还能带给观众新鲜感呢?

综合考虑之后,饶俊决定遵从自己的心声——为那些投身于我国乡村振兴事业一线、鞠躬尽瘁的驻村干部们写一个故事。

2. 方　　向

现实题材、贵州山村的扶贫故事,这是饶俊给这部转型之作确定的方向。在这个基础上,饶俊带领着团队开始一起回忆、走访、归纳、总结这个他"生于斯、长于斯"的小山村中的"原生"问题。

过去·现实

这里最大的问题,是缺水。

普遍印象中,提起西南,提起贵州,潮湿、温润就是这里气候的代名词。贵州的知名景点黄果树瀑布、水上森林都名声在外,这样一个绿水青山的地方,很少有人会将它与"缺水"联系起来。在外地人心里,缺水的地方就该是黄沙漫天、寸草不生的。

然而贵州山村的可利用水资源,远不如看起来那样丰沛。

贵州省属于亚热带季风气候,虽然气候温暖、雨量充沛,但也存在着降雨时空分布不均的情况——贵州全省有三个多雨区和三个少雨区,年降水量最大差值可以达到738毫米;全年的大多数雨季基本集中在夏季,但夏季降水量的年际变率大,时常也会发生干旱的情况。

饶俊是贵州省铜仁市人,那儿实际上并不算贵州的少雨地区,但缺水问题也依然严重。

贵州是典型的喀斯特岩溶山区,且是全国唯一没有平原支撑的省份。山高坡陡的地形导致这里蓄水保水能力差,水土流失十分严重,因而水资源利用率极低,形成了"山多地少、石多土少、雨多库少,丰水又缺水"的水情特征。

"季节性缺水",就是对这里最精准的描述。

在饶俊的记忆中,村子里的人们洗衣服要去几里之外的水库;农田的灌溉要靠天下雨,遍地都是"望天田";如果遇上个没有雨水的夏天,水井都有可能枯,被干旱折磨的村民们甚至为了争水而打得头破血流……念书的学校里接了自来水管,孩子们就带着桶去上学,早上偷偷接了水藏在教室后面,晚上再挑着水步行几公里回家。后来"偷水"的学生太多被学校发觉,就连这条"水路"也被彻底断了。

第二个问题,是产业缺失带来的人口流失。

20世纪90年代,贵州正安县与广东番禺县签订协议,由正安向番禺输出300名女青年做合同工,正式打开了贵州山区向外地劳务输出的窗口。这之后,外出"打工潮"便在贵州各个山村之间流行开来,几乎每家的青壮劳动力都拒绝留在大山中靠天吃饭,选择前往沿海、江浙一带去用劳动换取更好的生活。也是从那时起,村子里出现了第一代留守儿童。

年轻人背井离乡是为了梦想或是为了给家人更好的生活,然而那些走不了的老人、带不去的孩子们便被剩在了村子里,十几年过去,原本生机勃勃的山村,便成了后来人口稀少、劳动力缺失的模样。

当下·希望

最后一个问题,也是国家扶贫工作开展多年依然存在的一个问题：伴随落后的教育而出现的——落后的观念意识。

在前期的取材走访过程中，饶俊发现了一个现象：一些乡村学校对于一个教师教学能力是否优秀的评判标准，就在于这位老师最终有没有被调进城里。

当然，事实也的确如此。如果一位老师在乡村学校做出了成绩，等待他的必然是一个可以"进城"的名额。许多城里的学校将自己的"城市编制"当作吸引师资的筹码，而对于教师本人来说，获得这个名额也象征着对自己教学能力的认可和褒奖。

然而，这种"升级"制度直接导致了农村学校优质教育资源的流失。虽说也有一部分优秀的老师因为各种原因选择留在农村，但也毕竟是少数，大部分获得"进城"资格的老师，出于对家人、对前途、对下一代的考虑，都很难放弃这个机会。

显然，农村的这种教育困境也引起了国家的重视。2021年8月，深圳、北京、上海三个城市首次在"双减"发布会上宣布启动教师"轮岗制"，以将优质教育资源流通起来的方式平衡因地域、学校不同而带来的教育资源分配不公的现象。

但在饶俊念书，或是更早的时候，并没有这样的政策出台。村子里的未成年人要么接受着较低质量的教育，要么因为生活压力、经济压力早早辍学，外出打工。而饶俊在与基层驻村工作人员共同工作生活的过程中，也遇到了让他终生难忘的一幕。

一次，饶俊随碧江区宣传部前往灯塔地区推进教老年人读书看报的扫盲学习工作，在协调会上，村民的一个问题使他愣在了原地。

"我们来这里学习，耽误我们干活了，给不给误工费啊？"

这样一个看似不可思议的问题，让当地扶贫工作者的扫盲工作难以推进，也让饶俊意识到：经济问题并非是最难解决的，只要有国家的鼎力扶持、一线扶贫干部的持续付出，落后的农村经济很快就能摆脱困境。然而对于这样一个闭塞、落后的小山村，最难的，是纠正那种长久以来的陈旧的观念意识。

饶俊明白，只有彻底改变陈旧的观念和落后的思维，在新时代的科学思想引导之下，这里的山村才能真正摆脱对国家扶贫政策的依赖，拥有属于自己的造血功能，"脱贫不返贫"才不会是一句空话。而教育，正是推动农村精神文化扶贫的唯一手段。

饶俊觉得，要让这个故事的关注重点落在精神文化扶贫工作的展现上。

3. 创　　新

到目前为止,这部作品的主线基本明晰了——一部重点关注教育的乡村振兴现实主义题材作品。故事主角的职业背景,也自然围绕这个主题,以一线驻村扶贫干部、教育从业者为主。

然而,在设定主角年龄的时候,饶俊又犯了难。

2018年的主旋律作品或是乡村题材作品,并不像近两年一般受年轻观众的青睐。那时许多故事优质制作精良的主旋律作品,都面临着观众年龄层普遍偏高,在年轻观众中叫好不叫座的境况。

或许是因为自己以往的作品都是面向年轻观众群体的,饶俊心中还是希望这个故事能被更多的年轻人看到。

饶俊觉得,想要吸引年轻观众,最重要的前提是要在这个群体中获得认同,而认同的前提,则是共鸣。

共鸣,不仅是这部剧打开年轻观众市场的先决条件,也是所有现实题材是否能成为一部优秀作品的基准之一。

芸芸众生,三百六十行,每个人的工作不同、年龄不同、生活环境不同,每个人都有着自己的生活。所谓共鸣,就是要在对真实生活细节的描绘中激发观众对这一部分情节的认同感,让观众在某个瞬间会觉得:"这是会发生在我身边的故事"。

人生各不相同,但情感是共通的,一如亲情、一如友情、一如爱情、一如理想。饶俊认为,以这些最基础的、人人都会经历的情感去打动观众,是最稳妥有效的,至于如何把握塑造这些情感的"度",饶俊的标准是:首先要打动自己。如果连身为编剧、见过各种各样剧本的自己都能被打动,那么打动观众也不是一件难事。

经过一番考量,最终饶俊将主角之一的张楠设定为一个和自己一样从大山里走出的大学生。不同的是,故事的主角张楠刚刚毕业,正值青春,他在人生最精彩的年纪选择回归山村,用自己的学识与本领回报生养自己的故土。

不只主角张楠,饶俊更将整个驻村队的主体年龄都设定为初入职场的年轻人。他要写一个以年轻人的视角讲述的故事,描绘现实中年轻人真正在做的事业,打造一部能得到广大一线青年乡村振兴干部认可的现实题材作品。

饶俊怀着忐忑的心情开始自己第一部现实题材作品的创作,而这种忐忑彻底消失于一次看片。

在这部剧进入后期剪辑阶段时,饶俊邀请了自己采访过的部分一线扶贫干部来机房看片。在这些"原型们"一言不发认真看片的同时,一旁的饶俊同样认真地注视着这第一批观众,揣测着他们可能会有的评价。

好在,成品并未令这些观众失望。看片结束后,一位扶贫干部满怀感动地对饶俊说:"这写的就是我们的生活,让我重新想到了当时在村里工作的情景。"此言一出,饶俊从创作之初就一直悬着的心终于回落。这部剧集既然能取得这几位原型的认可,那么总算不辜负想要为全国千千万万基层扶贫工作者发声的初心。

4. 坎　　坷

险些夭折的项目

时间回到 2019 年，原本与饶俊签约决定制作这部剧的公司突然叫停这个项目，并要求饶俊退回已经支付给他的稿费。

项目流产，在业内早已不是什么新鲜事，饶俊见得多了也早已习惯，但这个噩耗对于当时原本就处于创作瓶颈期的饶俊来说仍旧无异于晴天霹雳，双方陷入了僵持。

最终，国家广播电视总局网络视听节目管理司和中国电视艺术委员会出面打破了僵局，先后为该项目召开三次剧本论证会，反复打磨，促使该项目被确立为国家广电总局网络司精品工程剧目、中国电视艺术委员会重点引导推进剧目。后来，腾讯视频也终于拍板决定投资制作这个项目，不为人知的是，视频网站采买此类主旋律项目，尚属首次。

饶俊决定不再与之前的制作公司继续僵持。他毅然赎回剧本版权，并决定由自己亲自操盘制作，从头开始。

天降导演，一切都是命中注定

即使获得了腾讯视频平台的支持，拿到了千万投资，然而这个数字在如今动辄投资上亿的影视制作市场中，并不算富余。

饶俊作为这个故事的部分亲历者,又同时是它的创作者,比谁都希望这部剧的大部分资金可以用在内容制作上,真正打造、还原出那个他心中的、剧本里描绘的贵州山村,将那些动人的故事尽量以最精良的制作展现出来。

为了省钱,饶俊主动放弃了自己那份编剧费和制片人费,将这些钱全部重新投进项目里用于制作。然而即使如此,演员、导演这些重要班底的集结同样也是一大笔开支。

如何找到适合操盘拍摄这个项目、愿意前往贵州乡村吃苦,同时又能接受项目并不高的酬金预算的导演,饶俊犯了难。

就在这时,饶俊听说自己上戏的师哥——王骏晔导演手头一个类似题材的项目出了些问题,没有进行下去,而王骏晔不久前才为那个项目前往农村采风。在饶俊看来,如果事前没有对相关情况有所了解、没有真的在农村生活过一段时间的人,拍出来的作品是"虚"的,而有过相关题材采风经历的王骏晔的出现对饶俊而言无疑是神兵天降。

怎么看怎么合适的饶俊立刻就联系到王骏晔,约他见面聊聊剧本。

一见面,一聊起剧本,两人之间的默契便显露了出来。

从前饶俊担任别的剧的编剧时,有时难免会出现与导演意见相左的情况,然而这次和王骏晔的交谈却异常和谐,不论是对剧本的理解还是创作理念,两个人都十分顺利地达成了一致。

王骏晔对现实题材充足的前期准备工作和对剧本深刻的见解让饶俊十分敬佩,很快他便决定邀请王骏晔来做这部剧的总导演。

而王骏晔那边,也被饶俊愿意在这个时间点选择这样一个不赚钱的题材讲自己家乡故事的勇气和魄力所折服,他非常珍视这次拍摄乡村题材剧的机会,因为他也同样有着满腔的情感需要一个出口来向家乡表达。

从业多年,王骏晔一直等待着一个机会、一部作品可以让他表现家乡贫穷表象之下的美好,可这类题材的市场需求量实在太小,王骏晔之前导演的作品风格又看起来与之相去甚远,因而这个机会久等不到。

在看过饶俊的剧本后,生长于齐鲁平原的王骏晔与剧本里的贵州山区产生了奇妙的共鸣。因为不论是剧本里描绘的那种乡村生活经历,还是其中暴露出的各种贫困地区面临的问题,也同样发生在自己家乡的那个经济欠发达的小乡村。

虽然故事的发生地隔着半个中国,但王骏晔觉得,自己和饶俊对待家乡的情谊是相通的。

于是,带着对家乡的满腔情感,导演王骏晔加入了这个项目。

缘分、侠气共存的演员班子

头一次做制片人的饶俊,对于如何分配预算有着自己的执着。

"一定要先保证制作部分的预算",这是在前期计算成本时,饶俊对自己团队说的话。在这一原则的指引下,分配完其他各部分的预算后,留给演员片酬的部分就显得十分有限。

饶俊不是没有期望过在演员选择上可以兼顾热度、能力和预算,然而这种可能性有多低,他心中再清楚不过。即使如此,饶俊依然积极地发动自己的人脉,四处对接联系,广发英雄帖,只为找到自己心中满意的演员。

不过,从始至终,饶俊的原则只有一个:演员片酬部分的预算就是这些,绝不因某一个演员提高片酬而影响到其他部分的预算。

英雄帖之下，有人来应。演员曹骏出现了。

饶俊称自己和很多人一样，是"看着曹骏的戏长大的"。恰好前不久曹骏参加了一部演员竞演综艺《演员请就位》，节目里那个年轻人对待演戏的热情和认真一如少时，饶俊心想，或许应该见见这个眼中有光的演员。

第一次与曹骏会面，饶俊就被他那双纯粹而干净的眼睛震惊到了。"一个在演员圈子摸爬滚打经历了这么多的人，还能有一双这样干净的眼睛，真的很难得。"曹骏身上这种历经坎坷依然保持一颗赤子之心的特质与故事的男主张楠不谋而合，和曹骏聊完之后，饶俊当即就对团队工作人员说："就是他了。"

故事的女主角，最终选择的是与饶俊合作多次的女演员安悦溪。饶俊与她的这次合作经历，现在看来，是个颇有侠气的故事。

因为演员预算实在可怜，饶俊为这部戏动用了不少私人关系，其中就有合作多次私交甚好的安悦溪。

安悦溪作为一个演过许多当红剧女一号的演员，原本她的片酬并不在饶俊的预算之内，令饶俊没有想到的是，当他将这个项目告知安悦溪，并向她挑明了预算有限时，安悦溪表示不计片酬，一口答应了下来。

朋友有难，二话不说便倾囊相助。那一刻，饶俊似乎已经在安悦溪身上看到了自己故事中那个义无反顾将青春献给乡村学校的女孩。

进组时，安悦溪的上一项工作还未结束，即使如此也依然尽力参加前期的演员培训和各种拍摄安排，经常一天睡不到三四个小时。有时饶俊心疼她两头跑，她却兢兢业业力求完美地完成自己的工作，她说："我是真的很喜欢这个剧本、这个角色，而且这些，也是我身为一个演员应该做的。"

除了男女主角，剧组中大多都是饶俊多年来在圈中结识、合作过的优秀演员，有的甚至象征性地拿了个红包就过来捧场了。大家出于对饶俊的信任和情谊而共同相聚在这个剧组，却没有一个人应付了事，认认真真跟着整个剧组扎根在贵州条件艰苦的小山村里，一拍就是两个多月。

5. 开　　机

真 实 背 后

王骏晔导演认为,拍摄现实题材的电视剧,画面之中呈现的"真实"最为重要。

为了追求真实、原生态的一面,剧组安排了为期半个月的培训和生活体验。用饶俊的话来总结,那段时间演员们的生活,就是"白天干活,晚上上课"。

饶俊口中的干活指的是真实务农,这半个月的体验生活除了让演员们适应山村艰苦的条件之外,最重要的一个目标就是要让这些城里来的演员们成为精通农活的能手。

"你演的是个农村干部,会挑水、会种地、会编筐是必须的。就拿挑水来说,对于电视机前真的有过这种生活经历的观众来说,挑没挑过水、是不是真挑,在水担上肩的那一瞬间他们就能看得出来。观众的眼睛是雪亮的。"饶俊告诉大家,一切都要来真的。

在这样的要求下,演员们也十分努力地学习、适应、融入离自己很远的农村生活。

作为一部主角是为乡亲们做实事的一线扶贫干部的剧,剧中有许多驻村队帮助乡亲们挑水、背草的戏。"我们拍这场戏让你挑一次水,可村民们是真的每天一早一晚都要去挑水,基层工作者们在这干一天就要帮这些村民们挑一天水。这是他们每天的工作日常,你想应该怎样去表现?"这是王骏晔动员演员时说的话,而演员们也纷纷表示认同,对于这些"力气活"戏份,他们没有分毫怨言。每场戏开拍,伴随着一句"走着"便立刻进入了状态,演员们俨然成了一个个驻村多年的基层干部。

拍摄其中一场挑水戏时,由于农村用的木桶原本自重就已经十分有分量,再装上满满两桶水,女演员将它挑上肩的那一刻,王骏晔在镜头里看到她十分明显地摇晃了一下。正在王骏晔权衡着要不要先暂停让女演员休息一下再继续拍时,女演员却没有放下肩上的担子。只见她略微缓了缓,便重新迈开步伐走上了通往村子里的小路。直到这一条拍摄结束,工作人员上前检查女演员的肩膀时才发现,从未这么长时间挑过如此重的水担的女演员,肩膀上已经被勒出了一道道红红紫紫的印子,看起来十分触目惊心。

看到这些印子,王骏晔灵机一动,立刻开机记录下了这一幕。后来,他回忆起这场戏仍然历历在目,他称赞道:"这才是真实,这就是真实!"

白日里做了一天农活的演员们,到了晚上也不能休息,因为还有一座大山等着他们翻越——语言。

今年年初,口碑乡村剧《山海情》的播出为剧集市场带来了一阵"主旋律热",方言版的意外走红和魔性出圈更是为饶俊和王骏晔打开了一个新思路:或许,在剧中适当地添加方言,不但不会"劝退"观众,反而能够提升剧集的真实感,有助于还原地域特征,另外,或许也能让荧屏前的观众更有代入感。

于是,饶俊和王骏晔一拍即合,决定借鉴《山海情》的成功经验,在这部剧中也加入一定比例的方言戏份。考虑到贵州方言的理解门槛要高于西北方言,于是他们在这部剧中选择让演员在与村民沟通的戏份中说"西南官话",即带有西南口音的普通话。这样一来,一能减轻演员们语言学习的压力;二来,观众在观看时也不至于太难理解。

大概很少有剧组会要求演员在试戏时先用普通话试一遍,再在极短的时间内学会这段戏的方言版本试第二次。但王骏晔认为,这种"折磨"是必须的,对于这部剧来说,演员的形象、表演贴合度与方言学习能力同样重要。最终,经过层层高标准的筛选,王骏晔和饶俊留下五六位展现出了极强方言学习天赋的演员来饰演剧中的主要角色——驻村队成员。

不过,即使是西南口音的普通话,对于这样一个只有两位出身西南、大部分为北方人的演员团队来说,要把方言说到能"入戏"的程度,依然是需要付出许多努力的。

于是,每天夜里,都能看到演员们跟着方言老师学语言的身影。

王骏晔曾玩笑着对演员说:"什么时候你们说的方言能做到不令当地村民发笑,才说明你们达标了。"令他没想到的是,一句玩笑话,竟真的被一位演员听进了心里。

从那天起,这位演员再也没有讲过普通话。不论是在剧组拍戏、还是私下里和其他演员交流,他尽力使用着方言。功夫不负有心人,在这样的高强度训练下,这位演员的方言说得越来越地道。有一天他去村子里的小卖部买水,正"抓紧时机"与店主攀谈来训练自己的方言水平,就听到店主问他:"你是贵州哪里人啊?"

听到这句,这位演员高兴坏了,因为他知道,自己终于"成了"。

而对男主角曹骏来说,印象最深的戏也几乎都和方言有关。

剧中有一场戏是驻村队在全村开会,曹骏饰演的张楠给村民讲解自己的车厘子滞销解决方案。一整场,几乎都是政策讲解类台词,并且几乎由曹骏饰演的张楠一个人完成,巨大的台词量遇上方言,于曹骏来说,难度加倍。

王骏晔和方言老师都劝他,如果方言台词难度太大影响表演的话,这场戏可以换成普通话来演。可曹骏觉得,如果换成普通话,效果必然会大打折扣,于是他拒绝了导演和方言老师的好意,私下拜托方言老师将这段台词录音,然后自己听着录音反复练习、打磨。终于,正式拍摄时,曹骏成功用方言顺畅地演了下来。

自这场戏之后,曹骏对自己的方言表演越来越有信心。后来再次拍摄一场有大量方言台词戏时,虽然仍有挑战,但曹骏的把握也更大了。最终这场戏拍完后,同组的一位西南籍演员拍着曹骏的肩膀表扬道:"贵州话说得真是越来越地道了。"

对于"真实"的展现,也同样藏在王骏晔镜头的每个细微之处。

"手上必须要有活"是王骏晔对演员们的表演下的"死命令",也正是千千万万基层扶贫干部工作日常的真实写照。

即使是一场开会的戏,王骏晔选择的形式也并非常规印象中干部、村民围坐一桌,脊梁笔挺、手拿讲稿的样子。这部剧里的开会场景,时常在某位村民的家里、院中、农田边,在这里,驻村队员们一边向村民们传达着会议内容,一面自然地拿起村民手里正在做的活计熟练地帮他们做起来。

前期采风时,王骏晔就十分留心一线扶贫工作者的工作状态。"我在了解时发现这种状态才是真实的。扶贫工作不能停留在嘴上,你得真的动起来。扶贫干部只有真的帮村民们解决问题,他们才会靠拢你,进而配合你的工作。"

"因此我也要求演员们,手里一定不要停下来。村民做草鞋,你就帮他做草鞋;村民编竹筐,你就帮他们编竹筐;村民种地,你也去帮他们种地;绝对不能在旁边冷眼看着。"

在希望的田野上

在来到贵州前,王骏晔对于剧本中描绘的那个小山村有着自己的预设。他从自己的过往经历出发,再结合已有的一些影像资料,一个贫瘠、干旱、环境恶劣的穷苦山村出现在了王骏晔的脑海中。

然而,当王骏晔带着团队真正踏上这片土地的那一刻,他心中的预想被彻底推翻了。

这是一个满眼绿色、云蒸霞蔚的地方,每当早上阳光穿透雾气照射而来,便宛如仙境般美丽。

有此美景当前,着实令王骏晔犯了难。

正如前文提到的,季节性缺水是贵州山村面对的一个重要自然环境问题,同时也是剧中的突出矛盾点之一。可要在这样一个青山绿水的影像画面上讲缺水的故事,王骏晔觉得,这对于屏幕前的观众来说未免可信度太低。另外,本剧是一个讲乡村扶贫的故事,要表现的就是一个充满问题的山村解决问题的过程。可现在王骏晔面对的环境,拍进镜头中就是一个远离城市的世外桃源,对于一个需要被"更新"的山村来说,可供成长的空间实在有限。

那么,能不能人为地为这幅"仙境画"减分?这个念头一冒头,立刻被王骏晔掐断了,因为这种人为减分的行为,并不符合王骏晔一直以来所坚持的真实。

"这里已经很美了,我如果人为地去把它拍丑,就太刻意了。"说完这句话,王骏晔便带着团队开始了自己在山村里跋涉、探索的日子。

经过几天的考察,王骏晔找到了一处红石林。这里虽然远看雾气弥漫色彩丰富,实际上走近前来,却是石柱林立、犬牙交错,视觉冲击感极强。尤其傍晚太阳的光线打过来的时候,自然的光影还会给红石林增添几分危险的味道。

步入红石林,一条崎岖狭窄的小路被石柱层层环绕,人在其中的通行十分困难,十分适合用来表现当地不便的交通条件。

"终于找到了",王骏晔心想。后来,这片红石林成了剧中白果村的村口。

红石林的发现,也帮助王骏晔彻底打开了灵感的大门。

经过对红石林的考察,王骏晔发觉,世外桃源虽是这里给自己的第一印象,但实际生活在此,却要面对着各式各样的不便,他称此为"青山绿水下的机关重重"。于是他决定,不必刻意丑化农村形象、同时也不对乡村生活的落后避而不谈,以最真实的镜头讲述这片土地上发生的真实的故事,与镜头后的观众共同见证美丽表象下的污垢被彻底打扫干净的过程。

希望,是王骏晔想要传达的信息,一如剧名《在希望的田野上》。

其实最开始饶俊为这部剧起的名字并非直白的《在希望的田野上》,而是较为含蓄、需要细细品味的《暖冬》,期望传达出在寒冷的冬日里发生的故事也有着温暖内核的感觉。只是后来由于拍摄安排的调整,真正开机拍摄的时间已经由原定的冬天到了夏季,原定的《暖冬》也就无法再接着沿用。最终,《在希望的田野上》这个生机勃勃又充满希望的名字受到了全组的一致认可,全票通过。

民 族 与 村 民

云贵地区是我国知名的少数民族聚集地,其中也包括《在希望的田野上》剧组的取景区域。

对于这种地域特色和民族特色,王骏晔十分珍惜,也希望在镜头中有所展现。可同时,复杂多样的民族特点也让王骏晔觉得有些棘手——这一区域内生活着若干不同的少数民族,而剧里提到的问题是有共性的,共性的问题根结不在于民族,因而他不想特意在剧中表现某一具体的民族。

如此一来,村子里原有的一些带有鲜明民族元素的建筑就不得不被舍弃掉。如何在此基础上仍然向观众传达出一些少数民族的信号?王骏晔决定通过两个办法来解决。

首先,对于剧中的主要场景,王骏晔选择了当地大多数少数民族都会居住的吊脚楼。

在与当地村民进行了友好的沟通之后,剧组又安排演员和工作人员分别入住到当地村民的家里。为了节省资源,同时也最大限度地展现真实,剧中出现的所有吊脚楼、村民之家都是直接选择当地村民真实的家来进行拍摄的。

乡村人民的热情淳朴给剧组的拍摄带来了极大助力,而剧组为了不打扰村民的正常生活,在租借场地时也尽量不一次性拍摄整座房子,于是现场时常可以看到这样的景象:这边房间里村民在自在地生活工作,那边房间里剧组正热火朝天地拍摄,一切都进行得有条不紊。

这样的拍摄方法虽然很大程度上降低了对当地村民生活的影响,但也不可避免地要拍进去一些"路人甲"。在后期剪片时,王骏晔看着拍到的那些正在忙活或是聊天的村民,突然发觉镜头中的他们是如此的生动鲜活,于是许多原本应该剪掉的镜头,都被王骏晔保留了下来。

这种鲜活和真实令王骏晔十分感动,于是在一场驻村队走进乡村学校、调查乡村教师困境的戏中,王骏晔放弃了使用演员,将戏里涉及的乡村教师全部换成了当地的老师。

最开始,这些从未上过镜、拍过戏的乡村教师面对镜头都显得十分局促和不自然,更不好意思开口说话。王骏晔鼓励他们:"你们不要当作这是拍戏,就直接讲述你们真实面对的困境就行;今天我们也不管这场戏剧本是怎么写的,现在,我就只是你们的倾听者。"

"我想听听你们的心声。"

在这样的鼓励下,老师们渐渐开始表达自己,讲述他们面对的困难,畅想他们的未来……在这样鲜活而热烈的氛围中,王骏晔立刻让摄影师开机,记录下了这感动而珍贵的一幕。

体现多民族聚集特色的第二条解决之法,就是剧组在山头的最高点设计、修建了一座带有一些民俗色彩的风雨亭。

要在这样一个交通不便的山顶修建一座凉亭并不是一件容易事,而这个剧组的美术部门面临的考验更是从设计阶段就开始了——要让观众看出鲜明的西南特色,又不能过于明显地显露出任何一个具体的民族来。

为了不耽误拍摄进度,尽快完成这个"不可能完成的任务",美术置景部门参考了大量民俗建筑的设计图像和风格,最终摸索总结出了一个集各民族特色但又不突兀的方案。

当风雨亭在山顶落成,映着青山霞光出现在取景器中的时候,王骏晔兴奋地说:"这个风雨亭今后就是我们这部剧的视觉支点了!"

暴 雨

由于现实中一个村子的建筑、自然条件无法满足剧组的需求,因而剧中所展现的"白果村"实际上是取景四个村子而成的。

原本四个村子之间崎岖的山路对于"历尽艰险"的《在希望的田野上》剧组来说已经不在话下，然而，天将降大任于斯人也，必先苦其路况，困其车马。

夏天正是贵州多雨的季节，每逢下雨，制作组的心就要提到嗓子眼。意外的情况依然发生了，在由铜仁市松桃县转场去往下一个村子的途中，挡着一条"拦路河"，为了通行方便，也为了能给当地村民提供一些力所能及的帮助，剧组遇水搭桥，为当地搭起了一座新桥。

没有想到的是，接连几日的大雨让河水迅速上涨，新修好的桥很快就被上涨的河水淹没，通车十分危险。正在村里拍戏的一部分剧组人员和演员就这么被困在了村里，无法回到县城与大部队会合。

滞留村中，不仅会耽误拍摄进度，在这个时常没信号的大山里，通讯的不便更是令大家十分担忧。滞留半日后，眼看太阳就要下山，河水也没有丝毫退潮的迹象，最终，制片组决定，所有留在村里的人员都走原来的老桥步行过河回剧组，再由司机开着空车通过已经被水淹没的桥面。

于是，在那天的戏份结束后，剧组上百号人排着队、蹚着水，像长征一般，一个接一个地穿过老旧狭窄的桥渡过水流湍急的河。而这个惊心动魄的场面，发生在女一号安悦溪的生日当天。

暴雨对剧组造成的影响并不止于此。

剧本中有一场戏，讲述的是一场暴雨冲塌了桥，导致市委领导无法来村里视察，就在此时男主角想出了用水牛带市里领导过河的办法。

读完剧本后，包括王骏晔在内的剧组工作人员都对"水牛过河"的这一设置拍案叫绝,认为这场戏不论是视觉冲击力还是表现效果都属上乘,拍好了必然能成为全剧的重场戏和高光时刻。

经过一段时间的实地考察,剧组选择了一段水流不急、深度尚可的河面作为拍摄场地,在保证演员安全的同时也尽量提升这个画面的可操作性。

谁知,人算不如天算,等到拍摄这场戏的那天,竟真的下起了大暴雨。好不容易等到雨停了,再到河边一看,水位涨了。这场戏还拍不拍? 答案是一定要拍。演员也纷纷表示,重场戏,不论水情如何,一定要完成好。

可这次,不配合的除了天公,还有"牛公"。

在前期准备时,剧组为了这场戏便早早从村民家中借来了好几头性情温顺听从指挥的水牛,训练了好几天,终于让它们不再惧怕生人,可以稳稳地驮着演员在水里行走。没想到的是,原本训练得好好的水牛,一来到水流湍急的河流前,突然就拒不配合,令人无法靠近,更别提驮着演员过河完成拍摄。

王骏晔和美术组想了好些法子来"驯牛"。

最开始,剧组找到了水牛的主人,请他们去安抚自己家的水牛。可"牛脾气"毕竟是与"犟"联系在一起的,村民们在岸上安抚时还相安无事,一将它们拉到河边,刚要骑上它们就立刻被牛给甩下来。

王骏晔一看,连村民都会被牛甩下来,贸然让演员上牛未免太过危险。为了保证拍摄进度,王骏晔不得不强忍着对全剧高光镜头的不舍,要求饶俊修改剧本,准备一个备用方案。

身为故事的创作者,饶俊对于被迫修改剧本也是一万个不情愿。他同样对于这场戏寄予厚望,为了保证拍摄效果,剧组用到的水牛都是饶俊拜托自己的父亲联系周围数个村子才找来的。可面对现在这种牛不听话的情况,饶俊的父亲也不得不劝他:牛过河的设想可能过于理想化了,实现难度太大。

在现实困难和身边人苦口婆心的夹击下,饶俊不得不将原剧本中"水牛过河"的部分修改成较为常规的用竹筏过河。

在制作大竹筏的过程中,王骏晔还在带着工作人员继续努力驯牛。这次他们想了一个在河对岸用绳子牵着牛的办法,然后就发现,在有牵引的情况下,水牛对河水的恐惧得到了有效的缓解。下一步,就是让牛驮着陌生人过河了。

王骏晔不断换不同的人和牛去尝试,终于在工作人员被甩下来三次之后,找到了一头能安分驮着陌生人渡河的水牛。

危险系数还是存在,饰演市委领导的演员又都是年龄较大的行业前辈。饶俊找到他们,向他们讲明这场戏的重要性和危险性,并真诚地请求他们在身体条件允许的情况下去试一试水牛的方案。

几位演员听完,并没有丝毫犹豫和推拒,非常爽快地答应了,表示他们愿意一试。

真正开始拍摄,意外再一次发生。

原本牛已经被安抚得差不多,驮剧组工作人员也相安无事,结果饰演纪委书记的演员刚骑上牛背,就立刻被牛给甩了下去。

在对演员进行紧急检查确认无大碍后,剧组再次开始拍摄。这次从上牛到下水,牛全程都表现得十分安分。慢慢地,随着对岸绳子的牵引,驮着两位"领导"的牛也逐渐来到了河中央,就在王骏晔一颗悬着的心将将放下的时候,驮着市委书记的牛突然在河里小跑了起来……

整个剧组都紧张了起来,河对岸负责牵牛的工作人员努力控制着这头突然激动起来的牛,然而却是徒劳无功。牛小跑着渡过河之后,立刻就将饰演市委书记的演员甩到了地上。

"这件事太疯狂了!"事后回忆这场戏的拍摄经历,王骏晔依然心有余悸。

在这样既疯狂又拼命的努力下,这场重头戏终于完成了拍摄。为了纪念艰苦的拍摄过程,王骏晔还在剧中特意保留了一段市委书记被牛摔下来的镜头。

6. 尾　　声

挫磨、艰苦、坚持、认真，是用来描述那些在一线奉献的基层扶贫工作者的词汇，同样，也能够用来描述《在希望的田野上》的诞生过程。

从中心立意的选择，到为期将近四年的剧本打磨，再到历尽艰苦的筹备、拍摄，《在希望的田野上》经历了被退稿、预算紧张、恶劣天气条件等诸多复杂的情况，最终在全剧组的共同坚持下，这部诚意满满的作品被送到了观众面前。

谈及自己在这部剧中扮演的角色时，饶俊说："对于那些扶贫干部来说，我们觉得他们克服了很大的困难、吃了很多苦在为乡村做贡献，但实际上在他们看来，就只是在兢兢业业地在完成自己的本职工作而已。我也一样，作为影视从业者，关注他们的故事，讲述他们的故事，就是我的工作。一味强调困难，未免矫情。"

对于剧中为扶贫事业奉献青春的基层工作者，中国文艺评论家协会名誉主席李准在项目研讨会上引用王阳明的一句话来概括他们："此心光明，亦复何言。"或许，这句话放在《在希望的田野上》剧组上也同样适用。

采访/撰稿：末绿

后　　记

网络剧《在希望的田野上》自 9 月 15 日上线腾讯视频以来,引发了观众热烈的反响。为此,国家广播电视总局网络视听节目管理司、中国电视艺术委员会于 9 月 26 日下午在北京举办网络剧《在希望的田野上》专家研讨会,与会嘉宾从网络剧创作、青春化表达、创作态度、叙事方法等角度展开了对本剧的讨论。

魏党军
国家广播电视总局网络司司长

这部剧再次向我们展示了深入生活、扎根人民的巨大能量,也让我们看到了"人"在网络视听精品创作中的重要作用。文艺给人以价值引导、精神引领、审美启迪,艺术家自身的思想水平、业务水平、道德水平是根本。这部剧的创作团队,之前主要是从事古装剧创作生产的,并且已经具有了很好的市场反响和品牌效应,但现在能够积极围绕主题主线投身主旋律创作,以前瞻性眼光看准行业发展方向,从而做出了品质较高的作品,确实是令人欣慰、值得鼓励。

易凯
中国电视艺术委员会秘书长

男主角张楠研究生毕业后回到家乡、回报社会的经历,对整个文艺界都有非常大的启发、启示和启迪。把反映时代风貌的好作品创作出来、传播出去,让作品能够立得住、传得开、留得下,所有从业者都往这个方向努力,就是文艺界的风清气正。

仲呈祥
中央文史研究馆馆员、著名文艺评论家

编剧以"我用笔究竟写什么"带出了一个文艺创作的普遍意义,即当今中国青年艺术家应该坚守的一条创作道路——以人民为中心的现实主义。《在希望的田野上》以正能量鼓舞今天白果村人民把生活推向前进,把改革引向深化,去迎接光辉灿烂的明天。生活哺育了我们,我们反过来又作用于生活,引领人们前行,这是我认为的文艺创作应具备的基本作用。

李京盛
中国广播电视社会组织联合会副会长

《在希望的田野上》大胆地突破了网络剧在题材上的局限和束缚,以关照现实生活的创作态度和艺术秉性,打造了一个从农村走出来的重点大学毕业生张楠返回家乡、为新农村脱贫攻坚奋斗的感人故事,让网络剧在内容题材表达上有了一种扑面而来的、不同凡响的清新写实之风,融入了当代互联网文化和主流文化日益融合的发展趋势。

康伟
《中国艺术报》总编辑

近年来,网络文艺领域的现实主义转向非常明显,而这部剧就体现了网络剧在现实题材转向方面的表征,做到了人物形象上有新意、矛盾构建上有力度、思想上有深度、艺术上有感染力。

邓凯
《光明日报》文艺部执行主任

这部剧生动刻画了一组非常励志的投身乡村振兴的党员形象,如走出大山最终回乡的青年大学生张楠,雷厉风行、讨厌形式主义的干部李世涛等,也高度还原了农村生活,从话语、美食、风景对贵州的原生态进行了全景式的展现,很有说服力,也很有感染力。

高小立
《文艺报》编审、艺术部主任

这部剧从主题到人物都采用了双轨的并行方式,艺术地将当地农民在乡村振兴驻村小组入驻白果村后,从物质层面的振兴到义务教育、村民扫盲、乡村卫生、文化娱乐等精神文化振兴的融合,在发展经济与精神文化双轨并行的叙事推进中,如剥洋葱般由表及里,循序渐进地为观众剖析了西部农村的现状,使观众看到了国家乡村振兴战略为当地村民带来的切实变化。

黄献松
联合出品方,西部电影集团党委副书记、总经理

该剧在创作上大胆创新,以小切口熔铸大时代,突破了以往同类题材的格局,创新性地以青年视角展现了乡村振兴的青春态,让更多观众能够感同身受。深层次来看,《在希望的田野上》之所以能引发广泛关注,最主要原因是该剧紧扣大时代命题,内容扎实、接地气,从青年视角展现精准扶贫之余更着力探讨了乡

村精神文明的振兴,这也是我们长期以来始终秉持的艺术创作理念。

胡燕
联合出品方,中共贵州铜仁市碧江区委宣传部副部长

网络剧《在希望的田野上》紧扣大时代命题,内容扎实且接地气,将视角对准基层,在关注白果村文化振兴的同时,亦涉及乡村振兴的困境、农村老人赡养、农村教育现状、民生日常等息息相关的问题,真正做到了立足现实,扎根生活,切实为群众发声,奏响了乡村振兴的变奏曲,这些关注点也是我们工作的缩影和日常。

方芳
出品方、播出平台代表,腾讯在线视频影视内容制作部副总经理

我们深知这样的题材对于社会有重要的影响力,也明白它担负的是记录农村发展变迁的过程和责任。因此不管是对于剧本的打磨还是拍摄的过程,我们和制作团队都抱以最大的诚意去完善每一个细节,用最真实的声音去还原当代农村发展的过程,用鲜活的剧情去激发出观众内心的共鸣。

饶俊
网络剧《在希望的田野上》总制片人、编剧

这部剧的故事90%源于真实生活,我并非是这部剧的编剧,这些在一线驻村的干部,那些仍在为美好生活而努力奋斗的老百姓共同帮我创作了这个故事。我不知道未来是否还有机会创作这样的题材,但我知道我未来的创作应该要走什么样的路。

王骏晔

网络剧《在希望的田野上》导演

在创作过程中,我跟主创团队和演员们深入当地的生活,让我更加佩服那些驻村工作者,是他们将秀美山村里的污垢清扫干净,使得绿水青山焕新颜。如今回头看,我深深地觉得我们不仅是拍了一部剧,更是让我们经历了一次精神上的洗礼,真正让我了解到了仰望天空更要脚踏实地的要义。

刘运强

网络剧《在希望的田野上》制片人

我们这个剧里有90%的故事都有原型,他们齐心协力众志成城地逆向前行,为乡村振兴事业贡献了自己的光和热,但有时候他们也要面临老乡和家人们的不解,他们可以选择默默付出,但是我们却不能假装这只是责任,他们平凡而又伟大,他们的事迹需要有更多的形式来展现。

曹骏

网络剧《在希望的田野上》主演

这部剧从我饰演的青年党员张楠视角出发,描写走出大山的研究生张楠从城市回到故土、带领一帮年轻人去建设家乡的故事,他的人生选择也彰显了当代青年的社会担当。我希望通过这部剧可以号召更多年轻人积极反哺家乡、建设家乡,年轻人激昂的热情和梦想如果可以和国家政策相结合,一定会迸发出新的生机。

安悦溪

网络剧《在希望的田野上》主演

我饰演的卞筱悦是一个放弃优渥家庭条件、深入到西南山区的支教老师,在我看来,她绝对是一个灵魂泛着光的人物,但她同时也只是一名普通的大学生,所以在塑造人物上一定要足够浪漫、也要足够的落地。

赵亮
网络剧《在希望的田野上》主演

这次饰演的这个角色确实有很大挑战。过去,我或者一坏到底,或者一好到头,但这次的角色特别矛盾。从外部讲,群演都是当地村民,我演的也是一个当地村民,所以和人家坐在一起要看起来是一样的,这种"像"不能只通过化妆来解决;从内部来讲,这个角色是支部书记,但是又做了一些好像不符合他身份的事,我不断地调整,找到了他的身份和行为中的一个契合点和平衡点,即是人民群众利益的代言人。

高一清
网络剧《在希望的田野上》主演

对演员来说塑造一个角色成不成功,观众的反馈是最直接的,作为演员最怕观众说出一个"假"字,而如何才能得到观众认可,那要通过接地气的细节刻画,以及演员发自内心地去接受,去扎根土地真实生活,才能塑造出他们满意的生动人物。

张秀英
白果村驻村队原型人物代表、铜仁市碧江区教育局招生考试院院长

剧中提及的教育资源分布不均,是我们目前教育局正在面对的亟待化解的问题。这部剧点燃了大城市里有为青年参与

乡村振兴的小火苗，同时也坚定了我们山区干部驻村工作的决心。有你们的参与和引领，我们驻村工作从此有了新的方向。

|附录|

扶贫干部原型代表事迹

《在希望的田野上》进入后期剪辑阶段时,主创团队邀请采访过的部分一线扶贫干部来机房看片。看片结束后,一位扶贫干部满怀感动地说:"这写的就是我们的生活,让我重新想到了当时在村里工作的情景。"

赵益军

时任铜仁市碧江区坝黄镇苗哨溪第一书记

农民儿子来"回炉"

赵益军作为坝黄镇苗哨溪第一书记,自2017年9月驻村开始,始终以村为家,视群众为自己亲人,乐于助人。始终坚持"不忘初心、牢记使命",认真负责,任劳任怨,扎实开展真扶贫、扶真贫。时时刻刻战斗在脱贫攻坚第一线,始终秉承全心全意为人民服务的宗旨。

在工作中,赵益军始终严于律己,服从组织管理,听从组组安排,严格要求自己,随时保持与村三委沟通,始终把村情民情作为开展驻村帮扶工作的基础。积极与村党员干部、农民群众座谈交流,记好民情日记,时时刻刻掌握全村日常生产生活情况。上任后两年多时间,共主持和参与座谈会议60余次,院坝会不低于50余次,入户走访群众不低于4 000余人次,关心留守儿童90余人次,看望留守老人50余人次,还培养发展党员和入党积极分子共5人。始终以访民情、听民意、解民忧、惠民生为出发点。

赵益军作为第一书记,一是狠抓基础设施建设。两年多以来与村三委共同努力下完成了33公里通组路、12.1公里联户路、16公里产业路、五改三化一维595户、污水处理站2个、农村安全饮水工程7处、智能垃圾池23个、太阳能路灯548盏、文化活动广场

6个,等等;二是大力推动产业发展带领群众增收致富。全村有年出栏3 200头生猪代养、50亩生态水产养殖、2 600亩油茶、200亩冠玉枇杷、70亩黄精姜、50亩中华雪桃王、200亩包汤柑、200亩沃柑、200亩藤茶等9个扶贫产业,其中油茶为村优势产业,可以实现人均一亩油茶;三是宣传引导提升群众内生动力。时刻宣传党的十九大精神和习近平新时代中国特色社会主义思想,加强群众爱国、守法、感恩、团结教育,让群众在思想上、认识中,切实转变思想观念,让等、靠、要转变为主、积、创。

苗哨溪全村共有699户2 479人,其中建档立卡贫困户212户783人(不含死亡的2户2人),贫困发生率31.6%,属省级二类贫困村。截止到2018年底全村共脱贫204户764人,2019年脱贫8户19人。2019年苗哨溪村实现贫困人口全面清零。

赵益军在接受采访时回首驻村工作的几年,感慨道:"自驻村以来,自己作为一个农民的儿子,深切地感觉到现在做的事是幸福的,感觉自己只是回炉,再一次从思想上受到了深刻的教育,自己工作能力得到了提高,党性认识得到了加强,工作方式得到启发,在实践中体会到党员宣誓誓言的真正含义。"

赵益军始终坚持"不忘初心、牢记使命",苦干实干,为打赢脱贫攻坚战奉献自己的一切。

刘元考

铜仁市碧江区瓦屋乡丁家溪村党支部书记

一心为民谋发展　精准脱贫奔小康

刘元考，男，侗族，1965年2月出生，碧江区瓦屋乡丁家溪村党支部书记。他是一心率领群众脱贫致富的"孺子牛"，自任该村支书以来，始终用共产党员的标准严格要求自己，在精准扶贫工作中，他坚持不懈带领124户517人昂首阔步地向小康迈进。

强基固本摸底子，筑牢发展基础

刘元考带领9个村民小组，124户517人，在总面积8.68平方公里的地域中打开新局面。在开展"两不愁三保障"五人大走访时，他发现村里仍还有因缺乏劳力、缺乏资金、长期患病等因素导致的贫困户4户15人。这样的情况他铭记心间，促使他不停地跑项目、找项目，大力发展村民集体经济，努力带领贫困人口脱离贫困。要想火车跑得快，全靠车头带，作为村支书的刘元考，结合村情组情，带领村干部队伍勠力奋斗，鏖战脱贫攻坚。一是重点从村支三委班子、驻村帮扶队伍建设抓起，强化村级班子的执政能力入手，不断提升为民办事能力，为推进扶贫攻坚奠定了坚实基础。二是扎实以"三严三实"学习教育为根本，以"两学一做"为主线，有力促进村支三委班子提高服务能力。三是努力强化党员队伍建设，对无职党员均设岗定责,极大地提高了党员的服务意识。四是引导党员致富带头人通过带动贫困户种植羊肚菌和领办梅花鹿专业合作社,带领贫困户发展,同时严格各项规章制度,有效地加强了驻村帮扶工作队管理帮扶到位。

狠抓发展好机遇,努力为民谋利

心系群众,刘元考不辞辛劳。农村工作面广、头绪多,处理问题要合情合理合法,费劲劳神,处理不好还会得罪人。自从当选村支书以来,他始终坚持群众利益无小事,想问题、办事情、做决策,时时刻刻把群众利益放在首位。在刘元考的带领下,丁家溪村有效地推进产业结构调整和经济的发展。一是培育主导产业促增收,稳步发展畜牧养殖主导产业优势。丁家溪村成立了梅花鹿养殖专业合作社,惠及贫困户124户,做到了贫困户全覆盖。在加大农业产业结构调整力度的同时,丁家溪村将流转土地50余亩,用于村养殖合作社发展青贮饲料。二是加快基础设施建设惠民生。加快村组路、田院硬化、村路灯建设。以前,农村饮水安全、农田灌溉等问题一直是困扰丁家溪村的大问题,刘元考积极联系帮扶单位,现在这两个问题都基本得到了解决。丁家溪村自来水工程也建设完成,把水管直接铺设到各家各户,解决了困扰村民多年的安全饮水的难题,得到了村民的交口称赞。此外还有丁家溪村道路灯、环卫等基础设施完善,都实实在在为村民的生活带来了非常大的改善。

上下联动加油干,决胜脱贫攻坚

为全力推动精准扶贫工作扎实开展,刘元考牵头组建了以包村领导、驻村干部、村委会班子成员为主体的工作队,分别按照"单位到村、干部到户、责任到人、措施到位"的要求,确保每户贫困户有1名干部帮扶。一是驻村工作队和帮扶单位对贫困户进行遍访,并建好走访档案,完善了"一户一档""一户一袋"。二是算好时间账、经济账,"一户一策"找准脱贫致富的路径,制定年度目标、阶段计划和帮扶措施。三是对因病、因学、因灾致贫的重点贫困户,开展一对一、点对点的结对帮扶。四是在广泛走访过程中,重点了解村基本情况、产业发展现状、基础设施建设、农户致贫原因和期盼解决问题,为精准帮扶想法子、找路子、出点子;五是培育富民产业作为精准扶贫之策,采取引进社会力量帮扶、建立农民合作组织、破解产业发展融资难题等举措,帮助农民拓宽致富门路,积极协调有关部门给贫困户办理"精扶贷""特惠贷"等帮扶贷款业务,引导贫困户自身发展,贫困户通过入股企业分红的方式,带动贫困户增收。

强化教育打基础,扶贫重在扶志

刘元考同志在带领村民抓经济建设的同时,时刻不放松对干部群众的思想教育,始终把党员干部队伍建设作为一件大事认真抓好。首要的是坚持理想信念、宗旨意识教育,解决为什么当干部、为谁当干部的问题,树立正确的人生观、世界观、价值观。在村委会上,刘元考经常说:"我们共产党人的宗旨是全心全意为人民服务,一切工作的出发点和落脚点都是为人民谋利益,这个问题什么时候都不能忘记,要想自己富,别当村干部,当干部就不能怕吃亏,怕吃亏就不能当干部。"他是这样说的,也是这样做的。他认为,在教育问题上,村支书要给干部带好头,干部要给群众带好头,言行一致,才有凝聚力、号召力。既要让干部群众畅所欲言,反映民意,又要敢于集中,重大问题坚持集体决定,程序是两委提出意见，召开党员会通报，召开村民代表会决定，最后再召开村民大会，这样，既保证了党组织的核心地位，又体现村民自治。物质要富裕，精神更要富裕，村以远程教育、广播、标语、漫画等手段对全村干部群众进行思想教育，使他们吃饱、穿好、精神更好，为了让村民每天生活都愉悦充实，村里投资兴建了老年活动中心、文化大院，订阅各种报纸杂志，活跃群众文化生活，将扶贫与扶志紧紧结合到了一起。

刘元考工作认真、作风扎实，作为村党支部书记充分发挥了先锋模范带头作用。他担任村干部多年，农村工作经验丰富，善于做思想工作，为人正直，作风扎实，廉洁奉公，生活严谨，能深入群众调查研究，倾听群众呼声。在刘元考同志的带领下，丁家溪村各项工作都取得了不菲的成绩。

吕胜乾

铜仁市碧江区坝黄镇白果村驻村第一书记,现为教育局干部

他们的事就是我的事

2017年3月,吕胜乾被碧江区教育局派到坝黄镇白果村担任驻村第一书记。在三年多的驻村工作中,他用实际行动诠释了驻村第一书记的使命和担当,用双脚丈量民情,用热心打动民心,用真心换得真情,他的执着打动了每一位村民,得到了各级领导和村民的肯定,中共铜仁市碧江区区委授予他"优秀驻村第一书记"的称号。如今,一提到吕胜乾,村民们都为他竖起大拇指,称他为"勤政为民的好书记"。到底是怎样的成绩和作为,让一位普普通通的驻村书记如此深得民心呢?

扶贫先扶志和智,让百姓思想不贫困

吕胜乾上任的第一件事就是了解民情,找准工作的切入点。驻村不到一个月,他就走遍了全村21个村民组,了解到白果村是一个典型的贫困村,全村总面积17.95平方公里,共863户2726人,其中党员66人,建档立卡158户491人,五保户13人,留守儿童46人。在进村入户调查中他了解到,这个村有不少村民"等、靠、要"思想严重,他们常常比谁家得了国家多少救济,得了什么照顾,把脱贫致富的希望寄托在国家政策和干部的帮扶上。

针对这种思想状况,吕胜乾决定从精神扶贫入手,把扶贫的着力点放在扶志和扶智上。一方面他召集村支两委召开专题会议、组织召开党员大会和群众院坝会,大力宣传党的各项政策,发挥扶贫主力军作用。另一方面注意发现和培养勤劳致富的先进典型,引导村民树立精准脱贫一靠自己二靠政策三靠转变思想观念。

群众的思想观念转变了,但落实起来却很难,绝大多数都抱着观望的态度。作为驻村第一书记的他明白任务重、困难大,要想帮助村民脱贫,必须知难而进、迎难而上。于是,他迅速与村支两委班子成员研讨,为拓宽党员群众发展经济的思路,带领党员干部和群众代表到邻近的和平乡、桐木坪乡及印江县板溪镇考察、学习,最后根据本村实际情况,制订了一系列方案,如《白果村蔬菜种植实施方案》《白果村菌业实施方案》《白果村养蜂实施方案》等等。

谋发展抓产业,让老百姓荷包不贫困

要想脱贫致富,发展产业是关键。经过认真调研,精心策划,吕胜乾与村支两委商量决定大力发展产业。打造农户以土地入股、现金入股,在基地上班"双重收益"模式,目前已发展以下产业:

1. 规划发展 150 亩食用菌培植基地,产品上市,项目解决了 15 人劳动就业,可惠及贫困人口 95 人。

2. 发展蔬菜种植 220 亩,主要采取"大户+农户"的种植模式。他与学校营养餐配送公司协商,技术、种子、肥料及农药由公司免费提供,最后产品由公司全部回收并配送到学校,形成"市场+基地+农户+学生营养餐"的发展模式,解决了农户销售难的问题。今年已销售南瓜 2 万多斤,绿色蔬菜近 1.8 万斤,不但增强农民种植积极性,同时也增加农民增产增收。

3. 发展集体经济项目,主要以生猪代养为主,利用该村自然资源,在大院子修建集体养猪圈舍 12 个,年出生猪将达 12 000 头,并与贫困户采取资金分红形式,让贫困户有了固定的收入来源,为贫困户脱贫增收打下基础。

4. 结合该村河流分布,发展养鱼项目,根据农户意愿,采取农户合伙与利用自己土地规划养鱼,最后统一销售的模式,规划建设的生态养鱼塘已全部投入使用。

5. 指导协助本村个体发展养牛、养鸡、养蜂,种植猕猴桃、黄桃、葡萄、草莓等项目,主要是协助他们争取项目资金、争取相关部门的技术支持。

计划不易,实施更难。吕胜乾不但请来技术专家讲授种养技术,还亲力亲为,扎根山村,认真督促各项产业落实情况,一段时间下来,许多干部都吃不消了,他硬是咬牙在第一线指导工作,撸起袖子加油干,实实在在地将农业、畜牧技术带进了白果村,许多项目的效果超过预期,发展可喜。

在三年多的驻村工作中,吕胜乾扎根村里,默默坚守,亲力亲为,多方协调为白果村争取项目和资金,着力基础设施建设,修建通组公路,解决了村民饮水问题,支持村民发展产业。在上级政府及帮扶单位(区教育局)的大力支持下,在村支两委的共同努力下,白果村发给贫困户与非贫困户分红现金已有 118 万元。

全心全意为民服务,彰显共产党员责任和担当

"全心全意为人民服务,是好干部的底色,也是共产党人最响亮的政治宣言。"吕胜乾一心想着群众,一切为了群众,始终用行动践行着共产党员的承诺。

刚到白果村的时候,他看到龙细保没厨房,便自掏腰包给他买铁灶;村里的五保户孤苦伶仃,生活困难,他为 30 名困难人员购买皮鞋送去;为跳舞没音响的老太太们购买音响设备11台;得知罗华兴辍学了,他更是心疼不已,到处打电话,把罗华兴从温州叫回来,亲自出面和坝黄中学沟通,终于让罗华兴复学。他说:"亏了谁,咱也不能亏了孩子。"

2017年4月18日,吕胜乾摸底时来到杨龙生家,看到低矮破旧的小木屋里躺着一位饱经风霜、瘦骨嶙峋的老人,杨龙生忧郁地说:"我的妻子5年前得了肝癌,现在已是晚期,这几年一直在给妻子医病,我也老了,又有心脏病,儿子过于肥胖,自身发展动力不足,不能下地干活。这几天,老婆子想吃水果,可我却没钱给她买……"吕胜乾听了,二话没说,将身上仅有的300元钱递给了杨龙生。老人感动得热泪盈眶,激动地说:"吕书记,你真是个好人啊!是你满足了我老太婆最大的心愿……"

此后,吕胜乾时刻关注着杨龙生一家,5月3日,正在村办公室拟写规划方案的吕书记又听说杨龙生的妻子病危,他再次来到杨龙生家,看见老太太虽然还有一口气在,但是已停在堂屋中间,心中的五味瓶顿时砸翻了,喉咙里仿佛扎进了千万根钢针。当他得知杨龙生家中仅有几斤大米和少许油时,马上开车去坝黄镇购买了200斤大米和4桶油送去,解决了他的燃眉之急……面对村民们的夸赞,吕胜乾通常只是一笑置之,说:"这不是我们党员应该做的吗?"

白果村贫困的人太多,靠村民的双手很难摆脱现状,单靠吕胜乾一人的力量也太微不足道了。于是,他积极与各级部门对接,到处筹款。他说:"为了村民,只要有门道,我都愿意去要。"到目前为止,已争取到项目资金400多万元,并专款专用。

"我是农民的儿子,他们的事就是我的事。"这是吕胜乾的口头禅。他始终把群众的安危冷暖放在心头,深入第一线、深入基层、深入群众中,急群众所急,知群众所知,解群众所难,以党员干部的辛苦指数努力换取群众的幸福指数。吕胜乾在点滴小事中彰显了"党员先锋"情系群众、服务为民的党性风采。

勤政廉政,时刻不忘第一书记政治本色

"第一书记"是一种特殊身份,肩负组织的使命、厚望和期待,代表的不仅仅是自己的形象,更是选派单位的形象。因此,自从2017年3月驻村以来,他时时自重、自省、自警、自励,处处慎权、慎欲、慎微、慎独,讲规矩,守底线。

2017年他驻村时,刚好女儿读高三,但当时时间紧,任务重,根本没时间回家陪女儿,他天天扎根村里,摸底、排查,了解全村情况,上传下达国家的各项政策……女儿想他了,打电话时他告诉女儿:他是驻村第一书记,要以身作则,如果自己经常回家,还如何要求别人,如何做好驻村工作。

有一次,他感冒了,总是咳嗽,可当时正是脱贫验收的关键时期,他没时间去医院,天天蹲在村里,感冒拖了一个多月,吃药、打针都不见效。有一天,他发烧了,村长劝他才到医院检查,原来感染肺炎了,医生让他住院治疗,他摇摇头说:"医生,我在驻村,麻烦你给我多开点药吧。我真的没时间住院呀!"

"我是党员,我先上!"为了做好新冠肺炎疫情防控工作,他正月初四便离开家来到村里,白天跟村委会人员挨家挨户排查,拖着音响,拿着喇叭,宣传疫情防控知识,晚上,在值班时整理各项数据,饿了吃碗方便面。疫情更严重了,按照上级部署,在村里设了2个卡点,24小时轮班值守,并组织对全村群众进行分类排查,控制组内人员流动外出,重点关注返乡农民工的动向,实时统计村民们所需生活用品。疫情期间,吕胜乾成了采购员,主动为村民购买生活物资,送到各家各户。一场疫情,让我们看到了他勇于担当、敢打硬仗、无所畏惧的精神风貌。

　　驻村工作虽然很苦,但他却乐在其中。自从驻村以来,他便向当地农民要了些种子自己种菜,房前屋后根据时令种满了茄子、辣椒、豇豆、丝瓜……用他的话说:"自己动手,丰衣足食嘛。不但省了钱,更主要的是绿色环保。"村民们也常说:"吕书记跟谁都聊得来,从不嫌弃人,我们有什么困难都愿意找他,而且他也会想方设法帮我们解决。"

　　在平凡的岗位上,吕胜乾坚守了三年多,彰显了扶贫工作者的最真底色。回首驻村这1 000多个日子,他深刻认识到:"第一书记"不仅仅是一个职务、一种称谓,更是一份责任、一份担当,只有融入群众接地气、真抓实干求发展,带领村民脱贫致富过上好日子,才能无愧于组织对他的信任和托付。

田井广
时任漾头镇九龙村驻村第一书记,现任漾头镇党委委员、副镇长

不忘初心解民忧　牢记使命谋发展

田井广,男,土家族,1984年5月出生,大学文化,2017年6月由碧江区委组织部选派担任漾头镇九龙村驻村第一书记。到村任职以来,他始终坚守服务基层、服务群众的理念,在精准扶贫工作中理思路、谋发展,引导村支两委,积极带领全村群众脱贫致富,取得了实实在在的成效。

精准掌握村情民意

刚到村里开展驻村工作期间,正至炎热盛夏,而为了尽快熟悉村情,全面了解贫困农户家庭情况,田井广总是头顶烈日酷暑,穿梭在九龙村各村民组的乡村小巷。在不到一个月的时间里,田井广就踏遍了九龙村12个村民组的巷前寨后,对九龙村93户共338人精准扶贫户的家庭详情摸透,俨然成了精准扶贫户群众家中的一员;对非贫困户家庭情况他也有了大致的了解,为九龙村决战脱贫攻坚工作提供了更加精准详细的数据保障。

持续强化队伍建设

以"两学一做"学习教育常态化为引领,切实加强村支两委干

部党性意识,坚定了党员同志全心全意为人民服务的理想信念。通过学习党章党规和习近平总书记系列讲话,增强脱贫攻坚一线党员干部在工作中的政治意识和责任意识。通过组织开展争做合格党员,树模范先锋标杆活动,助推脱贫攻坚精准扶贫一线队伍自觉增强服务贫困群众的主观能动性和积极探索性,引导广大贫困群众自觉参与决战脱贫攻坚,引导贫困农户从要我脱贫向我要脱贫并战胜贫困转变,营造了决战脱贫攻坚良好氛围,充分发挥了广大基层党员在工作开展中的模范先锋作用。在田井广的带领下,九龙村坚持一周一次村支两委班子成员会议,及时统筹脱贫攻坚当前工作;一月一次党小组和村民小组会议,及时通报总结扶贫工作成果和经验,研究部署下月扶贫重点工作;一季度一次村民代表大会,向全村广大群众集中宣传扶贫攻坚相关惠民政策,及时传达下一步任务和方向。

积极谋划扶贫产业

面对全村93户建档立卡贫困户脱贫问题,田井广积极谋划,大力实施传、帮、带等促进扶贫致富产业项目发展。向上协调到生猪52头,鸡鸭鹅共3 900余只发放给有劳动力的困难群众进行散养增收。协调36万元扶贫资金用于养羊大户实行代养覆盖贫困群众12户,每户每年分红1 500元,3年后每户还可领取20头种羊自行放养。协调90万元扶贫项目资金到凯鹏养殖场实施肉牛代养,覆盖一般贫困户54户,年底每户分红1 200元,4年后返还90万元本金作为村集体经济发展基金。争取27.6万元扶贫项目资金在桐木坪发展生猪代养项目,覆盖贫困农户60户,每户年底分红2 300元。合理利用到账扶贫资金100万元,按照10%的收益,融资铜仁城投公司进行年底分红。合理利用贫困村300万元扶贫产业发展基金覆盖 93 户精准扶贫户。按照农户＋专业合作社＋公司模式入股城投公司进行投资分红。为了发展生态产业,向上争取资金 70 万元打造一艘休闲旅游观光船作为村集体发展旅游经济项目,预计年收入 15 万元。同时,积极动员精准扶贫户无抵押担保贷款每户 5 万元,入股扶贫农民专业合作社实现年底每户分红 3 600 元。

在九龙村脱贫攻坚这场硬仗里,田井广始终立足服务群众,时刻把群众的冷暖放在心上,自觉坚持以合格共产党员的标准规范自己。在带领村民的致富道路上,他始终保持着勇于拼搏、敢于担当、乐于奉献、苦干实干、敢于创新、无私奉献的精神。他常说的就是:"我是农村贫困家庭走出来的孩子,农民的困难和疾苦很多人是无法体会的,虽然我们在脱贫攻坚工作中,取得了一定的成绩,也顺利通过了国务院第三方评估验收,但是广大人民群众对美好生活的追求不止于此,我们还有许多工作要做,之前取得的那点成绩只是万里长征走完第一步,不值一提,为帮助九龙村广大人民群众过上更加幸福美满的生活,我们需要付出更多、更大、更艰辛的努力。"

宋国平

时任和平乡孟溪村驻村第一书记,现为乡村振兴局副科级干部

不负人民重托　奋力担当作为

宋国平,铜仁市碧江区统计局副科级干部。2019年4月16日,经组织选派到铜仁市碧江区和平乡孟溪村深度贫困村担任驻村第一书记。自驻村以来,他时刻牢记第一书记"抓党建促脱贫"的光荣使命,坚持俯下身子,放下架子,用情走访农户,用心服务群众,同村广大干群一道,千方百计谋发展,多措并举做实事,通过党建领航、产业带动、改善民生、树立村寨正气等举措,抓班子,带队伍,兴产业,促发展,有效推动了该村经济发展,脱贫攻坚工作取得显著成效。

突出党建领航,当好支部"领头羊"

"支部强不强,全靠领头羊"。他十分注重村干部政治理论学习,通过"三会一课""党员主题活动日""新时代大讲堂"等载体,积极组织村干部深入学习习近平总书记在重庆考察时关于解决"两不愁三保障"突出问题座谈会精神以及中央、省、市、区关于脱贫攻坚、乡村振兴和扫黑除恶有关会议精神和相关扶贫政策,同时加强对《中国共产党农村基层组织工作条例》等学习,全体党员同志贯彻执行党的方针政策能力得到不断提高,基层党组织的战斗堡垒

作用得到不断巩固。为更好引领、教育广大党员群众,他还积极组织广大党员干部、群众扎实开展"牢记嘱托·感恩奋进"教育,进一步拓展、深化"党的声音进万家·总书记话儿记心上"教育活动,教育党员、群众感党恩、听党话、跟党走。

良好的作风是工作成效得以提升的重要保障,工作扎不扎实关键在于平时作风硬不硬。在平时工作中,他切实加强干部队伍管理,狠抓作风建设,主动带头践行周一至周五值坐班制度、周六或周日轮流值坐班制度和铜仁智慧党建平台日常考勤签到制度,严格实行台账式管理。积极开展软弱涣散村级党组织作风问题自查,认真整改存在问题,坚决杜绝形式主义、官僚主义在村里蔓延滋长。除此之外,为重塑干部形象,他还制定了村级班子议事规则、决策程序等"四议两公开"制度,要求党务、村务、财务工作事事要向群众公开,主动接受群众评议和监督,让群众明白,使干部清白,以实际行动取信于民。通过健全制度,孟溪村支三委的战斗力、凝聚力得到显著增强,群众满意度得到进一步提升。

突出产业带动,念好群众"致富经"

产业带动是拓宽群众增收致富的有效途径。为进一步做大做强藤制品产业,他和村支两委班子成员认真研究产业投资政策,加大部门工作对接、汇报力度,积极争取藤编厂产业发展资金355万元,建成和平八村、灯塔白岩溪、打角冲扶贫车间3家,预计全面投产后将带动易地搬迁户实现稳定就业400余人,实现产值达3 000万元以上。目前,该村扶贫车间辐射带动当地和周边街道群众实现家门口就业130余人,实现一般员工月工资达2 500元以上,技术工月工资达6 000元以上,管理层人员月工资达11 000元。

"拓展产品销售渠道,实现产销对接"是促进村办企业持续健康发展的关键。为进一步抓好藤制品专业合作社生产加工、销售及进出口贸易等业务,他同村干部们一道,积极谋划思考,充分撬动现有销售渠道,先后与浙江上虞科扬金属、杭州迈维金属制品等公司对接,承接大批藤制品订单生产。2019年以来,孟溪村实现藤制品销售总产值达500余万元。

为多渠道促进群众增收致富,他潜心研究,着力调优产业结构,积极鼓励和支持养殖大户联户入股,大力发展生猪代养产业,2020年上半年孟溪村发展铁骑力士生猪代养1 500头,预计出栏后可实现盈利24万余元。大力推动农村小养殖、小买卖、小庭院、小作坊"四小经济"发展,有效拓宽了群众增收致富渠道。

突出民生导向,提升群众"满意度"

"没有调查就没有发言权"。孟溪村属于全省一类深度贫困村,全村辖16个村民组584户2 028人,拥有建档立卡贫困户179户667人,为做到"情况清、底数明",宋国平从不务虚,经常带头以"五人大走访"形式,围绕"一达标两不愁四保障"核心指标,全面深入开展脱贫人口"大筛查""回头看"工作,对已脱贫户、非贫困户、十二类重点人群,尤其是因病因灾因学户以及返贫风险户、边缘户等进行访贫问苦,跟踪问效,逐户核查、查摆问题、现场研判。目前,共走访群众6 000余人次,解决群众教育、住房、饮水、医疗以及生产生活等问题100余个,落实补短板扶贫资金4万余元。

"群众对美好生活的向往就是我们的奋斗目标"。他时刻告诫自己,要时刻把群众冷暖放在心上、念在口上、落实到行动上,甚至把群众利益作为自己一切工作的出发点。为当好群众"贴心人",他大力推行民事村办、全程代办等制度,告诫"村三支队伍"要主动靠前服务,当好群众"勤务兵"。2019年以来,村三支队伍主动为群众代办养老金、残疾证、慢病卡、低保等事务50余件,为群众协调解决自来水管3 000米,解决院坝修葺经费4.7万元,帮助大院子养殖大户杨光华销售鸡鸭鹅200余只产值达1.5万余元;有效整合区妇联、审计局、关工委、财源融资担保有限公司、东西部结对扶贫等资源,落实衣物、学习用品、生活用品等慰问物资300余件,协调落实东西部结对帮扶资金5万元、慰问经费2 000元。扎实开展"干群连心•同步小康"主题教育活动。2019年以来,共走访、慰问老党员及困难群众60余人次,发放慰问金3万余元。全力抓好疫情防控和企业复工复产工作,协调解决疫情防控后勤物资200余件、工作经费2.5万余元,为孟溪村藤制品厂复工复产协调解决口罩1 100个。疫情防控经验做法获中宣部学习强国平台刊登、宣传。

  他十分注重村寨综合治理,大力弘扬村级正气,积极组织群众开展移风易俗工作,对红白喜事超规、在村寨乱堆乱放、乱搭乱建、不注重环境卫生等行为,严格按照《孟溪村规民约》进行惩戒。扎实开展扫黑除恶、矛盾纠纷调解等工作,坚决反对封建迷信活动,依法打击邪教。积极组织开展丰富多彩的群众文化活动。2019年以来,先后开展了"好媳妇""好婆婆""文明家庭"评选活动以及文军扶贫、"中华民族一家亲、同心共筑中国梦"等活动,良好的社会正气正在逐渐形成。

唐 铸

时任民政局驻坝黄镇长坪村第一书记

决胜"两场战役"不负人民嘱托

唐铸,男,苗族,1985年10月生,2013年7月加入中国共产党。2017年9月时任碧江区民政局派驻坝黄镇长坪村驻村第一书记的唐铸驻村以后,坚决服从组织安排,自我加压、主动作为,以村为家、待民如亲,从一名脱贫攻坚工作门外汉,迅速蜕变成为一名脱贫攻坚的行家里手,致力于帮助群众解决生产生活中的实际困难,带领群众发展产业增收致富,用心用情办实事,一心一意促发展,扎根在脱贫攻坚一线发挥共产党员先锋模范作用、挥洒青春汗水,得到了广大群众一致好评。2018年被坝黄镇评为"优秀共产党员"。

践行初心使命,在为民服务中显真情

自唐铸担任坝黄镇长坪村驻村第一书记以来,坚持把群众的事当家里事,把群众当亲人,用心用情,真帮实扶,切实解决群众困难。他谨记派驻单位主要领导"历经千辛万苦、走遍千家万户、说尽千言万语、想尽千方百计"的嘱托,驻村以来足迹踏遍长坪村的每家每户。因为白天农户大多不在家,他就利用晚上、雨天等群众在家的时间段或到田间地头,与群众促膝长谈,了解群众所需,帮助群众想办法、出点子。一年多下来,全村不管男女老幼都知道村里面来了一位好书记。长坪村雄湾组李友友,80来岁高龄,儿子在外务工,两个女儿外嫁,只有自己一个人留守,自从走访了解李友友老人家的情况以后,唐铸便成了这个家的常客,经常上门了解柴米油盐等生活物资情况和老人的身体健康状况。李友友老人每次提及唐书记脸上总是洋溢着幸福的笑容。

2018年是碧江区的脱贫攻坚国家第三方评估验收的大考之年,事关全区脱贫摘帽的大业。就在全村全力冲刺、迎检备战的紧要关头,唐铸在2018年3月31日例行到长坪村柳家组开展脱贫攻坚"春风行动"大排查、大走访工作时,因道路湿滑不慎摔倒,造成"右足第5跖骨基底部骨折",于4月2日在铜仁市中医医院住院,进行手术用钢钉固定治疗,在医院住院20余天后,他不顾医生和家人劝阻,要求出院到脱贫攻坚一线去战斗。从此,长坪村的驻村干部队伍中多了一位杵着双拐工作的战士。他常说:虽然我行动不便,不能下队入户,但可以做接待群众、整理资料等一些力所能及的事,为战友分担一点任务,在这脱贫攻坚关键时刻,能出一份力就出一份力。2018年7月,长坪村成为代表碧江区迎接国家第三方评估验收的村(社区)之一,并顺利通过国家第三方评估验收。

争当时代先锋,在疫情防控中展风采

自新冠肺炎疫情发生以来,唐铸始终牢记习近平总书记"疫情就是命令、防控就是责任"的嘱托,团结带领全村"三支队伍"始终战斗在新冠肺炎疫情防控工作的一线,展现了作为一名驻村第一书记、共产党员该有的使命担当。大年初三,接到疫情防控的任务后,他第一时间回到岗位,迅速调整工作状态,按照碧江区委和坝黄镇党委的安排部署,组织"三支队伍"进村入户开展外出务工返碧人员摸排和宣传新冠肺炎疫情防控知识。短短两天时间,张贴、发放倡议书、宣传单1 500余份。

作为第一书记,唐铸挺身而上,担任长坪村疫情信息联络员,每天汇总数据上报信息,以便上级随时掌握全村情况。将车辆改装成为流动宣传车,每天通过流动广播为父老乡亲宣传党的政策和疫情防控知识,引导大家不信谣、不传谣、不造谣。组织村"三支队伍"在长坪村主要干道入口设立疫情防控卡口,实行24小时轮流值班制,对进出的每一位群众进行详细的登记和体温测量,做到不漏一车、不漏一人,筑牢长坪村疫情防控安全线。

勇于担当作为,在产业革命中出谋划策

唐铸自驻村以来,始终把产业发展作为脱贫攻坚的重要途径,紧扣农村产业发展"八要素",因地制宜帮助群众发展产业。帮助村集体经济发展生猪代养场、泡沫夹芯板厂、坝区葡萄园、入股大户发展生猪代养等产业,实现贫困户产业项目利益联结全覆盖。以500亩以上坝区建设为契机,发展壮大村集体经济专业合作社,完善了与贫困户的利益联结机制,通过产业分红持续助推脱贫群众稳定增收,确保全面同步建成小康社会。

2020年初受疫情影响,长坪村农户种植的一些蔬菜出现了滞销的情况,他很担心群众因疫情受灾导致收入降低,影响种植的积极性,他积极主动跑单位加强推销,成为长坪村农产品的代言人,顺利帮助群众解决了农产品滞销的问题。在产业结构调整中,有部分农户习惯性地种植一些低效的玉米农作物,他便不厌其烦地上门做工作,为群众规划发展,还免费为群众提供花生、蔬菜等种子,引导群众发展。目前,300余亩的精品水果种植基地和蔬菜大棚种植基地成为该村最亮丽的风景线。

龙水江

铜仁市碧江区川硐街道党工委副书记、
政法委书记、川硐驻小江口村第一书记

这才是热血青年该做的事情

2017年9月,龙水江被选派到碧江区8个深度贫困村之一的川硐街道小江口村任驻村第一书记,组织交给他的任务,就是脱贫攻坚。龙水江毫不犹豫地接下了任务:"我想,这才是一名热血青年应该去做的事情,应该有的担当,我为这项任务感到由衷地自豪。"

从龙水江2019年的主要工作中,可以看到这个热血青年的成长,看到小江口村的蜕变。

积极作为,全力以赴,做到扶贫治本

一是争取部门帮扶。龙水江协调区发改局、区国税局、区卫计局、区残联等部门和昆山市锦溪镇、发改委,慰问、救助贫困户40余户。二是实施"十大全覆盖"工程。按照工作部署,组织实施产业路、易地扶贫搬迁、教育扶贫、医疗救助、低保兜底、水电路讯基础设施建设等项目,从不同渠道增加贫困户经济收入。2019年,贫困户在栽培果树、管理果园中获取劳务收入100余万元。累计实施异地扶贫搬迁71户299人。2019年,全村农民人均纯收入达8 500元,脱贫户人均年纯收入在5 000元以上。

做强产业,授人以渔,做到扶贫固本

一是运用"合作社＋基地＋农户"模式,做大绿色产业。按照"一统五有"(暨"一":村社合一;"统":统一规划、统一建设、统一经营;"五有":人人有普惠、贫困有优惠、土地有收益、集体有收入、务工有渠道)模式投入962万元建设5 110亩综合果园基地,其中扶贫资金852万元,东西部协作资金110万元。兴建的5 110亩综合果园实行股份制经营,即把果园按200元每股计算,折成50 000股,分成四类股,其中:管理股为生产管理、市场营销、仓储物流等环节成本,为生产经营者拥有,占40%;土地股为农户以田每亩500元、土每亩300元入股,为农户拥有,占30%;普惠股为全村村民拥有,按人均300元入股,占20%;优抚股为贫困人口拥有,集体经济股为村集体拥有,共占10%。目前,综合果园股权已经覆盖全村2 863人,让贫困户和非贫困户普遍受益,2019年通过发展"短平快"项目种植西瓜实现产量50余万斤,收入22.8万元,为全村群众分红8.7万元;实现冰糖柚产量3万斤。二是持续开展"五人大走访",全年累计走访861户。三是对贫困户实行动态化管理。全年,累计增加7人,减少20人,其中:整户减少2户2人,现有贫困户219户764人,已全部脱贫。四是全力以赴协调项目物资。2019年,协调了10万元购买挖掘机一台,协调1.5万元购买割草机,协调8万元购买太阳能杀虫灯,协调50万元修建节能减排示范点厕所,协调音响设备一套。

描绘蓝图,超前起步,做到扶贫夯基

小江口村共规划集中建房点5个,其中河门口、金竹园2个集中建房点按照乡村旅游示范点要求已修建完毕,共建设87套,现正在完善基础设施。2个集中建房点基础设施全面完工后,将大力提高小江口旅游接待能力,初步实现"生态旅游哪里走,铜仁碧江小江口"的目标。

黄仁雄

时任铜仁市碧江区直机关工委派驻灯塔街道寨桂村驻村第一书记

书写"90后"的华彩篇章

黄仁雄,男,土家族,1992年11月生。系铜仁市碧江区直机关工委选派到灯塔街道寨桂村驻村,任第一书记。当时他正是贵州省委党校2018级在读研究生。驻村,黄仁雄从理论到实践,始终做到心系人民群众,不忘初心。他连续在村工作两个月没有休息一天都是常态,他用自己的任劳任怨、不辞劳苦,在平凡岗位上默默坚守、无私奉献,书写着"90后"的华彩篇章。

立足岗位履责尽职,主动作为不负重托

驻村前,黄仁雄是区直机关工委党员培训中心负责人,工作兢兢业业、勤勤恳恳,为了完成2018年单位繁忙期的工作任务,他连续睡在办公室近两个月。2019年初,听说组织要重新调整驻村工作队,黄仁雄主动请缨,奔赴脱贫攻坚一线。来到驻村地,他克服重重难题、迎难而上,主动担当作为。一是抓整改强组织。寨桂村连续2年被评为软弱涣散后进基层党组织,面对这个难题,黄仁雄立足岗位职责,在建强组织上履好职、尽好责,帮助制定《整顿方案》《作战图》《村干部管理制度》以及创建寨桂村微信公众号和村委会微信工作群,带领村支监"三委"成员抓实抓细整顿工作,顺利摘掉了该村连续2年"软弱涣散后进基层党组织"帽子,使该村党支部标准化规范化建设顺利通过区级验收。目前,该村党支部正在申请打造基层党建示范点;二是抓学习强理论。黄仁雄以"三会一课"为抓手,引导村"三委"班子成员轮流在会上领读领学党章党规等各项规章制度,增强班子成员的理论学习水平和功底。驻村来,村党支部共召开支委会学习41次、支部大会29次、党课19次、党小组会85次,"三会一课"、主题党日活动等党内生活制度都有条不紊地开展和推进。用好用活铜仁智慧党建云平台,提升全体党员的理论学习水平,目前寨桂村党支部和部分党员名列全市前10名;三是抓经济强产业。为壮大寨桂村集体经济发展出谋划策,黄仁雄通过个别谈话、座谈会、家庭会等形式,认真调研,群策群力,共收到意见建议14条,帮助制定《壮大集体经济发展的实施方案》,并与村支监"三委"、驻村工作队一起修复坪茶堰组排洪沟渠,抢抓坝区建设、开垦翻犁坝区撂荒地44亩。他始终把该村经济发展记在心上、抓在手上、落实在行动上,为村产业发展共争取、协调资金77 065.5元,用于村级各项工作开展,可谓尽心尽力、鞠躬尽瘁,使该村各项工作开展规范化、制度化。

竭尽所能无私奉献,恪尽职守一心为民

不要看黄仁雄身材瘦小,他却是家里的"顶梁柱",爱人无工作,儿子未满一岁,肩上的负担沉甸甸的,但他还是选择了负重前行,与百姓打成一片,胸中时刻装着群众,成了地地道道的"村里人"。他每周坚持走访看望贫困户、边缘户等十二类重点人群,帮助群众解决力所能及的事情。驻村后,替人民群众化解大小矛盾纠纷15起,为人民群众办实事190余件,并将每日开展工作情况记录在驻村日记里,一年来记录了3本笔记本400多页。同时,帮助村制定全面脱贫实施方案(即一村一方案、一户一策)、驻村帮扶计划等,杜绝了脱贫户返贫、非贫困户致贫的现象发生。如为新增边缘户增加低保3户6人、为低保提标1户2人、为贫困户补短板1户2人、为贫困户新增护林员1户1人。"黄书记,您今天要是有时间就到我家去吃饭,上次的事还没有感谢您呢。"这是刚到村的黄仁雄给非贫困户王忠武办理慢病证后,王忠武挂在嘴边的话。此前,王忠武多次前往办事处和医院办理慢病证未果,是黄仁雄专门帮忙收集资料,并成功给他办理的。"小黄,你又在忙工作吗?"赵维清看到黄仁雄就会问上一句。赵维清是村里面的重点上访户,为了解决其1989年遗留下来的荒地纠纷问题,黄仁雄经常与其交谈、多处走访取证,并到区档案馆调阅一、二轮土地承包证,顺利调解多年来涉事双方的荒地纠纷问题。替低保户贫困户残疾户等查询惠民资金到账情况、宣传党的惠民政策、帮群众销售蔬菜、签订赡养协议、给老百姓打扫卫生、与老人交心谈心等,这些就是黄仁雄每日工作的缩影,他可谓是竭尽所能,付出了所有心力,把每分每秒都用在了人民群众身上,一心为民,得到了广大人民群众的认可。

攻坚克难全力以赴,开足马力战疫战贫

黄仁雄"战疫""战贫"两手抓、两不误。主动挑担子、啃骨头,在带领全体村民抗击新冠肺炎疫情的同时,开足马力、全力以赴,落实好其他各项重点工作,争取在决战决胜脱贫攻坚这场大考中答好题交好卷。在疫情最艰苦的时候,他连续超额工作20多天没有休息过一天,每天平均工作时间超过16小时,全面排查落实防控举措,不畏辛苦、不计回报,使该村取得了"零发病""零传播""零感染"的良好成绩。为解决执勤点物资问题,他向帮扶单位争取到疫情防控资金 10 000 元,协调社会企业和爱心人士捐赠方便面 30 箱、矿泉水 10 件、机制炭 9 箱。为支持疫情防控工作,他还动员村民免费捐赠 10 000 余斤蔬菜到川硐医院等 5 个疫情流观点,为城区抗击肺炎疫情尽绵薄之力。为了打好疫情防控期间的脱贫攻坚战,他与驻村工作队、村支监"三委"一起,利用"五人大走访""送雁""留雁"行动、春耕生产、政策宣传等,多措并举巩固提升脱贫成效。此外,黄仁雄两次在贵州新闻联播为该村代言疫情防控和脱贫攻坚等工作,给全体村民和寨桂村发展增添了强大动力。

黄仁雄始终相信,只要我们在疫情防控道路上凝心聚力、共克时艰,就一定能打赢疫情防控这场人民战争、总体战、阻击战;只要我们在全面建成小康社会的路上勠力同心、砥砺前行,就一定能打好脱贫攻坚这场收官之战、歼灭之战、荣耀之战。

吴鹏飞

时任铜仁市碧江区委滑石乡老麻塘村驻村第一书记
现任滑石乡党委副书记

脱贫路上俯身奉献　小康路上砥砺前行

吴鹏飞，碧江区委组织部派驻滑石乡老麻塘村驻村第一书记，这个80后的年轻党员把热血的青春洒在扶贫路上，用自己的实际行动诠释着入党的铮铮誓言。他牢记第一书记"抓党建、促脱贫"的责任和使命，加强党的基层组织建设、指导村庄经济发展，帮助群众脱贫致富，实现贫困村向小康村的华丽转身。

思路明确强堡垒，丰富载体激活力

作为"第一书记"，吴鹏飞知道自己的第一职责就是要抓好基层组织建设工作，只有党组织战斗堡垒作用和党员先锋模范作用发挥了，决战决胜脱贫攻坚、实现村级经济社会发展才会有强大力量。为把老麻塘村党支部"两学一做"学习教育常态化制度化抓好抓实抓出成效，他立足村情，精心制定"两学一做"学习教育计划，把支部集中学和党员自学、专题研讨、专题党课、专题组织生活会、民主评议党员等任务逐项列出清单，明确时间表，确定责任人，确保党员"学"有方向、"做"有抓手、"干"有方向。同时，采取党员大会讨论、深入党员群众倾听找等方式，一针见血地查找出党小组组织生活不规范、村集体经济造血功能不强等问题。针对查找出来的突出问题,村支部及时召开党员大会讨论制定整改措施,列出整改清单,明确目标任务。根据老麻塘村党员的实际情况,采取"因人设岗、自主选岗、公示明岗"的方法,设立邻里爱心互助岗、党员"双带"示范岗、村务财务监督岗、矛盾纠纷调解岗等工作岗位,让每一名党员发挥自身所长,为村里各项事业发展贡献力量。依托"铜仁党员活动日",开展"我是党课主讲人"活动,邀请派出单位党员领导干部和村优秀党员为全村党员和入党积极分子讲党章党规、讲党史故事等,让全村党员在党课中坚定理想信念,树牢"四个意识",时刻感党恩、听党话、跟党走。

真情实意走基层,出谋划策促发展

滑石乡老麻塘村是省级二类贫困村,全村总面积6.35平方公里,海拔600米,距市区30公里,有15个村民小组3 190人,精准扶贫建档立卡贫困户157户690人(其中低保户42户126人),这些人的致贫原因各有不同、贫困程度深浅不一、致富能力良莠不齐。怎么才能改变现状?这个问题像一块石头死死地压在吴鹏飞的心里。

刚开始驻村时,面对村里和群众的诸多状况,他感觉工作简直是千头万绪,难以着手。面对困局,他采取盯紧靠上的"土办法",一天到晚地待在村里,沉下身子,走家串户,访贫问苦,与群众聊家常,了解群众关心和迫切需要解决的问题。经过半个月走访,他把老麻塘村的班子、党员队伍建设、农民的种植养殖、外出务工经商、生活状况和民风民俗等一系列情况,都摸得一清二楚。他发现老麻塘村的群众最缺乏的是对市场机遇的掌握和市场信息的了解,最需要的是资金、是技术。经过与村"两委"一班人认真研究思考,确定了突出"一村一品"特色,在稳定水稻种植、适度发展果蔬、畜牧业的同时,重点打造农旅一体化精品项目,做大做强做特村级集体经济;同时在多方征询党员群众意见的基础上,集思广益地制定出《老麻塘村三年发展规划》《贫困户脱贫致富计划》《村级党建工作规划》等相关规划制度,为驻村工作的有序开展奠定了坚实基础。

勤进村寨听民声,排忧解难连民心

"第一书记,何为第一,走村入户要第一,解决困难要第一,协调项目要第一,化解矛盾要第一,危急时刻站在第一,我来就是做事的,就是帮助村民排忧解难、脱贫致富的",在民情日志中,吴鹏飞这样写道。

进村第一天,他就接到贫困户龙启才的电话:"吴书记,我想创业,想养土鸡,这个市场好,之前梁书记给我写了个方案,请你过来再看一下……"当了解到贫困户龙启才不等不靠自主创业时,吴鹏飞多次到他家一起出谋划策,到扶贫部门了解政策争取资金,不到两个月时间,龙启才的跑山鸡养殖合作社得到上级部门的批复,获得20万元的扶贫专项资金,带动10多户贫困户参与入股分红。

"你要给张吉伍家解决养猪这个事情啊,村里经过商议,决定解决两千块钱,村里的资金紧缺……"这是吴鹏飞与支部书记杨秀军的一通电话,他深知村里的资金不足而且来之不易,每一分钱都要用在刀刃上,不能随便乱花,边说电话边又掰着手指头算一下。

在他的民情日志上,密密麻麻地记录着村情和走访中征求到的意见建议,其中还夹着一张手绘民情地图,详细标注着各村民组的贫困人口、致贫原因和帮扶措施等。"三岔垴组,现有31户124人,其中贫困户8户35人,党员5人。主要收入来源为传统种养殖及外出务工""沈某某,8岁,白水小学二年级学生,父母均在外省打工,与爷爷奶奶共同生活,要组织搞好结对帮扶""白秧坪组金大娘,62岁,老伴去年去世,要多去走访关心"。

无论群众的大小事,他都记在民情日记上,更是记在心中。"大事帮不了的向上汇报,小事帮到底亲力亲为",这就是他的驻村信条。

殚精竭虑跑项目,为民增收谋出路

老麻塘村的白水贡米远近闻名,但是老百姓的种植积极性不高,他很是不解,这么好的大米,这么好的产业,为什么群众不大力发展呢?为找到答案,他挨家挨户走访才了解到,原来白水贡米虽然品质好,但是种植成本较高、风险较大,村民觉得不划算,不敢扩大规模种植。但他不这样认为,他觉得白水贡米是个好项目,在外面名气也大,必须整出个名堂来,让群众获得更多利益。

说干就干,他立即召集村支"两委"干部召开会议,把情况深入分析后,大家都赞成他的想法。为解决群众担心的成本和技术问题,他多次到农业、财政和供销部门沟通、协调,得到相关部门的大力支持,区农业部门为白水贡米合作社和种植户免费提供优质种子、肥料、薄膜,并专门派两位技术人员为种植户提供技术指导。为打响"白水贡米"品牌,他多次邀请市、区电视台记者到白水贡米种植基地和生产车间进行采访宣传报道。为解决销路问题,他多次带领村支"两委"干部往返于市区和老麻塘村了解市场,积极联系销售渠道,实现线上线下同时销售。销路找好了,接下来就是扭转群众的思想,让群众放心大胆的种植大米。为此,他积极走访、劝说群众,详细地向群众讲解"合作社+贫困户"统购统销的模式,消除了群众的顾虑,白水贡米成为老麻塘村的拳头产品之一。

杨秀军

铜仁市碧江区滑石乡老麻塘村党支部书记

村民衣食无忧是我的心愿

杨秀军，滑石乡老麻塘村党支部书记。自 2007 年当选为老麻塘村委会主任以来，杨秀军兢兢业业，勤勤恳恳，深入贯彻落实党的各项方针政策，带领村班子扎实推进各项工作，老麻塘逐渐由一个远近闻名的贫困村变成了声名在外的小康村。

狠抓基础建设，促进全村快速发展

走进老麻塘村，这里风景宜人，一栋栋白色的小洋楼散落于梯田间，干净的水泥路穿梭其中，然而十多年前这里却连条公路都没有。

杨秀军一直深谙"要致富先修路"这个道理，所以 2007 年，他当选老麻塘村村委会主任之后，干的第一件事就是修路。但是老麻塘村"又穷又偏"，路怎么修？

"当然得需要政府扶持了，我脸皮厚，不怕求人"，杨秀军笑道。

为了通路，他天天往乡里跑，往市里跑（县级铜仁市），功夫不负有心人，2009 年老麻塘村第一条公路修建完成。后来，随着一条条公路的建成，"雨天一身泥，晴天一身灰"，也成了村民们茶余饭后摆谈的历史记忆。

谈及通路带来的好处,村民龙大得感触颇深,"以前没有通路,这里的稻谷都卖不出去,后来路通了,稻谷好卖了,现在更是了不得了,十几元一斤。"这一切"组组通"工程功不可没。

基础设施建设,当然还不能忘了水电。老麻塘村地理位置特殊,位于贵州与湖南的交界处,2007年以前,老麻塘村用电全靠湖南供给,双方若是产生矛盾,拉闸断电时常发生,非常被动。

于是杨秀军又开始"跑起来",乡里、市里、组织部、电力局……统统跑了个遍。如今,老麻塘村不仅用上了"贵州电",而且每隔几米就有一座太阳能路灯。通电之后,挖水井也被提上了日程,与水务局联系之后,村里就有了一口公共水井,水管将安全干净的地下水送及每家每户。

基础设施完善之后,村里得到快速发展。2014年全村有建档立卡贫困户155户692人,贫困发生率19.84%,属省级二类贫困村,2018年7月,老麻塘村顺利通过国务院第三方评估机构验收。2019年,全村建档立卡贫困户均已脱贫,全村呈现出充满经济活力、富有文化特色、社会稳定和谐的新风貌。

狠抓产业发展,让村民腰包鼓起来

2015年,杨秀军到华西村参观学习,被当地的乡村发展、产业规模震撼到了。心潮澎湃的他,带着满脑子的想法赶回了老麻塘村。考虑到老麻塘村的生态和文化资源优势,他决定以"生态乡村、精品农业、富美农家"为目标,发展农村集体经济。

1. 牛王城生态园。说干就干,第二天杨秀军就带领村支两委在湘黔交界处流转土地上百亩,开始打造"牛王城生态园"农旅一体化项目。

杨秀军作为牵头人带头入股,并当众打下保票,"要是赔了,赔了多少,我补多少。"这句承诺让原本犹豫不决的村民顿时没有了后顾之忧,资金筹集一气呵成。

经过近几年的发展,如今这里已建成斗牛场 5 200 平方米、斗鸡场 800 平方米、山羊养殖基地 2 000 平方米……水果蔬菜基地、运动场等已建设完成,游客接待服务中心、儿童游乐场正在规划建设中。未来,将实现在花丛中钓鱼,吃着烤全羊看斗牛比赛,在农家别墅宾馆看天上星星,体验美丽乡村、农家休闲生活。自 2016 年 7 月开园以来,累计收入 200 余万元,带动 80 名贫困群众就近就地创业就业,共 155 户精准贫困户和困难户参与入股分红,每户实际增收 3 000 元,常年在园区就业的贫困群众人均收入 2 万余元。是老麻塘村整村脱贫出列的中坚力量。

2. 白水贡米。老麻塘村一直以来都是产粮大区,杨秀军敏锐地意识到,老麻塘村的水稻就是一个宝,自明代嘉靖二十七年(1548 年)起,每年上贡朝廷而得名"白水贡米"。"文化可以创造财富",杨秀军对于发展"白水贡米"信心满满。

为解决群众担心的成本和技术问题,他和驻村第一书记一起,多次到农业、财政和供销部门沟通、协调,得到相关部门的大力支持。如今,白水贡米的种植面积从以前的 500 亩扩增至 4 300 亩,共涉及群众 1 100 户(其中精准扶贫户 132 户),每户可增收 1 万多元。

3. 金丝皇菊。赏花是一件雅事,但对于杨秀军来说却是农旅发展的助燃剂。为此他动起了养花的念头,多番调研之后,他决定种菊花。"贡菊经济效益可观,具有观赏性,而且老麻塘的气候也合适。"

于是,2018 年,杨秀军主动和区城投公司对接,在老麻塘村采用"公司+农户"的方式试种金丝皇菊 20 亩,一亩地的毛收入在

5 000元左右,除去成本,一亩地的纯利润可达3 000元。2018年,金丝皇菊的种植直接带动了20户贫困户就业,收入可观。

看到实实在在的效益后,杨秀军提出扩大种植面积,把发展金丝皇菊产业作为老麻塘村集体经济产业转型升级的重点。面对土地流转困难、启动资金不足的窘境,杨秀军到农户家里做思想工作,谈政策讲发展,打消村民顾虑,几户原先一直不愿把土地流转出来的村民把地流转了出来,目前流转土地近150亩,观赏道和机耕道已经基本建设完成,预计将带动50户贫困户就近就业,毛收入75万元,纯利润45万。老麻塘村的农旅一体化发展思路正在一步步变成现实。

心系留守儿童,山里娃也有春天

还未担任村干部之前,为了生计,杨秀军离家跑运输,缺少父母陪伴的儿子成绩一落千丈,为了孩子的学习成绩,杨秀军夫妇也曾"孟母三迁"过,搬家的各种心酸杨秀军尝了个遍。所以对村里外出务工父母的不得已,他感同身受。

"回来带孩了不现实,正因为这样,所以更要有人来关心和陪伴这些孩子成长。"

为此,一直关注留守儿童的杨秀军,为了老麻塘村15名留守儿童,他四处奔走,协调争取资金打造留守儿童关爱活动阵地。同时他动员全村村民组长、党员群众以及返乡创业青年等社会爱心人士,组建邻里爱心互帮队,负责周边留守群体的安全提醒、协助管理、帮扶关爱等工作,联系心理疏导专家成立心理辅导队伍,为性格孤僻的孩子提供免费服务。

成立留守儿童关爱基金后,杨秀军带动党员群众300余人参与留守儿童募捐,共募集基金4.7万元。老麻塘的留守儿童关爱行动得到了上级领导的高度肯定和村里群众的认可赞扬。

2016年,中央电视台《远方的家》栏目对老麻塘村关爱留守儿童进行了专题报道,民政部领导亲自来村调研指导。2016年3月29日,由中央电视台、人民日报贵州分社、新华社贵州分社等14家中央及省内媒体组成的记者团,对老麻塘村就"关爱留守儿童服务体系改革经验"进行集中采访报道。让老麻塘关爱留守儿童工作经验得到很好的推广,留守儿童这个群体得到了更多的社会关注。

如今老麻塘村农旅产业蒸蒸日上,白水贡米声名鹊起,但是杨秀军认为这一切只是初具雏形,还有很广阔的发展空间。50岁的他依旧干劲满满,他告诉记者:"村民衣食无忧是我的心愿,现在虽然不愁吃穿,但是还算不上无忧,要是他们每年都有十来万存款,那我就没有遗憾了"。

金 勇

时任铜仁市碧江区坝黄镇泥哨村第一书记

只为交上一份合格的答卷

金勇于2017年3月在泥哨村担任第一书记,作为一名中国共产党员,一名知识青年,他满怀激情踏上了驻村之路。

驻村期间,他吃住在村,服从驻村管理制度,讲政治,讲大局,讲纪律,认真学习《习近平的七年知青岁月》,以习近平总书记为榜样,不忘初心,牢记使命,奋力脱贫攻坚工作。

泥哨村通过2016年底换届产生新一届班子,由于村级班子涣散,群众办事难,业务不熟悉,导致群众意见大。2017年3月到村里,为了工作开展,金勇加紧学习政策,召开会议,熟悉业务工作,走访群众,了解村情,跑项目,落实政策,带领村支两委搞工作,在脱贫攻坚期间完成"三个角色"工作任务。

抓基层组织建设,开展"三会一课"、民主生活会、党员活动日、院坝会、家庭会等学习活动,把党的政策贯穿到党员干部群众中去,时刻心系困难党员及群众。例如:枫桶组唐秀吉,61岁,退伍军人,一个儿子有吸毒前科,一个儿子长期外出打工,长期不洗澡,无人管理,村干部都不愿搭理他,通过了解政策,金勇主动带上他跑60多公里到碧江区政府办理优抚补贴,直到拿到存折。每年"七一"都会亲自把慰问金送到老党员手中,例如:82岁党员万加田没有子女,住在木弄村养老院,金勇每年都会去看望慰问他。

  为了村级发展,群众脱贫致富,金勇经常彻夜难眠,怕交不上一份合格的答卷。他离开自己的家,不能照顾母亲,不能照料两个孩子和妻子。女儿2017年9月刚出生,金勇甚至没有在家陪过她一天,只是在医院看过一眼。平时只能通过手机视频看看家人,当孩子学会叫爸爸时,他心里充满了愧疚。

  为了"大家",为了脱贫攻坚,金勇早出晚归,一个公文包,一个笔记本,一支笔,一部手机,入户宣传政策,收集资料,拍照片。期间出过交通事故,碰到过群众辱骂不理解,不信任,但金勇从来没有丧失信心。他带领村支三委干部帮助56户建档立卡贫困户落实养殖补贴2 000元,4户贫困户自主贷款发展养殖,76户贫困户办理"精扶贷",14户易地扶贫搬迁,48户贫困户家庭申请和实施了危房改造,申报教育资助85人,其中2017年为2名大学生向碧江区总工会申请教育资助。当金勇知道2015年建档立卡贫困户的万福生生病,便立即到铜仁人民医院看他,了解病情,向他讲解医疗资助政策,拿出200元慰问金,出院后,又帮他申请医疗救助,寻找单位帮扶2 000元,为他的家庭寻求务工,孩子教育资助。金勇做事公平公正,敢于较真,敢于担当,善于学习,驻村期间老百姓无论大事小事都会找他,喜欢和他交谈。

  为村级产业发展,谋思路,找途径,金勇组织建成年出栏4 000头生猪代养场,拥有四栋标准圈舍,每年可增加村集体经济16万元;带领知识青年陈毅华加班加点编制蛋鸡项目方案,带领村支书陈金权、主任陈金发参加区级项目评审,把450万蛋鸡项目和有机肥加工厂项目留在村里,2019年3月蛋鸡项目建成投产,有机肥加工厂相继建成,每年可增加村集体经济20多万元。金勇主动协调改善村级办公环境,修建老人幸福院,通组公路、联户路、路灯、自来水、帮扶慰问等工作。

尽管如此,金勇仍旧谦虚地表示:工作中存在不足,但会继续总结经验教训,为群众幸福指数提升,带领群众奔小康,做到"两个维护",坚定"四个意识""四个自信",为民办实事,不计个人得失,加大产业谋划,促进村级经济提升,在增加群众收入方面下功夫,向党和人民群众交一份满意答卷。

田爱国

时任铜仁市碧江区川硐街道党工委委员、办事处副主任,铜仁市"9+2"碧江区帮扶沿河县工作组联络员,沿河县板场镇脱贫攻坚指挥部副指挥长、镇指挥中心第一副主任,现任川硐街道党工委委员、办事处副主任。

关键时刻显担当,全心全意助脱贫

疫情来时,他是防疫战士;洪灾来时,他是抗洪抢险救灾战士;扶贫领域监督,他是巡察战士;扶贫路上,他一直是一个脱贫攻坚战士。"既然是战士,每一场战役,每一个关键时刻,都要在前线战斗,用心用情用力决战决胜,绝对不能含糊",田爱国说。

田爱国,贵州沿河人,中共党员,碧江区川硐街道党工委委员、办事处副主任,铜仁市"9+2"碧江区帮扶沿河县工作组联络员,沿河县板场镇脱贫攻坚指挥部副指挥长、镇指挥中心第一副主任。

关键时刻　抗疫战贫上前线

在新冠肺炎疫情发生后,田爱国取消了原计划于2020年1月28日举办的婚礼,在1月29日积极投身到疫情防控监测卡点值班值守,在疫情防控一线践行一名共产党员的初心使命、忠诚担当。

3月份,按照市委、市政府"9+2"区县共同支持沿河县产业发展工作部署,田爱国成为碧江区派驻沿河县板场镇驻点帮扶人员。

板场镇位于沿河县城西南部乌江西岸,距县城22公里,国土面积102.23平方公里,辖23个村(社区)和1个居委会,169个村民组,总户数10 219户、总人口38 612人,贫困村15个,建档立卡贫困人口3 100户11 429人,2014年贫困发生率29.6%。田爱国到板场后查看板场镇各村行政地图,用两周时间走遍23个村(社区),并与干部群众沟通了解情况。田爱国说从当时了解的情况中发现,板场贫困程度深,贫困面广,社情民意复杂。

在这段时间里,田爱国与有关同志走村看寨选址生猪代养场,把碧江区投入的800万元帮扶资金用好用活,经过反复斟酌、对比、筛选,敲定在大坨坝、东红、爱华等3个村(社区)发展生猪代养项目,计划年出栏生猪12 000头。

他积极对接协调配合碧江区26家非公企业和3个村(社区)对沿河县的结对帮扶工作。碧江区环北街道铜江社区整合资金65万元,帮助塘坝村发展食用菌种植产业15万棒;河西街道茅溪村支持资金80万元,帮助刘家村发展100亩黄花菜及辣椒种植产业和生猪代养项目;滑石乡老麻塘村支持资金50万元,帮助边疆村发展中药材(菊花)15亩,折耳根、茄子等蔬菜41亩,肉鸽养殖3 000羽,利益联结边疆村134户贫困群众。

对接协助碧江辖区26家优质企业、1个商会结对帮扶板场镇23个村、思渠镇1个村、泉坝镇2个村,通过产业、商贸、医疗等方式支持帮扶资金217.3万元,帮助解决困难群众70万元的生活必需品。如代维房产公司通过提供技术、捐赠食用菌4万棒(折资10万元),援助板场镇卫星村在洋溪村建设的一期25个食用菌大棚"飞地"发展香菇产业,促进村级增收;海螺水泥厂筹集职工捐款5.79万元,支持洋溪村在板场镇和本村设立"海螺水泥代销点",以代销水泥利润壮大村级集体经济积累,带动增强贫困村自身"造血"功能。

进村调查了解群众需求,协助铜仁宏昕康新中医医院组织医疗队深入板场镇河沟村为群众开展免费诊疗活动,并与镇卫生院、村卫生室建立医疗对口帮扶,针对贫困群众明确减免住院费用,帮助开展村医技术培训和提供医疗护理就业岗位等,帮助困难群众补短板,彰显企业社会责任。

急难险重　挺身而出敢担当

2017年底至2018年秋,田爱国在碧江区委督查室工作期间,碧江区脱贫攻坚进入了关键时期,他作为驻坝黄镇脱贫攻坚督导组联络员,主要负责文稿起草、督查协调、督促整改落实、文档收集归档等相关工作,督导"省级、市级、区级及领导暗访督查"反馈问题、落实整改6 000余个,整改完成率达100%;督导村组交叉检查反馈问题10 374个,整改完成率100%;草拟督导专报81期、通报87期、督办通知27期,编写简报20余期。

2019年,田爱国参与碧江区巡察助推脱贫攻坚巩固提升,解决群众最关心、最痛恨的问题。巡察直接深入到村组户、卫生系统、教育系统等,精准查摆和反馈问题。

"他是从碧江脱贫出列区县来的,业务熟悉,作风过硬,统筹协调能力强,有经验,也善于交流指导",板场镇分管扶贫副镇长徐倪说。

2020年4月初开始,根据工作需要,田爱国主动担当作为,勇挑重担。沿河县脱贫攻坚指挥部任命他为板场镇脱贫攻坚指挥部副指挥长、镇指挥中心第一副主任。

6月份,当洪灾来临时,板场镇脱贫攻坚指挥中心临时转为抗洪抢险指挥中心,田爱国仍然是指挥中心第一副主任,他扎根抗洪抢险一线,负责抗洪抢险救灾有关工作的统筹调度,切实保障人民群众生命财产安全。

精益求精　全心全意助脱贫

田爱国到板场后,对镇村指挥体系进行健全完善,在各村脱贫攻坚指挥部成立资料组,选出资料组组长,资料组组长接受村指挥长的领导,调动资料组成员及村指挥部成员,统筹做好收件处理、资料上报以及档案归档工作,规范了村级指挥部办事流程,进一步压实工作责任,形成工作合力,做到了事事能快速有效落地。

"他喜欢钻研业务,精准把握政策,经常深入村村寨寨、组组户户,调研走访,做到了情况清、底数明,心无旁骛钻研政策,精准把握到政策文件以及上级安排部署精神",板场社区驻村干部杨桂琴说。

沿河县开展"百日攻坚"问题大排查,板场镇共发现了 18 884 个问题,成了"八大金刚"之首,在 22 个乡镇(街道)中成了问题最多的地方。省督战队、市督导组等各级领导督查督导一波接一波,反馈问题一重接一重。

田爱国带领板场镇指挥中心人员,对各级反馈问题分门别类梳理,统筹问题的轻重缓急和整改时序,精准制定整改方案,将问题整改进度制作上墙,挂牌作战,对整改情况实行一日一调度,一日一通报,促进各村争比进位,快速有效整改。他白天带领业务部门进村对问题整改进行指导,晚上调度问题整改进度,形成通报下发,强势推进问题整改,形成了层层抓落实、层层跟踪督办问效的问题整改大格局。

收获总是和付出成正比,仅用两个多月,18 884 个问题全部清零,板场镇脱贫攻坚工作也从问题最多的乡镇跃居全县前列。

一次排查，远远不够。田爱国带领镇村业务骨干，先后对全镇"一达标两不愁三保障"核心指标问题、人居环境问题、群众认可度问题以及内业资料等问题开展了8次全面排查，真正做到了边边角角、户户人人、房房项项全覆盖。

对问题，田爱国如数家珍，除了要抓整改进度，更要抓整改质量。每次排查完后，除了每日通报整改进度，他还组织镇指挥中心人员对全镇23个村社区分片进行跟踪督导问效，全镇5万多个问题，全部高质量完成了整改。

田爱国始终认为，工作不但要深入干，而且还要深入思考，反思存在的问题，适时将工作实践总结为经验性材料，为领导决策提供依据，对单位成果进行应用，为今后工作提供借鉴。在板场镇开展脱贫攻坚工作期间，撰写简报40余篇，区县级媒体刊载17篇，市级以上媒体刊载10篇，助力板场镇脱贫攻坚工作稳步推进，在贫困县退出第三方评估中以"0漏评、0错退、贫困发生率0%"交上了圆满答卷。

有愧家人　无悔青春勇往前

"2019年9月，当时在开展巡察助推脱贫攻坚工作，时间紧任务重，父亲因腰椎间盘突出严重在浙江省嘉兴江南武警医院动手术，进行螺钉系统内固定治疗1个多月，都没得去照顾，只是电话叮嘱弟弟好好照顾。医生说手术后螺钉和钢板要1年后才能取，必须要静养，开始几个月都要人照顾。自己没得时间去照顾，到板场后更是脱贫攻坚任务艰巨，请假回老家看望父亲只有1次，每每想起心里甚是愧忭。"田爱国用低沉的声音说。

原计划于2020年1月28日举办的婚礼，因疫情到来取消，后又因为脱贫攻坚，无暇顾及，导致婚礼宴请一拖再拖。"抗疫战贫是大事,耽误不得,婚礼可以缓一缓、放一放,我们有一辈子的时间",妻子越是理解、支持,田爱国越是感到愧疚。

"在脱贫攻坚战场上挥洒青春和汗水,是我们这一代人的自豪",田爱国说,"以后可以跟孩子们说,我们这一代扶贫人,不忘党恩,不负国家,不负人民,不负青春"。

丁文松

时任铜仁市碧江区环北街道大坳村驻村干部,
现任碧江区六龙山党委委员、组宣委员

忠于职守敢担当　尽心尽职助脱贫

丁文松,男,汉族,1987年9月出生,时任碧江区委统战部派驻环北街道大坳村脱贫攻坚驻村干部。他理想信念坚定,忠于职守,敢于担当、严于律己,始终以饱满的工作热情和良好的精神状态投入工作,思路清晰、作风务实、踏实肯干、任劳任怨、不怕吃苦、对党绝对忠诚,有较强的组织协调能力,尽心尽职,积极完成驻村工作各项任务。

驻村工作以来,丁文松坚持用真情走访农户,用真心服务群众,千方百计为民谋发展,多措并举做实事。立足村庄实际,与干部、村民同甘苦、共奋进,积极助推精准脱贫,建设美丽乡村,全身心投入到驻村帮扶工作中。期间,他始终把脱贫攻坚工作放在心上,扛在肩上,抓在手上。在大家的共同努力下,大坳村的经济发展初见成效,逐步形成和谐稳定的新局面,树立了基层党员干部的良好形象,赢得了组织的肯定和群众的认可。

聚焦基础设施建设,提升公共服务水平,打造美丽乡村

自派驻到村里从事脱贫攻坚工作以来,丁文松积极主动作为,他天天走村串寨,对辖区还未硬化的联户路、狭窄的村公路、无卫生厕所的农户、路灯及饮水设施等进行摸排后,组织村民代表召开会议,倡导全民参与,共同打造美丽乡村建设,全面提升公共服务水平。期间他与工作队协调交通局完成11公里通组路建设;完成5公里联户路硬化;完成本村8个自然村寨405盏太阳能路灯的安装工作;完成400户"五改一化一维"工程建设;协调水务局修建了200立方进水池2个、50立方产业发展供水进水池1个和600立方蓄水池3个,现全村家家户户通水,饮水得到了保障。按户分发分类垃圾桶572个,新建智能垃圾收集池11个,组织全村大部分群众自己投工投劳,积极参与对房前屋后进行硬化,惠及群众1800余人。全村村容村貌发生了翻天覆地的变化,泥泞路变成了亮堂堂的水泥路,居住条件得到了很大改善,增强了群众的幸福感和获得感。

聚焦产业发展,真抓实干,打好产业发展组合拳

在产业发展助推脱贫攻坚工作中,丁文松积极参与协调区农牧科技局脱贫攻坚食用菌项目,落地大坳村。项目建设用地100余亩,按照有利于贫困户利益最大化原则,以"龙头企业＋村集体＋贫困户"模式,实地蹲守、督促完成一期和二期改扩建项目基础设施建设。分两期总投资1110万余元,其中财政整合涉农资金500万元、财政专项扶贫资金110万元,主要用于项目食用菌大棚、产业路、生产厂房等基础设施建设,企业自筹500万余元,主要用于加工生产线、菌棒原材料、灭菌房等生产加工及经营。建设达100万棒以上规模的食用菌(香菇、黑木耳)种植基地及其配套基础设施。盈利按"7111"模式进行分配,即给贫困户分红占70%,企业管理维护资金占10%,村集体流动发展资金占10%,村集体基础设施建设资金占10%,覆盖、惠及全区包括环北、六龙山等7

个乡镇17个村（社区）。截至目前已经实现了两次分红,分红金130万元。

聚焦群众就业难,实现家门口务工致富稳增收

在劳动就业增收致富工作中,丁文松积极主动作为,依托食用菌基地用工和公益性岗位,与食用菌基地和相关单位对接协调,千方百计解决群众家门口就业。一是多方协调,与林业局协商解决护林员公益性岗位7个7人,人均年工资1万元。二是在本村新增巷道工岗位68个68人,人均月工资400元;护路工3个3人,人均月工资600元。三是协调环卫站提供环卫工岗位6个6人。四是协调保安岗位8个8人,人均月工资2 000—2 200元。五是以食用菌项目建设为依托,向当地解决长期固定工人35余人(其中建档立卡贫困户15人,普通农户17人,边缘户3人),最低工资1 500元,最高工资5 000余元。实现了群众家门口就业、增收致富,在很大程度上减少了留守儿童和留守老人占比。群众既增加了收入又照顾了家庭。

聚焦国家惠民政策,心系群众,攻坚克难,减轻百姓负担

在国家惠民政策宣传工作中,丁文松挨家挨户走访,耐心讲解国家惠民政策,发放宣传单和明白卡,坚决执行和落实国家惠民政策。一是进村入户宣传国家教育政策,目前全村共有39名学生享受了国家教育资助,其中贫困户27人,资助金共31 100元;非贫困户教育资助9户12人,共资助资金28 100元。

二是积极与办事处扶贫办对接,全权负责协调帮助89户困难群众、困难党员、精准扶贫户购置生活必需品,其中贫困户63户,非贫困户26户,涉及资金30余万元,极大地改善了困难群众、困难党员、精准扶贫户的人居环境和生活水平,减轻了家庭负担,使他们的吃住等得到了保障。

三是进村入户宣传国家合医政策。全村572户农户都缴纳合医,医疗保障覆盖率达100%,其中有63户贫困户与社区医院签订了家庭医生协议。其中长期慢性病补偿、住院补偿、门诊补偿,合计报销金额达214 945.99元。为8户8人住院治疗病人向民政和合管申请医疗救助64 065.7元,减轻了群众的医疗负担。

聚焦宣传教育活动助推脱贫攻坚,做"四好"代言人

在宣传教育活动助推脱贫攻坚工作中,丁文松按照"四好"以及全区脱贫攻坚政策宣讲到位,群众发动到位,精准识别到位的总体要求,组织协调对接,邀请办事处主要领导,组织包村包组干部、村支监三委进组入户层层召开群众院坝会,现场解决群众实际困难。依托村党支部"三会一课"平台,组织全体党员召开大会,广泛宣传政策,逐组逐户动员深入发动群众,通过农户申请,入户核实,严格筛选出组内最穷、群众公认,全力做到了"不错评一户、不漏评一人"。帮扶干部进组入户现场组织召开村组干部、党员、群众参加的院坝会、家庭座谈会、建档立卡户和低保户感恩教育会150余场次,形式多样地开展党的政策好、人居环境好、社会风气好、干群关系好宣传教育工作,教育了群众。

聚焦村庄环境整治,充分发挥干部力量,齐心协力赢脱贫

在人居环境改善工作中,丁文松按照上级组织指示和要求,积极组织"三支队伍"结合"春风行动""五人集中大走访"工作,开展走村串户工作,充分调动党员的积极性,深入了解群众的生活现状,并做好走访记录,尤其关注身边的脱贫户、低保户、危改户、重病户、残疾人户、无劳动力户、五保户,以村庄环境大整治工作为契机,结合各村寨实际,打造宜居优美的村庄环境,使村容村貌发生了翻天覆地的变化。通过户与户、寨与寨卫生评比的方式,教育群众爱护环境,注意家庭环境和个人卫生,激发了群众的参与度和积极性,改变了群众的一些习惯、看法和行为,让他们与全国人民一起步入小康大道。

文冰冰

铜仁市碧江区正光街道派驻滑石乡芭蕉村驻村干部

青春闪耀在扶贫路上

2017年7月10日,阳光正好,微风不燥,透过窗户往外望去,一个女孩胸前抱着一本红色证书走过。阳光直射在证书上,使得这本证书显得格外引人注目,仔细看去,证书里还夹着一份文件。桃李芬芳的七月,众多学子的毕业季,而作为定向生的她除了毕业证外还多了一份碧江区人力资源和社会保障局印发的工作聘用文件。对女孩而言,毕业证书就是她迈进社会的敲门砖,而聘用文件便是她踏入社会的起点,女孩的心里乐开了花。这个女孩正是文冰冰。

工作还没两个月的文冰冰彼时还沉浸在毕业与就业双丰收的喜悦中,然而一份关于脱贫攻坚的文件下发到她的手上,让她坐立不安,文件大致内容是"为响应党中央脱贫攻坚战略,助力打赢脱贫攻坚战,全面迈向小康,我单位将抽调一部分干部扎根基层……"然后,她的名字就闪闪发亮地出现在驻村帮扶干部名单之中。而那时,她的脸上写满了迷茫与担忧。

2017年9月10日,文冰冰把工作材料装在包里,一只手拿起双肩包的一根带子往肩上一扔,背着她的卡通双肩包,和她的同事一同前往芭蕉村接手新的工作任务。一路上,她的心里充满了无数个"怎么办"。

为了给自己打气,她拿出手机,把屏幕当成镜子,对着镜子里的自己微微一笑,露出了小酒窝。为了让自己略显成熟稳重些,她特意穿了一套深色的衣服,可是脸上的少女气息却怎么也遮挡不住。

芭蕉村离文冰冰工作的地方并不远,途中没有文冰冰想象中的烂泥路,都已经是联户路了,村风村貌给她的初步印象还算良好。到村后,迎接他们的是村支部书记,没有太多要交代的,一来就开始投身工作中,村书记带着文冰冰去认识走访她接下来要帮扶的贫困户张大爷家。张大爷年近七十,妻子年轻时因家里穷病逝,有一个患有脑梗的儿子,需长期服用药物维持,犯病时则需住院治疗,儿媳由于忍受不了这种贫困的生活,和儿子离了婚,留下了年仅15岁的孙女还在读初中。冰冰来到张大爷家中,看到房屋内凌乱无比,屋内霉气熏天,刺鼻难闻,透过木板的缝隙可以一眼望穿屋内,当她抬头望向屋顶,看到的却是天空里的云朵,这也就不困惑霉味是如何产生的了。经过对他家一番打量后,最让冰冰困惑的是,家中竟然没有厕所,她无法想象没有厕所他们是怎么生活的,这也合理解释了他儿子的长期慢性病的产生原因。那一刻,文冰冰就已暗下决心,一定要尽自己最大的努力去改变张大爷家的现状。

回到工作单位后,她多方查阅资料、咨询有扶贫经验的同事,加班加点了解、整理扶贫政策,制定工作方案。她再次前往张大爷家,想深入了解致贫原因,利用政策帮扶缓解现有困难。由于以往干部拜访次数过多,又没有给张大爷家带来什么实质性的改变,张大爷一家对她的再次到访并不欢迎,她吃了闭门羹。文冰冰深受打击,就在附近随便找一块大石头,俯身坐在那里,不想再站起来了,十分钟、十五分钟、半小时过去了……内心挣扎再挣扎,但自我安抚过后,她还是再次鼓起勇气,联系村干部继续走访。

几天就这样过去了,她没有得到实质性的收获,也没有得到张大爷家人的信任。但她在走访过程中,用手机把张大爷家的房子以及生活用具等用照片记录下来,准备回去把这些东西整理成汇报材料,向上为张大爷家争取到更多的福利。

同年9月30日,张大爷的儿子突然病发,文冰冰马上赶去,看到病人躺在床上一动不动,难受的神情由脸外溢,却没人送他去医院救治。冰冰马上联系有车的同事,把病人送去医院,却遭到张大爷家人的反对,原因很简单,没有钱支付昂贵的医疗费。文冰冰想到这两天了解的医疗政策,告知张大爷由于他家是建档立卡户,治病的钱几乎可以全部报销,不必担心医疗费用。经过几番劝说后,还是得不到张大爷家人的信任,最后,冰冰只有把自己仅剩的生活费拿出来带他儿子去看病,只愿取得张大爷家人的信任。终于张大爷一家还是被热情的女孩所感动,准备相信她一次,冰冰也为张大爷的儿子办理了慢病卡,而对于一些大额款项,她还是要去相关部门申请医疗救助,尽最大可能为张大爷家争取到更多的医疗报销额度。

经过这次的事件,这个热心的女孩逐步得到张大爷家人的信任和理解,遇到困难也愿意主动找她帮忙,并且她也从来不辜负张大爷家人的信任,始终把张大爷家的问题记在心里,落实在行动上。机会终于来了,中国住房制度的改革,让她对给张大爷家带来实质性的改变充满了信心和动力。

10月25日,一辆辆大卡车开往芭蕉村,装载着满满的水泥,紧接着运输砖头、沙子等的卡车也紧随其后,村民们期盼的房屋改造终于要落实了。第一家要改造的就是张大爷家,他的微笑逐步浮现，几天过后张大爷家的房子修缮完成，厕所、厨房都有了，房屋也不再漏水了，他们也可以喝到放心的饮用水了。"疾病离我们越来越远了"，张大爷开心地说道。

为了能从根本上解决张大爷家的致贫问题，文冰冰结合他家人的身体状况引荐公益性岗位，现在他儿子担任芭蕉村的河道清理工，每月收入 400 元；初中毕业的孙女经过几番劝说后，实在不肯再去读书，现也已成为村里的护林员，年收入 10 000 元。除此之外，张大爷也成为村中多个项目分红中的一员，如滑石香菇项目分红 1 000 元，竹笋项目分红 1 000 元，武陵山药业分红 900 元，精扶贷分红 3 600 元。

从此，张大爷家彻底走出困境，逐渐向小康之路迈进，张大爷脸上的愁容已不复存在。冰冰还是每个星期都抽时间去看望张大爷，带去慰问品，帮忙做家务、协助打扫卫生、了解生活情况等。张大爷家人也不再把冰冰拒之门外，而是像自家女儿一样对待，每天都期待着这个善良女孩的到来。

经过三年的打磨，这个女孩已不再是刚毕业的懵懂少女，也不只是张大爷家的帮扶责任人，更是包组干部中的一员。她负责芭蕉村堰坎、平升、升屯三个组的包组任务，每周都从她那几乎挤不出水的海绵里再抽出点时间去各个组慰问群众、了解民情，始终站在人民群众的角度上做事，和群众打成一片，做到下情上传，上情下达，做好宣传员的同时，还是芭蕉村那几组贫困户的好儿女。

当有人问她把时间都贡献给了芭蕉村的贫困户有没有后悔，她毫不犹豫地说："怎么会后悔呢？我的青春，我做主。作为中华民族的儿女，不就应该在貌美如花的年华，在祖国最需要的地方尽情挥洒青春的汗水吗？"这个热心的女孩将把自己奉献的脚步延续下去，直到白发苍苍，依旧坚持自己最初的梦想……

毛冬勇

铜仁市碧江区和平乡农业服务中心负责人、统计站站长

用汗水换来青春无悔

"根在农村,命在农业,增收还得靠产业,我来自农村,我深知农民内心深处有多么强烈的致富愿望,渴望怎样的帮扶,希望政府怎样做",这是毛冬勇常常挂在嘴边的一句话。

毛冬勇,男,汉族,1994年生,贵州思南人,中共党员,大学本科农学学士。今年刚26出头的他,先后在和平乡农业服务中心、碧江区脱贫攻坚指挥中心、和平乡扶贫站、和平乡统计站工作,现任和平乡农业服务中心负责人、统计站站长。

参加工作四年来,他始终坚持以马列主义毛泽东思想、邓小平理论和"三个代表"武装自己的头脑,学习习近平新时代中国特色社会主义指导思想,并运用到自己的工作和生活中去,始终树牢"四个意识"、坚定"四个自信"、做到"两个维护"。学理论,重实践,为和平乡农业产业发展助推脱贫攻坚和乡村振兴出谋划策。

任劳任怨做"黄牛"

毛冬勇同志出生在一个普通得不能再普通的农民家庭,父母都是农民,虽说上了年纪,但依旧在田间地头忙碌到太阳下山才收工回家。也正是因为出生在这样一个家庭,接受农民父亲的教育,

他从小便养成了一种吃苦耐劳、任劳任怨的精神。农业种植、畜牧养殖、水产养殖、农业机械、上路排查……每一件事他都抢着干。乡里的同事大晚上看到办公室的灯还亮着,经常以为是忘记关灯,去看的时候总是只见他一个人坐在电脑前,要么写材料,要么思考农业产业发展。曾有同事问他,办公室的人都去休息了,你怎么还一个人加班。他总是说:"我们办公室老同志多,年轻同志家里又有小孩,作为站里面的负责人,暂时没有家庭负担,现在还年轻嘛,多做一点没什么,睡一觉力气又恢复了。"特别是担任农业服务中心负责人以来,他肩上的担子更重了,办公桌上瓶瓶罐罐治感冒胃疼的药也多了起来。同事们劝他别这么累,他总是笑笑说:"没事,小毛病,锻炼着呢。"

尽心尽力做实事

他总说:"我是学农业的,虽然专业是畜牧兽医,但是来了乡镇就要努力让自己变成全能手,虽然做不出什么惊天动地的大事,但是让农业兴旺、农业增收、农民致富,就是农业工作者的奋斗目标"。

一心一意谋坝区发展。和平乡现有 500 亩以上坝区 3 个,2019 年来,在区委、区政府和乡党委政府的统一安排部署下,和平乡 3 个坝区迎来新的发展机遇。毛冬勇同志作为和平乡坝区专班联络员,需要时时刻刻掌握坝区工作进展,大到几百万的项目施工,小到田间地头种的什么作物,种了多少,什么时候收获,什么时候换茬,换茬后种什么,市场前景如何,每一件事都了然于胸。不管晴天还是雨天,不管严寒还是酷暑,他都奔走在坝区的田坎上,会同区农业技术专家为群众传经送宝。功夫不负有心人,碧江区 14 个坝区申报 2 个样板坝区,和平坝区就是其中之一。3 个坝区平均亩产值均突破 5 000 元以上,和平坝区达 1.31 万元。一年的努力,坝区内生产便道、排水沟渠、水池、泵站、温室大棚、绿色防控更加完善,坝区功能更加全面,为建成"坝区园区化、园区景区化、农旅一体化"打下了坚实的基础。

稳扎稳打做产业

"前面的领导同事为农业打下了这么好的基础,我们不能走下坡路,走下坡路群众就得骂娘,农业干部就得竭尽所能把农业产值搞上去",这是毛冬勇的觉悟。2019 年,在各级领导关心和支持下,全乡巩固发展精品水果 5 100 余亩,提供畜禽产品 684.39 吨,为城市提供新鲜蔬菜 38 900 吨。选择乡内发展前景好、有经营实体的大户合作社申报家庭农场,新发展家庭农场 4 家。现在,他又为"聂大姐"品牌种植基地、产销对接忙碌着,按照乡党委政府的规划,争取把和平乡作为"聂大姐"品牌的原料生产基地。

为民服务解难题。在毛冬勇的办公室,经常有群众来咨询种植技术、养殖技术、农业保险等,他一一给予解答,对不能解答的问题,咨询上级部门后再给群众一个满意的答复。有时遇到态度不好的群众,他总是耐心听完群众的诉求,再慢慢开导。农户技术欠缺,他邀请农业专家集中培训 7 期 172 人,田间地头指导 200 余次,培训农民 360 余人。农户政策不懂,他就耐心给群众解释政策 50 余次。

真情实意做帮扶

毛冬勇所帮扶的贫困户在遥山沟村,不管工作再忙,他也要每周去和帮扶户说说家常,了解近期生活情况。他所帮扶的 3 户贫困户中,一户是五保户,每月享有国家最低生活保障。有一户在他的帮扶下,顺利搭上国家脱贫攻坚的"顺风车",不仅顺利住进安置房,还报名参加了实用技术培训,解决了就业难题。另外1户家庭最为困难,成为贫困户时家庭人口6人,其母亲患宫颈癌、户主残疾、最小的儿子患有先天性心脏病,2个女儿读书。毛冬勇跑乡合管站、乡社会事务办、乡残联将这家的实际情况进行反映,争取救助,最终,合管报销医疗费用4.5万余元,成功办领残疾证,解决低保金3人。问到他所帮扶的贫困户,大家对他所开展的帮扶都非常满意。

毛冬勇说:"今年(2020年)是全面建成小康社会之年,是十三五规划的收官之年,也是乡村振兴关键之年。农民要脱贫,要看农业产业发展好不好,农民有收入来源,腰包鼓起来了,那才是真正迈入小康了。"夕阳西下,田间那道瘦小的身影再次出现,他将继续为乡村振兴贡献自己的力量。

图书在版编目(CIP)数据

暖冬:附影视剧全纪录 / 饶俊著. —上海:文汇出版社,2021.11
 ISBN 978-7-5496-3657-0

Ⅰ.①暖… Ⅱ.①饶… Ⅲ.①长篇小说-中国-当代 Ⅳ.①I247.5

中国版本图书馆 CIP 数据核字(2021)第 228909 号

暖冬(附影视剧全纪录)

责任编辑 /	陈　屹
策划编辑 /	宋惜菲　魏明喜　刘加鑫
封面装帧 /	陈海妮
书名题字 /	贺广如
出 版 人 /	周伯军
出版发行 /	文匯出版社
	上海市威海路 755 号
	(邮政编码 200041)
经　　销 /	全国新华书店
排　　版 /	南京展望文化发展有限公司
印刷装订 /	上海颛辉印刷厂有限公司
版　　次 /	2021 年 11 月第 1 版
印　　次 /	2021 年 11 月第 1 次印刷
开　　本 /	890×1240　1/32
字　　数 /	170 千字
印　　张 /	10.375(彩页 16)

ISBN 978-7-5496-3657-0
定　价 / 58.00 元